金融行動のダイナミクス

——少子高齢化と流通革命——

山下 貴子 著

千倉書房

は　し　が　き

　2010年秋，英国誌 The Economist が日本の特集を組み，日本の急速な少子高齢化が経済・社会に及ぼす影響について "Into The Unknown（未知の領域に踏み込む日本）" と題した記事を掲載した[1]。日本の高齢化のスピードは世界に類を見ず，生産年齢人口の減少と高齢者の激増という社会構造変化がもたらす影響について世界各国から注視されている。このような人口の年齢構成や世代構成の変化は，家計の消費行動や金融資産選択行動も大きく変えていくと考えられ，経済学の分野を中心に，近年数多くの研究が蓄積されてきた。

　一方，金融規制緩和の影響を受けて，個人向け金融市場をめぐる事業環境も劇的に変化しつつある。異業種による金融業の参入や，金融商品の流通チャネルが拡がったことにより，最寄りの銀行や郵便局の窓口で投資信託や生命保険が購入可能になった。また，インターネットを通していつでも気軽に株式の売買が行われるようになったり，携帯電話を財布がわりにして電子マネーで決済ができるようになった。「比較情報規制」の撤廃により，広告などを通じて金融商品の直接的な比較購買が可能になった。しかしながら，2010年に日本振興銀行が経営破綻した際に初のペイオフが発動されるなど，政府による護送船団方式の金融行政が解かれた後は，われわれが自己責任の下で金融機関や商品の質を評価していかねばならない局面を迎えている。

　さらに金融市場のグローバル化によって，2008年に米国で起こったリーマン・ショックは日本にもダイレクトに波及し，個人の金融資産選択行動にも大きな影響があったと考えられる。金融市場がボーダーレスになるにつれ，リーマン・ショックのような大規模な金融危機や，地政学的な変動が世界のどこかで再び起こることで，金融市場や食料・原料価格が不安定になり，わが国に影響を及ぼす可能性は今後も排除できない。そもそもリーマン・ショックは2007

（1）　*The Economist*, Nov. 18th, 2010 (http://www.economist.com/node/17492860?story_id=17492860).

年に起きたサブプライム・ローン問題に端を発している。米国における大規模な金融緩和を背景に住宅バブルが破裂した点では，これまで歴史で繰り返されてきたバブルと変わらない。しかし，住宅ローン担保が複雑な金融技術によって証券化され，そのリスクを評価する格付機関の信用保証も正確なものではないことが明らかになった点で，過去のバブルとは異なる。金融イノベーションの急速な進化によって複雑化・多様化した金融商品の中から，消費者は従来に増して高度かつ多大な商品知識が必要とされている。このように，金融規制緩和による市場の変化や金融危機のインパクトが，金融資産選択に与えた影響についても検証しておくことは意義あることと考えた。

　本書における研究課題は，金融制度改革に伴う金融マーケティングの変化，および，少子高齢化による人口構成の変化が，消費者の金融商品選択にどのように影響を与えているのか，その動態的変化を明らかにするものである。冒頭の The Economist の記事で描かれた "Into The Unknown" に対し，本書の内容が「Unknown（未知）」の部分の解明に少しでも寄与することができれば幸いである。

　本書を執筆するにあたり，多くの方々にお世話になった。田村正紀先生（神戸大学名誉教授）には，神戸大学大学院博士後期課程在籍中の指導教官として，また，神戸大学退官後には流通科学大学流通科学研究所の所長として数年間にわたって同じ組織に在籍するという僥倖を得，長くご指導いただいた。数年前から何度も「いつ単著がでるのか」と叱咤激励くださったことで，ようやく拙著を上梓するに至った。本書は田村先生による編著『金融リテール改革』（千倉書房，2002年）の問題意識の延長線上にある。

　神戸大学の博士前期課程においては，石原定和先生（神戸大学名誉教授），榊原茂樹先生（関西学院大学），本多祐三先生（関西大学）の3人の先生方によるファイナンス演習でご指導いただいた。統計数理研究所の中村　隆先生には，本書の第4章でも使用したベイズ型コウホート分析法を用いた研究でご一緒させていただき，数編の共著論文を発表してきた。論文を推敲する際には，いつ

も一言一句ていねいに目を通し，和文・英文の論文執筆作法を一から教えていただいたことに心から感謝申し上げる。また，東京大学総合文化研究科の松原隆一郎先生からは，社会構造のマクロ的な変化を捉える社会経済学のご指導をいただいた。米国発金融危機と日本の平成不況を数理表現ではなく経済思想の歴史がどう解釈しているのか，古典といわれる書物から現代に至るまで蓄積された膨大な知見の一部に触れることができた。

2004年から1年間にわたり，University of Virginia, Darden Graduate School of Business Administration に滞在した折りには，Mark Parry 先生（現 University of Missouri-Kansas City）にたいへんお世話になった。息子を連れての留学であったため不安もあったが，準備の段階では佐藤善信先生（関西学院大学），竹村正明先生（明治大学）が，ご自身の家族を連れての留学経験をもとに，日常生活の細部にわたり親身になってアドバイスくださった。おかげでつつがなく在外研究期間を終え，金融マーケティングの先進国である米国企業のケース分析や資料の収集を通じて研究を進めることができた。

山本昭二先生（関西学院大学）には，2002年に㈶吉田秀雄記念事業財団の助成による共同研究でご一緒させていただいて以来，サービス・マーケティングに関する多くの研究資料を紹介していただき，研究の動向についてもご指導いただいた。

石井淳蔵先生（流通科学大学学長）からは，折に触れて暖かい支援をいただいている。流通科学大学で定期的に開催される「流通科学研究会」では，過去から今に至るまで，林 周二先生（東京大学名誉教授），白石善章先生（流通科学大学名誉教授），向山雅夫先生，荒川正也先生，崔相鐵先生，王怡人先生，東 利一先生（以上流通科学大学），島津 望先生（上智大学），東 伸一先生（青山学院大学）にご助言をいただいてきた。島津先生には「高齢化社会と消費」に関する共同プロジェクト研究でもお世話になった。このプロジェクト研究を通じて知己を得た George Moschis 先生（Georgia State University）と「消費の社会化理論」についての国際比較研究に参加し，高齢化社会の消費研究に関する論文を *Silver Market Phenomenon*（Springer, 2008）の中の1章として発表す

る機会を得た。これらの成果は本書の中にも引用されている。

　日本FP学会では何度も研究発表の機会を与えていただき，貝塚啓明先生（東京大学金融教育研究センター），吉野直行先生（慶應義塾大学），家森信善先生（名古屋大学），駒井正晶先生（慶應義塾大学），菅原周一氏（みずほ年金研究所），内田茂男先生（千葉商科大学）から貴重なコメントをいただいた。同学会からは2007年と2010年の２度にわたって学会賞（優秀論文賞及び奨励賞）を拝受し，このことが研究を進める上でたいへん大きな励みになった。

　さらに，2006年に㈶全国銀行学術研究振興財団，及び，㈶吉田秀雄記念事業財団より研究助成金をいただいたことに深く感謝申し上げたい。研究助成金なくしては，本書の研究は遂行しえなかった。流通科学大学研究成果出版助成（2010年）により，ようやく拙著を出版することができた。駆け出しの研究者であった筆者を育ててくださった流通科学大学に，改めて御礼申し上げる。

　研究者の世界に入る以前にご指導くださったさまざまな方々にも，御礼を申し上げたい。グンゼ株式会社在籍中の上司であった田中和博氏からは商品企画やマーケティング・リサーチの実践を学んだ。毎週のように東京の百貨店や有名ブランドのデザイナー事務所との打ち合わせに同行し，１銭の単位まで原価を切り詰めて企画を立て，製品仕様については製造工場の工程と百貨店バイヤーの意向をどのように両立させるかに悩み，フォーカス・グループや店頭調査などの消費者データの分析に取り組むなどの実務を経験する中で学問的興味を持つきっかけを与えてくださった。現在でも自分が企画に携わった商品が定番として量販店で販売されていることを，誇りに感じている。モロゾフ株式会社の構江美子氏は，いつも温和でしなやかな印象を与えつつ，的確な商品企画力とリーダーシップでプロジェクトを引っ張ってくださった。３人の子供たちを育てながらもしっかり仕事のできる「働くスーパーお母さん」のロール・モデルとして，今でも私の目標である。

　最後に，個々の論文を書いてもまとめる時間がなかなか持てないまま，原稿の遅れでたいへんなご迷惑をおかけしたにもかかわらず，辛抱強くお待ちくださった千倉書房編集部長関口　聡氏に記して感謝申し上げたい。

なお，私事ながら，不器用で仕事と家庭の両立に悩む筆者にさまざまな形で協力してくれる両親，平日は名古屋と神戸に離れていても同業者として常に研究をサポートしてくれている夫・忠康に感謝する。とくに息子・賢人とは，1999年5月に日本商業学会（於：岡山商科大学）で論文賞を拝受したとき，私のおなかの中にいて壇上で一緒に表彰していただいたり，在外研究ではプリ・スクールの行事を通じて研究の合間にハロウィーンやサンクス・ギビングなど米国の四季を楽しんだりと，研究生活を歩む中で忘れられない思い出を一緒に作ってきてくれた。何かと余裕のない筆者を，いつもかわいい笑顔で癒してくれている息子と夫へ本書を捧げたい。

　　　2011年3月

　　　　　　　　　　　　　　　　　　　　　　　　　山　下　貴　子

目　次

はしがき

第1章　個人金融資産市場の転換 …………………………1
1　金融市場の「流通革命」 …………………………1
2　製販分離とチャネルの多様化 …………………………2
3　電子マネーの拡大 …………………………11
4　保険・年金商品選択の変化 …………………………14
5　本書における問題の所在 …………………………19
6　本書の構成 …………………………21

第2章　金融マーケティングの定義と金融商品の異質性 …………………………25
1　金融マーケティングの定義 …………………………25
　1-1　無形性（Intangibility） …………………………25
　1-2　生産と消費の同時性（Inseparability） …………………………26
　1-3　消滅性（Perishability） …………………………27
　1-4　異質性（Heterogeneity） …………………………27
　1-5　受託者責任（Fiduciary responsibility） …………………………29
　1-6　危険準備消費（Contingent consumption） …………………………30
　1-7　消費の持続性（Duration of consumption） …………………………31
2　金融商品の特徴 …………………………32
　2-1　一次選択行動の非完結性 …………………………32
　2-2　価値変動制 …………………………33
　2-3　「動機」概念の重要性 …………………………33
3　金融商品選択と購買意思決定過程 …………………………33

3-1　問題の認識 ……………………………………………33
　　3-2　情報探索 ………………………………………………35
　　3-3　代替案の評価 …………………………………………38
　　3-4　購買決定 ………………………………………………40
　　3-5　購買後評価 ……………………………………………42
　4　小　　結 ……………………………………………………44

第3章　金融商品選択と品質評価 …………………………………47
　1　知覚リスクの構成要素と関与 ……………………………47
　　1-1　知覚リスクと構成要素 ………………………………47
　　1-2　知覚リスクと関与・情報収集態度 …………………50
　2　金融商品・サービスの品質評価 …………………………52
　　2-1　安全資産の品質評価 …………………………………55
　　2-2　リスク性資産の品質評価 ……………………………60
　　2-3　情報収集コストとリスク評価の関係 ………………64
　3　ライフサイクルと投資目的・投資態度 …………………66
　4　金融商品選択への態度・意思決定ルール ………………69
　5　金融商品広告の評価行動 …………………………………74
　6　小　　結 ……………………………………………………85

第4章　ベイズ型コウホート分析法を用いた
　　　　　家計金融資産選択行動の日米比較 ………………91
　1　日米家計の金融ポートフォリオ比較 ……………………91
　2　貯蓄目的や動機・ニーズ …………………………………96
　3　ベイズ型コウホート分析の適用 …………………………104
　　3-1　使用データ ……………………………………………105
　4　日米家計の金融資産選択行動 ……………………………106

4-1　日本の家計の金融商品保有金額に関する分析 ……………107
　　4-2　「貯蓄種類の選択基準」に関する分析 ………………………119
　　4-3　米国家計の金融商品保有金額・保有率に関する分析 ………122
　5　小　　　結 ………………………………………………………131

【第4章 補遺】ベイズ型コウホート分析法 …………………………135
　1　コウホートとは ……………………………………………………135
　2　コウホート表 ………………………………………………………135
　3　年齢・時代・世代効果 ……………………………………………137
　4　コウホート分析モデル ……………………………………………138
　5　識別問題 ……………………………………………………………139
　6　パラメータの漸進的変化の条件 …………………………………139
　7　ベイズ型コウホート分析の特徴のまとめ ………………………140

第5章　リーマン・ショック後の金融資産選択行動 …141
　1　金融のグローバル化とリーマン・ショック ……………………141
　2　消費者のセグメンテーション ……………………………………145
　3　使用データと分析方法 ……………………………………………149
　4　金融行動のクラスタリング ………………………………………149
　　4-1　クラスタの分類 ………………………………………………149
　　4-2　各クラスタのプロファイル …………………………………153
　　4-3　各クラスタの金融意識 ………………………………………157
　　4-4　金融機関へのニーズ …………………………………………166
　　4-5　金融商品・金融機関に関する情報源 ………………………170
　　4-6　金融商品選択プロセス ………………………………………175
　5　小　　　結 ………………………………………………………179

【第5章 補遺】図表 ……………………………………………………184

終章　総括と今後の課題 ………………………………………189

目次

1　全体のまとめ ……………………………………………189
2　今後の課題……………………………………………193
3　おわりに ………………………………………………196

引用文献 ……………………………………………………199
索　　引 ……………………………………………………217

第1章　個人金融資産市場の転換

1　金融市場の「流通革命」

　日本人の金融資産選択行動は，大きく変化してきている。この変化をもたらすものとして，主として2つの原因がある。1つは，金融制度改革に伴う規制緩和の進行であり，もう1つは少子高齢化による人口構成の変化である。

　日本型金融ビッグバンは Free, Fair, Global の三原則の下に，2001年までに日本の金融システムを世界水準に引き上げるべく1996年の橋本内閣時に導入が指示された。2001年小泉内閣の政府方針には「貯蓄から投資へ」の文言が初めて登場し，政策として「従来の預貯金中心の貯蓄優遇から株式投資などの投資優遇へという金融のありかたの切り替え」[1]の方針が定められた。

　従来，日本の金融市場は「護送船団方式」に守られ，どの銀行のどの商品を選んでも同じ金利水準であったり，ディスクロージャー（情報開示）の遅れによって消費者が金融商品を比較購買することも難しく，必然的に最寄りの金融機関を選択，とりわけ安全性を重視した預貯金や生命保険中心の金融商品選択を行ってきた。

　しかし，金融規制緩和が推進され，株式売買手数料の自由化，運用商品の規制緩和，業態間業務規制の緩和[2]などの施策によって，インターネットでの証券取引や，証券業や銀行業への異業種の参入等による金融商品のチャネルの多様化，比較情報規制の撤廃による比較広告の解禁，多様な金融商品の発売が開始されるに至った。保険や年金も同様に，これまでは生命保険会社の独自チャネルを通して販売されていたものが，銀行や証券会社でも販売されるようになった。

　また，金融のグローバル化によって他国の経済危機も瞬時にわが国に影響を

与えるようになっている。2008年9月に米国で起こった「リーマン・ショック」は世界の金融市場を混乱に陥れた。金融市場がボーダーレスになるにつれ，新興国の食料や石油消費の急激な増大による原料価格への影響，地球規模の天候不順や国際的な政治紛争など金融市場に影響を与える不安定要素も増えて行く。

金融資産選択の変化を促す要因の2つ目は，人口構成の変化である。少子化・高齢化による世代構成の偏りは金融資産選択の概念を大きく変えつつある。年功序列・終身雇用に守られ資産の蓄積ができた団塊の世代以上の高齢者と，就職氷河期に社会に出て，低所得化，未婚化，雇用の非正規化が話題となる団塊ジュニア世代以下の若者とでは，金融商品選択行動も異なると考えられる。保険や年金を例に挙げても，公的年金制度への不信感が個人年金への加入を促し，世帯主に万が一のことが起こった場合の生命保険額も少子化に伴って見直されつつある。企業年金は確定給付型から確定拠出型（日本型401k）へ移行が進み，2010年11月末で確定拠出型に入っている会社員は約366万人で5年前の3倍となった（厚生労働省）[3]。企業年金加入者全体の約2割となり，上場企業中の4分の1が確定拠出型に移行した。しかし，日本人は自らの判断と責任で年金を運用するという経験が少なく，低利の定期預金や投資信託を選ぶ傾向にある。企業年金連合会「確定拠出年金に関する実態調査」（2010年）[4]によると，低金利環境，株式市場の低迷の影響を受けて，運用成績全体が悪化している実態が報告されている。

金融制度改革に伴う規制緩和の進行と少子高齢化による人口構成の変化という大きな2つの流れを元に，本章ではまず，金融制度改革以降の個人向け金融市場の変化について概観する。

2　製販分離とチャネルの多様化

2004年12月，銀行による証券仲介業の営業が解禁された。これに先立ち，1998年12月には銀行で投資信託の窓口販売が開始され，住宅ローン保険（2001

年），個人年金保険（2002年），生保・損保商品（2007年）と品揃えを増やしてきている。2005年10月には郵便局での投資信託の窓口販売がスタートし，これにより，証券会社，銀行，郵便局と，個人向け金融商品販売チャネルの三本柱が出そろったことになる。

証券業界の長年の中核業務が銀行や郵便局などに広く開け放たれたことで「銀証間業際問題における証券サイドの最後の砦（新美，2005）」が崩れ去り，金融商品の売買を行う消費者にとっては窓口サービスや利便性，収益率や手数料などの価格，サービス供給主体への信用力などによって自由に商品や購買先を選択できるようになった。異業種企業の金融分野参入も相次ぎ，証券事業では，ソニー（マネックス証券），トヨタ自動車（トヨタフィナンシャルサービス証券（2010年4月，東海東京証券と合併）），銀行業ではセブン＆アイ・ホールディングス，楽天，ソニーについで流通大手のイオンも「小売業で日本初のフルバンク参入」をうたい文句に2007年に参入を果たした。まさにスーパー・マーケット創成期のような金融商品の「流通革命」により，新しい金融のビジネス・モデルが次々に創造されていった。金融制度の変化がマーケティングに及ぼす影響をまとめると表1-1のようになる。

しかし参入成功事例の増加による業態間競争の激化が叫ばれるようになったのはごく最近のことである。銀行等での投信のチャネルの拡大についていえば当初から成功視されていたわけではない。新美（2005）によれば，「98年の投信の銀行窓口販売が解禁された時点では，必ずしも多くの銀行が投資信託に本腰を入れていたわけではなく，実際，当初の販売は法人顧客向けの公社債投信販売が大宗を占めていた」。ところが2005年末の株式投信の純資産残高では公募と私募を合わせた合計が過去最高の65兆5,500億円に上り，このうち銀行を通じて販売された金額シェアが53.9％と，証券会社を通じて売られた金額シェア43.3％を逆転した[5][6]。

これまでの「リスク資産は証券会社を通じて買うもの」であったのが，もはや「銀行で買うもの」という認識に変わりつつあるといえよう。このような銀行での投信販売の成功の理由として新美（*ibid.*）は，銀行経由の株式投信販売

表1-1 金融制度の変化がマーケティングに及ぼす影響

	金融自由化前		金融自由化後	
	規制・制度	競争原理	規制・制度	競争原理
Product	業務単位の規制 持ち株規制 単独決算	業態内競争	商品・業務の多様化(業態規制の緩和) 金融持ち株会社化(グループ経営,連結決算)	より狭い商品・領域 (業務単位の規模・シェアの競争。金融グループ全体の組織能力競争の混合)
Price	金利・料率の規制	規模の競争(預金量,預かり資産,保険金)	金利・料率の自由化	価格競争,または狭い領域内での独占・寡占(範囲の経済)
Place	店舗行政	出店(認可)競争	通達の廃止(インターネット上での出店規制なし)	流通業などの異業種チャネルやインターネットでの顧客との接点拡大
Promotion	広告規制,店舗規制,景品規制,募集規制	業態内の規模・シェア	販促関連規制の完全撤廃	想定顧客に合わせた広告・宣伝の実施
Customer		利便性,資産規模		総合的な金融の専門性(価格との折り合い),信頼感

出所:安岡・村上・山崎(1999)に筆者加筆。

額が証券経由のそれと異なり株価との連動性がほとんど見られないことから,銀行窓販が従来とは全く異なる証券リテール顧客の開拓に成功する可能性が高いことをいち早く指摘している。すなわち,比較的ローリスク・ローリターンの商品を主体に売ることで,銀行の従来の品揃えにあった定期預金などの商品とそれほど変わらない印象を顧客に与えることに成功したといえよう。三浦・南本(2004)は「窓販解禁前までは,投資信託は『株式よりも高級で,投資に関する知識のある人だけが買える投資商品』とみなされていた(または存在す

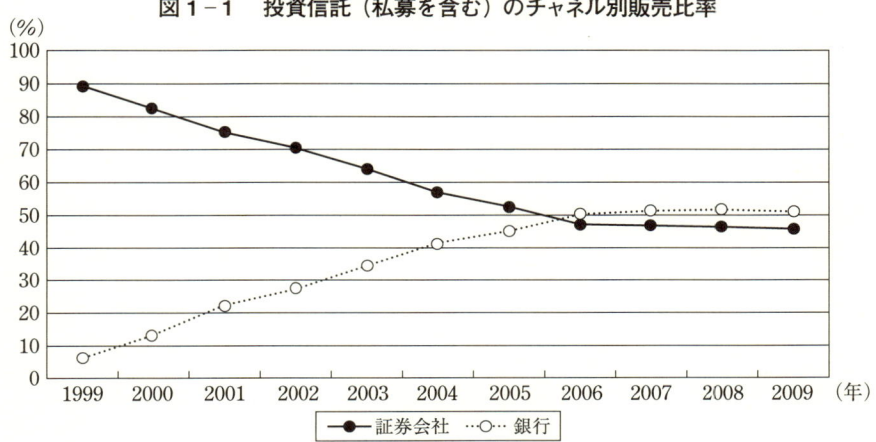

図1-1 投資信託（私募を含む）のチャネル別販売比率

出所：投資信託協会 HP（http://www.toushin.or.jp/result/index.html）より筆者作成。

ら認知されていなかった）ものが，『預金の延長線上の商品』『預金よりも1ステップだけ高度な商品』といった位置づけに変わ」るという見解を引用し，窓販の拡大が株式投信の商品性そのものを変化させる，とした[7]。こうした銀行のワンストップ・ショッピング化は米国が先行している。たとえば Bank of America は90年代にリテール部門強化を目的に情報化投資を拡大し，顧客情報の統計処理を可能にしたことで，特定顧客に対する付加サービス競争が始まったとされる。総合的取引を通して顧客情報をより多くもっているのは証券会社より銀行であるので，顧客を囲い込み，コストをかけずに商品やサービスをカスタマイズすることが可能である。

また，株式投資単位の引き下げやインターネット取引の普及により「個人投資家」とよばれる人が増えた。東京証券取引所によると[8]，2009年度末の個人株主数（延べ人数）は4,479万人となった。2008年度末までは13年連続で過去最高を更新していたが，2009年度はリーマン・ショックの影響で伸びがストップし2.4万人微減したものの，2005年度と比較すると約10％，400万人増えている。インターネット取引の口座数も2009年度末で1,101万口座と前年度末比で22万

口座増となった。これは株式を売買する際の時間コスト,情報コスト,売買コストが大幅に低下したことが原因として挙げられる。これまでは証券会社の店頭に行って企業の情報をもらうことと引き替えに手数料を支払って株式を売買していたのが,消費者が自らインターネットにより低コストで簡単に企業情報を集めることが可能になった。西久保(2002)によると,インターネットと金融商品選択の親和性について,①無形財への対処としてのグラフ・動画などによる可視化(visualization),②価値変動性への対応としてのリアルタイムかつ低コストの情報提供,③選択行動セットに対応するネット完結型の取引サービスの提供を挙げ,これまでの消費者の金融商品選択過程にあった困難さの多くを緩和すると指摘した。

また,2000年以降,新たな形態の銀行が数多く設立された。これら新興の金融機関は,先行している金融機関の持つ規模の優位性や累積投資基盤,顧客基盤,情報基盤の優位性に打ち勝つため,投資コストを最小限に抑え,かつ,消費者を吸引するため既存の金融機関にないサービスを提供しなければならなかった。このような条件のもと,インターネット専業の銀行や,小売業や製造業が設立した金融機関などが次々に創業し,運営コストを削減する一方で消費者に金利の優遇や手数料の安さ,決済の利便性などを提供することで新たな競争基軸を創り上げた。日経新聞社が3大都市圏の個人を対象に郵送調査を行った「日経金融ランキング」(2010)によると(表1-2),顧客満足度ではソニー銀行(2001年創業)が3年連続で首位,住信SBIネット銀行(ネット専業銀行として2007年営業開始),イオン銀行(2007年より口座受け付け開始)がそれに続いており,2000年以降に設立された金融機関の満足度が高いという結果になっている。

異業種の金融業参入・商品チャネル拡大の端緒としては,流通業のクレジットカード産業への参入が挙げられる。1960年に丸井が日本ではじめて小売業にクレジットカード事業と連携した事業展開を始めたものの,銀行と信販会社による寡占は続いていた。しかし,その後,イトーヨーカ堂,セゾン,イオンなどの流通系のクレジットカードがシェアを伸ばしてきている(図1-2)。また,

表1-2 「金融機関ランキング」(2010年)における顧客満足度順位

順位	(前回)	金融機関名	顧客満足度調査総合得点	接客・営業時間	商品・サービス	信頼性	今後も利用したい
1	(1)	ソニー銀行	89.8	23.9	33.1	20.9	11.9
2	(6)	住信SBIネット銀行	86.7	22.9	32.5	19.3	12.0
3	(8)	イオン銀行	85.4	25.9	29.2	19.0	11.3
4	(2)	セブン銀行	84.7	25.6	27.8	20.0	11.3
5	(3)	新生銀行	84.1	23.9	32.1	17.0	11.1
…	…		…	…	…	…	…
9	(9)	三菱東京UFJ銀行	82.2	24.1	26.9	20.1	11.1
10	(10)	三井住友銀行	82.1	24.0	26.8	20.2	11.1
…	…		…	…	…	…	…
15	(15)	みずほ銀行	80.0	23.4	26.6	19.1	10.9
16	(17)	住友信託銀行	79.2	20.7	27.7	20.4	10.4
…	…		…	…	…	…	…
23	(26)	ゆうちょ銀行	77.0	22.0	25.0	19.0	11.0
24	(24)	三菱UFJ信託銀行	76.6	19.8	27.5	19.7	9.6
25	(27)	シティバンク銀行	76.1	22.4	28.5	15.6	9.6
25	(21)	ジャパンネット銀行	76.1	21.7	26.5	17.3	10.6

出所：「日経ヴェリタスonline」[9] (2010年1月10日)より筆者作成。

カード発行主体が「その他」(石油，通信，鉄道・航空会社，ホテル，旅行業者などの自社カード)では，鉄道系の「Suica」や「PASMO」が電子マネー機能を搭載することによって発行枚数を伸ばしている。

流通系カードは発行枚数ではまだ銀行カードに及ばないものの，高い収益率を得ている。イオンクレジットサービス株式会社を例に挙げると，会員数は1,808万人(2010年2月現在)で，そのうち68.3％が女性会員である。2010年2月期の連結決算では，取扱高合計2兆9,933億円，営業収益1,724億円，営業利益は205億円となっている。イオン・グループの経常利益が1,302億円で経常利益率が2.6％(2010年2月期)であることと比べ，イオンクレジットサービス株式会社の経常利益率は11.9％である。貸金業法の改正を受けて経常利益率は2006年の27.8％から徐々に下がってきてはいるが，営業収益の内訳を見るとカードショッピングが32.5％である一方，カードキャッシングなどの融資が36.7

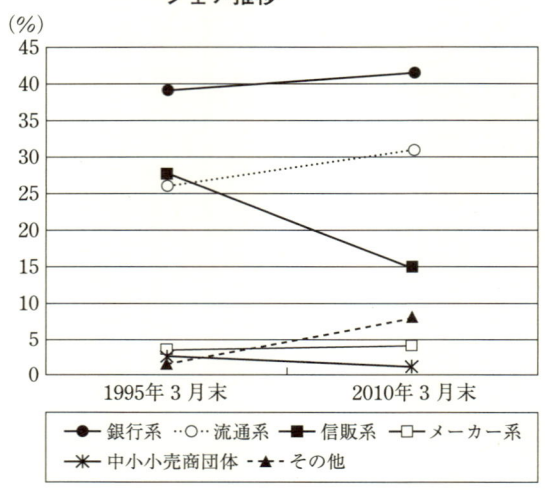

図1-2 系列別クレジット・カード発行枚数シェア推移[10]

出所：(社)日本クレジットカード協会HPより筆者作成。

％と利用者が支払う金利が収益の約4割を構成している。イオン・グループにとって，本業である小売業の他に金融業も収益源として位置づけられているといえる。このように収益率が高い要因として中川（2004）は，キャッシング利用率の高さといった商品構成と，新規顧客の獲得コストが銀行系に比べて格段に安いこと，「普段使い」のカードとして月間稼働率[11]は銀行系カードに比して2倍にのぼることからも，稼働率（カードの利用率）が極端に高いことを理由に挙げている。店舗内ATM利用によるキャッシングや，発行主体の店舗利用によるポイント付与等で顧客の囲い込みを進めており，クレジットカード利用履歴を通じて顧客の選別も可能となる。

　異業種の金融業参入は欧米が先行しており，中でも英国のスーパー・マーケットTescoの事例が知られている。1995年にポイントプログラムの「クラブカード」を導入，96年にはデビットカード機能を搭載し，利用者は使用頻度に応じて獲得ポイントが増えたり，残高によって金利が優遇されたりする。利便性の面では，インストアATM利用だけでなく提携銀行のATMも利用できる。

97年には銀行免許を取得し，もともとあった小売店舗のインフラを利用して低コストで銀行業への参入を果たした。2010年11月発表のIncome Statement（半期）を見ると[12]，Tescoの英国国内での小売業の売上高は約200億ポンドである一方，Tesco Bankの売上高は約4.7億ポンドにすぎない。しかし営業利益率は，小売業が6.1％であることに対し，Tesco Bankは27.2％にのぼる。

　米国ではWal-MartがILC（産業金融会社）とよばれる金融サービスの設立をFDIC（連邦預金保険公社）に申請していたが，銀行業界からの反対論[13]に押されて2007年にライセンス取得を断念した。しかし，店舗内に「マネーセンター」を設け，小切手の現金化や送金など毎週約500万件の取引を行っている。Kmartも同様の小切手送金サービスなどを行っており，これらの機関が利用される背景には銀行口座を所有していない約3,000万世帯の存在がある。銀行の当座預金の手数料が金融危機後に引き上げられたため，銀行口座がもてない世帯はこうした小売業のサービスを利用している。銀行口座をもたない消費者を対象とする金融サービスの市場規模は，約3,200億ドルといわれている[14]。

　異業種の金融参入には既存の経営資源をいかし，多額の追加投資を必要としないシナジー効果の存在が前提条件であり，競合他社より優れた価値を消費者が見いだし，模倣が困難な組み合わせを生み出すことが必須である。小売業の金融業参入は，店舗網と顧客情報，そしてブランド力といった既存の経営資源を有効に活用して範囲の経済を実現させた例であるといえる。

　日本の場合，セブン＆アイ・ホールディングスがセブン-イレブンの店舗網を背景にした"ATM特化銀行"として2007年10月に開業し，2010年3月期の経常収益888億円のうち約96％にあたる852億円がATM手数料と，ATM手数料を収益の柱とする新しいビジネス・モデルを構築した。セブン銀行のATM設置台数は14,061台であり，これは三井住友銀行のプロパーATM台数6,738台（2010年9月末）の2倍以上にあたる。提携する金融機関は都市銀行，郵貯銀行，信用金庫などの預貯金取扱金融機関のほか，国内外のクレジットカード会社，証券，消費者金融などのノンバンクを含めて550を超え，これらすべてのカードがセブン銀行のATMで使える。さらに，コンビニの営業時間に合

表 1-3　三井住友銀行／個人向け金融顧客セグメント

顧客セグメント		対応チャネル（2010年9月末時点，単位：カ所）	
スーパーリッチ層 約1,000人	企業オーナー 超大口地権者 超大口富裕者	プライベートバンカー	PB営業部
PB層 約1万人	企業オーナー 大口地権者 大口富裕者	プライベートフィナンシャルコンサルタント	ブロック 36
資産運用層 約15万人	オーナー・役員 医師・弁護士 資産家・富裕者	フィナンシャルコンサルタント	
資産形成層 約900万人	勤労世帯主・退職者層等	マネーライフコンサルタント・マネーライフアドバイザー	支店 436 ／ SMBCコンサルティングプラザ 73
		ローンプランナー	ローンプラザ 103
マス層 約1,600万人	独身者層・学生等	SMBCダイレクト・ATM	

出所：三井住友フィナンシャルグループ「データブック」(2010年上期)。

わせて24時間365日利用できるという利便性も強みとなっている。田村（2002）は，金融機関の利用形態のうち電子ネットワークの利用については，消費者の革新行動として「金融機関統一化」，「アクセス便宜性」といった電子財布型サービスを指向していることを示している。セブン銀行のビジネス・モデルは，こうした消費者のニーズをとらえたものである。

　一方で，前述のイオンクレジットサービス株式会社を擁するイオン・グループは，同じ小売業発の銀行としてもセブン銀行とは異なり"リテール・フルバンク"として2007年10月にイオン銀行を開業した。イオン銀行はすでにクレジットサービスによって金融事業の基盤を作っており，買い物決済に利用していた会員を銀行の顧客に取り込んで，イオン店内のインストアブランチを中心に「金融と売場の融合」を目指している。インストアブランチは68店舗（2010年9月末現在）で，営業時間は1年365日，朝9時から夜21時である。取扱商品は，預金口座（普通・定期），住宅ローン，教育ローン，個人年金保険，学資保険などのほかに，投資信託と定期預金を組み合わせた「イオン銀行しっかり運用セット」，損保ジャパンひまわり生命保険会社の女性向け医療保険などフル

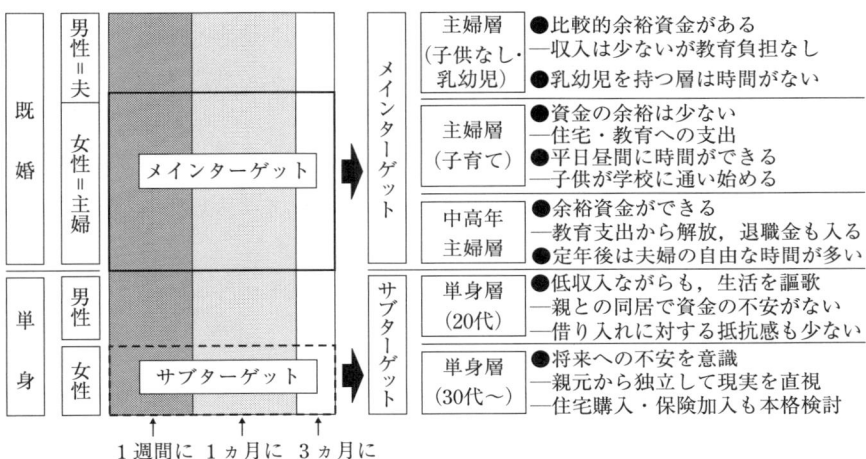

図1-3 イオン銀行インストアブランチ ターゲット

出所:「イオン銀行アンケート」『販売革新』2008年5月号, p.54。

ラインで品揃えしている。ジャスコの旅行用品売場に「イオンの海外旅行保険」のパンフレットを置くなど，通常商品と金融商品を併売することも行っている。

　イオン銀行の金融商品の販売は主婦にターゲットを絞っており，従来の銀行の幅広い顧客セグメントから見ると狭い。表1-3は三井住友銀行の個人顧客セグメントであるが，学生から超富裕層まで幅広いターゲットにチャネルを変えて対応することが示されている。一方，イオン銀行は対応するチャネルがインストアブランチのみなので顧客ターゲットを狭く設定し，利用頻度の高い主婦をメインターゲット，単身者をサブターゲットに特化してそれぞれの金融ニーズにより顧客セグメントを細分化している（図1-3）。

3　電子マネーの拡大

　仮想貨幣である電子マネー市場は，決済件数・金額ともに2009年以降4～5

割の高い伸び率を続けている（日本銀行，2010）。事業主体別に見ると，事業系（Edy），鉄道会社系（Suica, ICOCA, PASMO, SUGOCA, Kitac, PiTaPa 等），小売り流通系（nanaco, WAON）等がある（表1-4）。決済件数のシェアを見ると，小売り流通系の電子マネーのnanaco，WAONを合わせて49.2％と約半数となっており，利用可能拠点数が多く携帯電話の電子財布機能に対応している電子マネーが多く使われている。電子マネーは個々の電子マネーサービスの範囲内での「貨幣共同体」（岩井，1998）を作り上げている。「いつでも電子マネーをモノやサービスと交換できる」という認識を共同体の中で共有し，流動性を高めるためには，ネットワーク外部性と利便性が重要であるといえる。前述のイオン銀行は独自の電子マネー「WAON」を導入し，「イオンバンクカード」を使えばイオン銀行の口座から自動的にWAONに入金する，オートチャージができるようになっている。現金払いに代わるWAONの導入は顧客を囲い込むツールと位置づけられ，小売りのレジ決済の場である買い物だけでなく，川上の銀行預金口座までWAONを媒体として取り込んでゆくことを狙ってい

表1-4 主要電子マネーの概要

サービス名称	Edy（エディ）	Suica（スイカ）	ICOCA（イコカ）	PASMO（パスモ）	nanaco（ナナコ）	WAON（ワオン）
運営主体	ビットワレット	JR東日本	JR西日本	PASMO協議会加盟事業者	セブン＆アイ・ホールディングス	イオン
取扱開始年月（携帯対応）	2001年11月（2004年7月）	2004年3月（2006年1月）	2003年11月 未対応	2007年3月 未対応	2007年4月（2007年4月）	2007年4月（2007年11月）
発行枚数（万枚）	6,050	3,155	572	1,648	1,224	1,670
利用可能拠点数（カ所）	241,000	118,910	94,140	92,000	73,124	94,500
チャージ上限	5万円	2万円	2万円	2万円	2万9,999円	5万円
月間決済件数（万件）	3,100	3,888	174	1,556	4,300	4,150

（注）　数値は2010年10月末時点。
出所：日経新聞（2010年11月26日）。

表 1-5 他のリテール決済手段との比較[15]

決済金額（フロー）の比較		残高（ストック）の比較	
電子マネー	1.3兆円	電子マネー	0.1兆円
クレジットカード	42.4兆円	貨幣流通高	4.5兆円
デビットカード	0.7兆円	銀行券発行高	77.3兆円
コンビニ収納代行	6.8兆円		
代金引換	2.3兆円		
（参考）			
大型小売店等販売額	28兆円		
名目民間最終消費支出	283兆円		

出所：日本銀行決済機構局（2010）。

る。しかし，通常の銀行に現金を預け入れる感覚と異なるのは，いったん現金をWAONに変えて入金すると，逆にWAONから現金に戻して引き出すことができない。1回の預入額にも限度額が決まっており，買い物に利用する程度の金額を電子マネーに交換して利用していることからも，電子マネーを現金のような感覚で「預金する」という行動には結びつきにくい。

日銀によると，電子マネーの決済金額は年間1兆円台で，他のリテール決済手段と比較するとまだ小規模なものにとどまっているが（表1-4），年間の大型小売店等の販売額（百貨店・スーパーの大型小売店とコンビニの合計）は28兆円であることをふまえれば，「市場をこれらに限定しても電子マネーの成長余地は残されており，端末台数の増加や共用化によって決済金額や件数が増加していく」，と予想している。しかし，残高規模で見ると，現金（銀行券および貨幣）発行残高が80兆円に対して電子マネーは1,200億円と小額にとどまり，貨幣流通高4.5兆円に対する比率は2.6％にすぎない。この理由について日銀は，「電子マネーの利用形態は比較的少額のチャージを繰り返すものであり，1枚あたりの残高は高くなりにくい性質を持っているため，残高の増分は限定的になる」としている。北村他（2009）は貨幣需要関数を推計し，50円硬貨以下の小額貨幣需要は電子マネーの普及により低下しているが，その弾力性は極めて低く，電子マネーが貨幣需要に与える影響はまだ限定的であることを示した。

したがって，電子マネーはまだ顧客囲い込みのツールの一環としての位置づけであり，現金・預貯金を代替する金融資産ととらえるには課題が多い。

4　保険・年金商品選択の変化

保険商品の購買行動も大きく変化してきている。規制緩和により外資系生保の参入が拡大し，契約保有数や企業イメージといった点でも国内生保と比べて躍進が続いている。

生命保険は従来，死亡した場合に高額の保険金が得られる死亡保障がメインとなっていた。これは子供に高額の死亡保障を残す目的であった。しかし，世帯当たりの生命保険の普通死亡保険金額は，少額化してきている。一方で，少子高齢化社会の進展を受けて自分自身の病気やけがに備える介護保障や医療保障（いわゆる第三分野）[16]，定年後の生活において公的扶助の不足分を補うための私的年金型保険などにその主力商品が変わってきている。

2001年まで国内大手生保は第三分野への参入が閉ざされており，この間この分野ではアフラックやアリコ等の外資系生保が首位を占めていた。第三分野は個人保険の新規契約数に占める割合が非常に高まってきている。とりわけ医療保険については，1990年代前半では契約数全体の15％程度でしかなかったものが，2009年には約3割を占めるまでになっており，減少傾向にある死亡保障系

表1-6　世帯の生命保険加入状況[17]

	全世帯			世帯主		
	1997年	2003年	2009年	1997年	2003年	2009年
加入率（％）	93.0	89.6	90.3	89.4	85.3	86.7
加入件数（件）	4.9	4.3	4.2	2.0	1.8	1.8
普通死亡保険金（万円）	4,566	3,697	2,978	2,732	2,322	1,768
疾病入院給付金日額（千円）				9.9	9.8	10.4

出所：生命保険文化センター「生命保険に関する全国実態調査」より筆者作成。

表 1-7　第三分野保有契約数上位10社（ストックベース）

		保有契約数	シェア (%)	増減 (%)
1	アフラック	55,564,612	17.9	3.9
2	日　　本	45,032,898	14.5	▲9.0
3	住　　友	43,260,878	13.9	0.4
4	第　　一	37,600,733	12.1	▲3.5
5	明治安田	27,998,913	9.0	▲2.4
6	アリコジャパン	14,544,726	4.7	3.7
7	富　　国	10,420,355	3.4	▲0.4
8	朝　　日	10,226,728	3.3	▲5.6
9	アクサ	8,727,156	2.8	2.9
10	三　　井	8,088,832	2.6	▲5.5

（注）　平成21年度決算より。
出所：『インシュアランス』平成22年度版　生命保険統計号。

保険とは対照的な動向を示している。国内生保も死亡保障中心の従来型から死亡保障と医療保障を組み合わせた商品や単品型医療保険などを発売し巻き返しを図っている（表1-7）。

　長期の景気低迷，低金利により掛け金が割高な貯蓄型保険から掛け捨て型保険への移行が増えるなど（前田，2004）[18]，低価格保険料に対する需要が拡大している。貯蓄型保険の代表である郵便局の簡易保険（現かんぽ生命）の個人保険新契約件数の推移を見ると，平成11年度（1999年）には592万件（15.8兆円）であったものが平成21年度（2009年）には205万件（5.9兆円）と10年間で大きく減少している[19]。外資系生保は薄利多売のビジネス・モデルを展開しており，郵政総合研究所の調査（2005）[20]によると，外資系生保の加入者は20代，60代，70代以上といった若者層や高齢者に少なく，働き盛りの30～50代に集中し，「30～50代の人々は様々な支出が多く家計の引き締めに敏感である可能性が高いと思われることから保険料の安価なサービスを選好・追求した結果外資系生保に加入したと見ることが出来よう。」と解釈している。消費者も保険の販

16   第1章 個人金融資産市場の転換

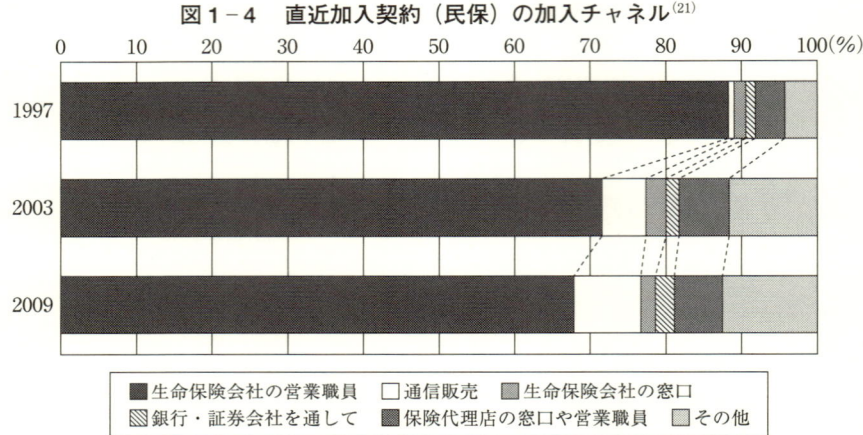

図1-4 直近加入契約（民保）の加入チャネル[21]

出所：「平成21年度生命保険に関する全国実態調査〈速報版〉」より筆者作成。

売・契約がインターネットで完結できたり，銀行の窓販で購入することができるようになったことを受け，従来のように「つきあい」や営業レディの勧めるままに加入するのではなく，自分で情報を収集し自己の判断で保険を購入するという動きに変わってきている。人的販売による非価格競争から，オープンチャネルを通して自らのニーズに照合した商品の選択が可能になった。

　直近加入契約（民保（かんぽ生命除く））の加入チャネルを見ると（図1-4），「生命保険会社の営業職員」が1997年の88.5％から2009年は68.1％に減少している。減少の理由は「職場に来る営業職員」からの加入が1997年には全体の約3割いたものが（28.9％），2009年には15.7％に減っていることにある。「通信販売」のうち，「インターネット」は2000年の0.2％→2009年の2.9％，「テレビ・新聞・雑誌」が3.1％→5.7％と着実に増加している。

　国内系生保，簡易保険，農協の生命共済に加入した人の間では契約加入時に他社のサービスとの比較を行わなかった人の割合が高い（「比較せず」の割合が，それぞれ国内系生保：51.7％，簡易保険：66.2％，農協の生命共済：67.2％）。国内系の生命保険の加入に際しては，その仕組みを十分理解した上で契約内容や価格に納得し，契約を締結するというケースがすべてではなく，販売員への「義

理」などに起因するものが少なくないため，中途解約原因の１つとなっていた[22]。これに対して外資系生保を選択した人では，加入時にサービスの比較を行った人は約６割（１社：11.5%，２社：29.5%，３社以上：18.9%，合計：59.9%）に上る（比較しなかった人が39.3%）。

　個人年金の販売は，元本保証型の変額年金保険や外貨建ての定額年金保険などが銀行の窓販を通じて販売を伸ばしている。契約残高の推移を見ると[23]，個人年金保険の新規契約高は2005年度に企業・団体の従業員や会員がまとまって加入する団体保険を逆転した[24]（図１-６）。50歳以上の個人年金保険の新規契約件数と契約高を見ると2005年をピークにその後多少の減少が見られるが，加入レベルは10年前と比して増加している。個人年金の売上げが伸張し，個人保険の契約高が減少している理由の１つとして，少子化や家計のリストラによって保険の掛け金の見直しがなされたこと，公的年金への不安から保険から年金へ売れ筋がシフトしたことが挙げられる。

　生命保険会社の保険や年金は，同じ設計の商品を異なる名前で異なるチャネルに流す方法をとっている。たとえば住友信託銀行で販売されていたハートフォード生命保険の変額年金の主力商品「NEWアダージオ」は，三菱東京UFJ銀行では「メソッド」，みずほ銀行では「ワンダフルライフ」という名前で販売され，AIGグループのアリコジャパンがオリックス生命を代理店に販売している外貨建て定額年金「レグルスⅡ」は，三菱東京UFJ銀行では「シリウスデュアル」という名称で販売されていた（両保険とも2010年現在は販売休止）。消費者は取引銀行に対するロイヤリティが高いため，生保側は消費者の取引銀行に合わせて品揃えを用意する必要があった。消費者が取引銀行で年金保険を購入することで仲介する銀行側にも手数料収入が得られる。同じ商品であってもネーミングだけ変更しプライベート・ブランドに近い形で販売することで，顧客が他行で同じ商品を購入しようとすることを阻止する狙いがあった。一方で，変額年金については「銀行で買うから安心だろう」と元本割れのリスクを十分認識しないまま購入してトラブルになるケースもある[25]。

　金融商品の商品性の変化を促す要因をまとめると，「商品比較情報入手コス

図1-5 個人・団体生命保険および個人年金の新規契約残高の推移

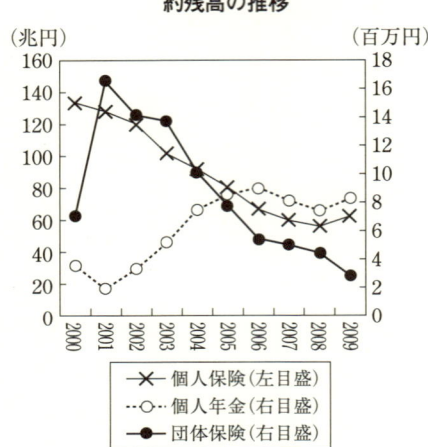

図1-6 50歳以上の個人年金新規加入件数および金額

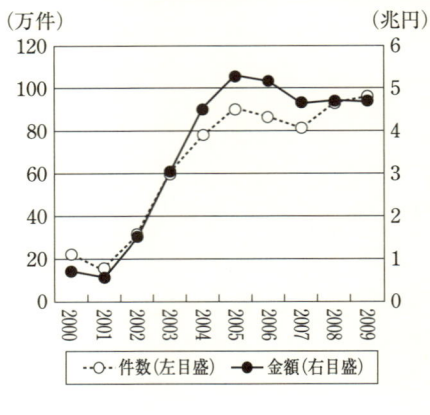

出所：(社) 生命保険協会 (http://www.seiho.or.jp/data/statistics/half/index.html) より筆者作成。

ト」,「取引コストの軽減」,「商品性の魅力向上」の3つに集約することができよう。情報入手コスト要因については，専売チャネルのもとでは金融商品を購買前に比較・評価するための情報収集段階で消費者に与えられる情報は制限されており，このことが積極的な商品探索行動を阻害していた。インターネットや銀行など金融商品の販売チャネルの広がりにより，金融機関の投資判断情報を安いコストで入手し，リスクとリターンの比較分析を行ったのちに購買決定できるように質と量の伴った情報提供のための環境が整いつつある。「比較情報規制」の緩和によって，外資系および国内の証券会社や銀行が競ってテレビや新聞広告を使った販売促進活動に力を入れ，認知につとめ始めた。

取引コストの軽減要因については，株式委託手数料の自由化や，税制改革などによる実質的な取引コストの軽減を指す。投資家の利便性の飛躍的向上が，消費者の購買意欲を刺激したといえよう。

商品性の魅力向上要因については，安価にもかかわらず一定の保障がうけら

れる掛け捨て保険の出現や，預貯金よりわずかに利率のいいローリスク・ローリターンの投資商品，公的年金の不安から個人年金の需要の高まりなど，品揃えの充実が挙げられる。各社の商品特性や価格の差異が一般の消費者にも判断できるようになってきた。

5 本書における問題の所在

　1990年代に起こったバブル経済の崩壊以降の20年にわたり，わが国は大きな構造変化の中にある。80年代までの経済の安定成長の時代は終わり，日本型雇用制度の見直しが行われ，終身雇用制度や年功序列型賃金などの伝統的な雇用慣行が自明のものではなくなった。2001年からは一部の企業で年金制度についても，従来型の確定給付年金から確定拠出年金（日本型401k）の導入が実施され，導入企業の数は拡大しつつある。年金制度については2006年に国の年金制度に記録漏れの事実が発覚したことで制度への不信感が増大し，われわれは自らの資産の管理責任に直面している。前述してきたように，いわゆる金融規制緩和の影響を受けて，個人向けの金融市場をめぐる事業環境も大きく変わり，われわれが慎重に金融商品や金融機関の質を評価していかねばならない局面も迎えている。一方で，一般に「日本人は貯蓄好きで，投資などの運用には興味が薄い」といわれきたが，貯蓄率を見ても2009年11月発表のOECD "Economic Outlook" の数字によると，日本の家計部門の貯蓄率は1992年の貯蓄率はイタリア（20.2％）に次いで2位（14.6％）であったものが2008年には3％を割り込み，「日本人は貯蓄好き」であるという通説は実態から乖離してきている。

　家計の金融商品選択行動の変化を説明する場合，個々人の生育の背景にある金融制度や景気動向の差異，将来不安の程度などの時代的背景，ライフサイクルのずれなど世帯主の年齢要因の違い，消費や貯蓄に対する考え方の主観的な差異，時代のトレンドといった影響など，その商品選択行動がある年齢に固有のものなのか特定の世代に固有のものなのかを区別して考える必要がある。なぜなら，年齢に固有の消費行動であるならば，加齢によって個々の消費者の行

動は変化するが，社会全体としては安定しており，その影響は人口の年齢構成を通じて間接的に及ぶだけだからである。世代に固有であるならば，その行動はその世代集団に刷り込まれたものであり，個々人の行動は変化しにくいが，世代交代によって社会全体は変化して行くことになる。団塊世代（1945〜48年生）から新人類世代（1960年代生）までは，高度経済成長期を経て日本特有の年功序列型賃金が定着した頃に社会に出て資産形成を始めるようになったため，加齢によって資産の積み増しが期待できた。しかし，それ以降の世代はバブル崩壊後の就職氷河期に大学を卒業し，終身雇用と年功賃金という日本的な雇用慣行も崩れ始める中，金融資産の選択の仕方も異なってくるだろう。

　金融市場のグローバル化について考えると，2008年9月15日に全米第4位の大手投資銀行だったLehman Brothers社が破綻したことが世界的な市場の混乱を引き起こし，新聞やテレビは一斉に「100年に1度の金融危機」とあおり立てた。この金融危機は日本にも波及し，日経平均株価も2009年3月10日，取引中に6,994.90円の最安値を記録した。筆者は，2008年の10月に米国ボストンで開かれたFPA Boston 2008に参加した。レセプション会場ではテレビでLehman Brothersの元CEOであったリチャード・ファルド氏が米国議会の公聴会で証言しているニュースが流されており，証言がすすむにつれ画面の片隅に示されたダウ平均株価のチャートがみるみるうちに800ドルほど下落していくのを目の当たりにした。しかし，世界的な"Financial Crisis"の渦中にあるCFPたちは，この危機を「投資家にとってもアメリカ人にとっても今はチャンスでもある。」ととらえ，スピーチの中でも，「萎縮するのではなく顧客をリードして自らの経験や能力を効果的に発揮しよう」，とする発言が相次いだ。実際に2年後の2010年12月31日現在，ダウ平均株価の終値は11,577.51ドルとなり，1年前より約1,150ドル，年間で約11%上昇してリーマン・ショック以前の水準を回復している。リスクのとらえ方は，個々の消費者にとって異なる。われわれ日本人にとっても，リーマン・ショックのようなインパクトが金融資産選択にどれほどの影響を与えたのか検証する必要がある。

　家計や個人による貯蓄と消費の配分についての意思決定理論はKeynes

(1936)に端を発し,その後も経済学の分野を中心に数多くの研究が蓄積されてきた。わが国においても,少子高齢化を背景とした資産選択の変動を明らかにしようとする業績は数多い。本書でもこの課題について新しい観点から分析結果を提示し,さらに金融資産選択の日米比較を試みている。ただし分析対象は二次データで入手可能な家計金融資産に限っており,土地や家屋などの実物資産を含む分析は別の機会に譲らなければならない。また,消費者の分析に主眼を置いているため,金融機関側から見た経営戦略論的な側面は,本書においては取り扱わない。

6 本書の構成

本書では①金融サービス・マーケティングの定義,②金融機関のマーケティング行動の変化が消費者にもたらす影響,③年齢構成・世代構成の変化が金融資産選択に及ぼす影響,④日本と米国の金融資産選択行動の比較,⑤リーマン・ショックのような事象が消費者に与えるインパクトの分析,の5つの観点を明らかにすることを目的にした。

本書の章構成を図示すると図1-8のようになる。

本章に続く第2章では,金融機関や商品選択に関するサービス・マーケティングと消費者行動の先行研究を中心にレビューを行い,金融マーケティングの定義を試みている。金融商品選択行動を消費者情報処理パラダイムに当てはめ,実物財との商品特性の差異についても検討した結果,金融商品選択は実物財を選択する場合よりも購買意思決定が複雑かつ困難であることが確認された。第3章では,金融商品選択への態度・品質評価について,知覚リスクと関与・情報収集態度との関係を検討した。さらに,金融広告が解禁されて以降の,消費者の金融広告の認知行動について分析を試みた。第4章では,家計の金融商品保有金額と金融資産の選択基準,および金融資産選択について,日本と米国の時系列データを適用してベイズ型コウホート分析を行い,世帯主年齢を基にしたライフステージ要因の影響(年齢効果),時代的な金融環境要因の影響(時代

図1-7 本書の章構成

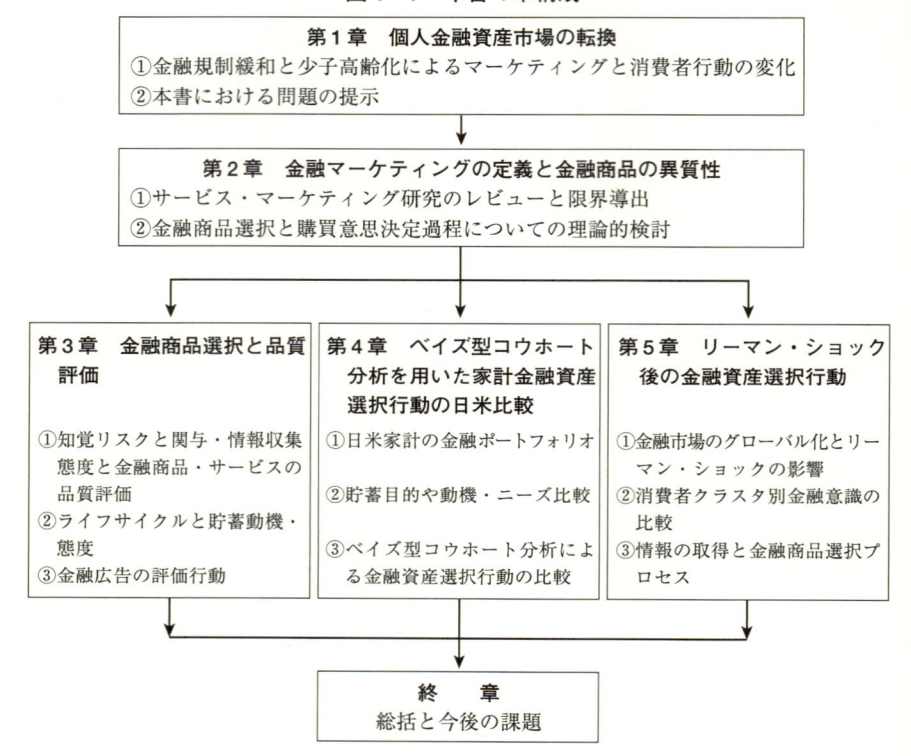

第1章 個人金融資産市場の転換
①金融規制緩和と少子高齢化によるマーケティングと消費者行動の変化
②本書における問題の提示

第2章 金融マーケティングの定義と金融商品の異質性
①サービス・マーケティング研究のレビューと限界導出
②金融商品選択と購買意思決定過程についての理論的検討

第3章 金融商品選択と品質評価
①知覚リスクと関与・情報収集態度と金融商品・サービスの品質評価
②ライフサイクルと貯蓄動機・態度
③金融広告の評価行動

第4章 ベイズ型コウホート分析を用いた家計金融資産選択行動の日米比較
①日米家計の金融ポートフォリオ
②貯蓄目的や動機・ニーズ比較
③ベイズ型コウホート分析による金融資産選択行動の比較

第5章 リーマン・ショック後の金融資産選択行動
①金融市場のグローバル化とリーマン・ショックの影響
②消費者クラスタ別金融意識の比較
③情報の取得と金融商品選択プロセス

終章 総括と今後の課題

効果), 世帯主の属する世代固有の特性要因の差（世代効果）を分離し，家計の金融商品選択行動に対する考察を行った。第5章では，2008年に米国で起こったリーマン・ショック直後に実施された「日経 NEEDS-RADAR 金融行動調査」を用い，ネガティブ・イベントのもとで消費者はどのように金融商品を選択しようとしたのか，消費者を「金融リテラシー」と「コンサルティング希求」の2つの指標で4つにクラスタリングし，各々のクラスタの比較を通じて検証した。そして終章で本書のまとめと今後の研究課題について言及している。

(1)「今後の経済財政運営及び経済社会の構造改革に関する基本方針」(http://www.

kantei.go.jp/jp/kakugikettei/2001/honebuto/0626keizaizaisei-ho.html)。
（2） 米国では大恐慌以降に施行されたグラス・スティーガル法（1933年に成立した銀行と証券の兼営を禁止する銀行法）が1999年に廃止され，代わってグラム・リーチ・ブライリー法が成立し，銀行と証券の垣根が撤廃された。
（3） 厚生労働省「確定拠出年金の施行状況について」(http://www.mhlw.go.jp/topics/bukyoku/nenkin/nenkin/kyoshutsu/sekou.html)。
（4） 企業年金連合会「確定拠出年金に関する実態調査」(http://www.pfa.or.jp/jigyo/tokei/files/dc_chosa-3.pdf)。
（5） http://www.toushin.or.jp/index.html （「投資信託協会」)。
（6） 2004年8月以降，銀行と証券会社間の投資信託の販売額のシェアが逆転している。
（7） 流通の構造変化が商品性の本質的転換を与えた例として，三浦・南本（ibid.）は化粧品を例に挙げている。従来化粧品は，百貨店の1階に赴いて専門の美容部員にメイクアップの指導を受けながら購入する典型的なコンサルティング商品であったものが，スーパーやドラッグストア，コンビニエンスストアなどの販売チャネルの台頭により「専門的指導を受けて買う高級商品」だけでなく「自分で頻繁に買って試す日用品」という商品性格も持つようになった。
（8） 東京証券取引所「平成21年度株式分布状況調査の調査結果について」(http://www.tse.or.jp/market/data/examination/distribute/b7gje6000000508d-att/bunpu2009.pdf)。
（9） 「日経金融機関ランキング，イオン銀が躍進，接客で高評価，ソニー銀，3年連続首位。」(「日経ヴェリタス」2010年1月10日 (http://veritas.nikkei.co.jp/focus/newsdetail.aspx?siteid=VERITAS&genreid=g1&newsid=MMVEg1000009032009&viewid=4&keybody=NIRKDB20100110NVS0089¥NVS¥c1a8f54d&transitionid=20899c37267c0db38bb0f5b7018d997224490))。
（10） http://www.j-credit.or.jp/（「日本クレジットカード協会」）より作成。
　1．銀行系は，銀行系クレジットカード会社各グループの自社カードの合計。
　2．流通系は，百貨店，量販店，流通系クレジットカード会社の自社カードの合計。
　3．信販系は，割賦購入あっせん登録業者のうち他の系列に属さないものの自社カードの合計。
　4．メーカー系は，電機メーカー系クレジット会社，自動車メーカー系クレジット会社の自社カードの合計。
　5．中小小売商団体は，日本専門店会連盟，エヌシー日商連，全国中小企業団体中央会の自社カードの合計。
　6．その他は，石油，通信，鉄道・航空会社，ホテル，旅行業者などの自社カードの合計。
　7．自社カードの考え方は以下の通り。
　　自社カードとは，クレジット会社が顧客から申込を受け（提携先を経由する場合を含む)，審査を行い発行するクレジットカードで，カード会員がそれを提示することにより商品の購入・役務の提供等が受けられるカードをいい，当該カード会員から当該商品等の代金に相当する額を後日受領する（クレジット会社が債権を保有している）もの。また，提携先企業があり，提携先企業の定める場所で利用された分については提携先が債権を保有し，クレジット会社が定める場所で利用された分はクレジッ

24　第1章　個人金融資産市場の転換

　　　　ト会社が債権を保有するカードも含める。
　　8．発行枚数の考え方は以下の通り。
　　　　家族カード等を含むすべてのカード（その他の物または番号，記号その他の符号を含む。以下「カード」という。）発行数とし，退会等によって会員資格を失ったものや有効期限が切れた後更新を行っていないカードの数を除いた有効発行数残高をいう。
(11)　当該月間に1回以上カードを利用した会員の割合。
(12)　"TESCO INTERIM RESULTS 2010/11"（http://www.tescoplc.com/plc/ir/pres_results/analyst_packs/ap2010/ir2010/ir2010_v2.pdf）．
(13)　"Bankers Oppose Wal-Mart as Rival", *The New York Times*, October 15, 2005 （http://www.nytimes.com/2005/10/15/business/15walmart.html?_r=1）．
(14)　"Retailers offer financial services to 'unbanked' ", *The Washington Post*, January 31, 2011（http://www.washingtonpost.com/wp-dyn/content/article/2011/01/31/AR2011013106177.html）．
(15)　日銀（2010）による各数字の出所「電子マネーは日本銀行調査（2009年度計），クレジットカードは日本クレジット協会（消費者信用実態調査，2008年計），デビットカードは日本デビットカード推進協議会（J-Debit 取引取引実績報告2009年計），コンビニ収納代行・代金引換は野村総合研究所（2010）より引用（2008年度計），大型小売店等販売額は百貨店7.1兆円，スーパー12.5兆円，コンビニ7.9兆円の合算（経済産業省「商業販売統計」2009年度版），名目民間最終消費支出は内閣府（国民経済計算，2009年度），残高計数は日本銀行調査及び金融経済情報統計（いずれも2010年6月末）」。
(16)　2010年4月に「保険法」が施行され，第三分野保険として，保険法中では「傷害疾病損害保険」および「傷害疾病定額保険」として規定が設置された。
(17)　生命保険文化センター「生命保険に関する全国実態調査」（http://www.jili.or.jp/research/report/zenkokujittai.html）．
(18)　前田由美子「民間生命保険会社の実態」日医総研　リサーチエッセイ No.48（http://www.jmari.med.or.jp/research/dl.php?no=266）．
(19)　「かんぽ生命の現状2010（2010年3月期）」（http://www.jp-life.japanpost.jp/aboutus/disclosure/pdf/2010/p131_p134.pdf）および，日本郵政公社簡易保険事業本部「簡易保険事業の現状（平成18年5月17日）」（http://www.yuseimineika.go.jp/iinkai/dai4/sirou3.pdf）．
(20)　茂垣昌宏「外資系生命保険会社のマーケティング戦略」『郵政総合研究所　研究レポート』（http://www.japanpost.jp/research/repo/17-h-gaishihoken.pdf）．
(21)　各調査年で選択肢の変更や追加，細分化，設問の統合などがあったため，調査結果を時系列で単純に比較できない。「郵便局の窓口や営業職員」は平成21年調査から設けているため「その他」に集約，「勤め先や労働組合等を通じて」も平成15年調査から設けているため「その他」に集約している。
(22)　生命保険文化センター「生命保険ファクトブック」。
(23)　生命保険協会（http://www.seiho.or.jp/data/statistics/index.html）．
(24)　「個人年金急増，老後に備え」日経新聞2006年5月4日。
(25)　国民生活センター（2009）「個人年金保険の銀行窓口販売に関するトラブル―高齢者を中心に相談が倍増―」（http://www.kokusen.go.jp/news/data/n-20090722_1.html）

第2章　金融マーケティングの定義と金融商品の異質性

1　金融マーケティングの定義

　本章では，金融マーケティングの定義について考察する。金融サービス・マーケティングは広義のサービス・マーケティングの研究領域の中に含まれている。サービスは実物財と区分するために，IHIP（無形性（Intangibility），異質性（Heterogeneity），生産と消費の同時性（Inseparability），消滅性（Perishability））という4つの特徴で定義づけられてきた。しかし，Lovelock & Gummesson (2004) や Vago & Lusch (2004) が指摘するように，IHIPのフレームワークをもってのみ実物財とサービスを区別することはできない。Ennew & Waite (2007) によれば，金融サービスについてはさらに，受託者責任（Fiduciary responsibility），消費の持続性（Duration of consumption），危険準備消費（Contingent consumption）の三要素が付加され，以下のような合計7つの次元から定義される，としている。

1-1　無形性（Intangibility）

　無形性は，実物財とサービスを区分する第1の特徴である。預金口座を開いたり保険を購入しても商品そのものは触知できないということをさすが，その他にも「心理的無形性（Mental intangibility）」（Bateson, 1977）による「複雑で評価しがたい」という概念も含む。実物財は購買前に品質をある程度評価することが可能であるが，金融商品やサービスおよび提供される情報の質は，購買前に評価することはむずかしい。フィナンシャル・アドバイザーのコンサルティングの質や情報がよいかといったことは，一度そのサービスを購入して経験してからでないとわからない。また金融商品が複雑であることから，消費者

の知識や関与，知覚リスクの程度によって品質の評価能力も異なる。最終的な金融商品のパフォーマンスからサービスの品質を評価することも部分的には可能であるが，失敗した運用結果がアドバイザーの手腕によるものか，リーマン・ショックのような経済全体に与える影響によるものなのかを区別できない。

知覚リスクやパフォーマンスの不確実性を低減することを目的に，金融サービス提供者は消費者に選ばれる企業になるためのブランド・エクイティ戦略を重視し，消費者に対して広告など通じて「保証」や「提言」といった表現を用いている。投資信託のようなリスク性資産が銀行というより信頼感の高いチャネルで販売されることや，Bank of America が広告で「プライベート・バンクとして150年間の実績がある」と強調したり，Citibank や AXA 保険が世界中で業務をカバーしていることを強調することで，安全性と信頼性を訴求しようとしている (Ennew & Waite, *ibid*.)。安岡他 (1999) は，金融サービス業のブランド構築に必要な要素として，①「営業エリア」，「業務ライン」，「チャネルコスト」の3本を軸にしたポジショニングの明確化，②コアとなる業務での競争優位確立のためのビジネスの選別と再編，③データマイニングとクロスセリングを併用した顧客サービスの深耕，④チャネルコストに応じたサービス提供と顧客誘導，を挙げている。

また，サービス品質の評価が難しい場合には他者からのクチコミが重視されることから (Webster, 1991)，1st Mariner Bank，J. P. Morgan Chase などの米国金融機関は，コミュニケーションの場を提供することを意図して，インターネット上のFacebook等のソーシャル・ネットワークにコミュニティを開いている。また，Wells Fargo，MasterCardは，Twitterを通じてカスタマー・サービスを提供している (Sherter, 2010)。

1-2 生産と消費の同時性 (Inseparability)

サービス商品は，販売と生産と消費が同時に起こるという点でも実物財とは異なっており，この性質が商品の購買前評価を困難にする。サービス提供者との接点（サービス・エンカウンター）も，銀行の窓口など人的な接触にとどまら

ず，インターネットによる株式の売買や預金の振り込み，ATM や電子マネーの利用など非人的接触によるサービス提供も含まれるため，サービスが提供される「場所」，すなわち提供する過程も問題となる。サービスは提供者と消費者の相互作用プロセスの結果であり，これは消費者関与の度合いに依存する。消費者の関与が高い場合，その金融商品の消費経験が金融サービスの提供者を評価する際に決定的なものとなる。

1-3　消滅性（Perishability）

　サービスの生産と消費の同時性という性質は，貯蔵不可能で消滅性を持つということも意味する。サービスは消費者の需要が生起した時点で生産される。金融サービスの提供においては，消費者の需要がピークとなる時間のマネジメントを行う必要がある。たとえば，オフィス街にある銀行の ATM は昼休みや月末には混雑して行列ができるが，待ち時間が長くなれば顧客不満足につながるため，混雑時は ATM の稼働台数を増やすなど，消費者需要の変動に処理能力を一致させることのできるような提供方法を考慮しなければならない。三井住友銀行では，携帯やパソコンで窓口の混雑状況をリアルタイムで把握し，来店日時を予約できるサービスを実施している。サービス提供方法を効率化し提供スピードを上げることは，知覚品質の向上に貢献する。

1-4　異質性（Heterogeneity）

　サービスの異質性は 2 つの性質で説明される。第 1 は，サービスは標準化するのが困難である，という点である。第 2 には，同一のサービスや商品であっても，消費者側から見てそれらに対する感じ方が異なる，ということである。金融商品やサービスの選択場面では，消費者のニーズやリスクへの態度に多様性があることを前提にしなければならない。供給者側は，消費者のリスク耐性やニーズを把握した上で，商品やサービスを提供する必要がある。2006 年に公布された「金融商品取引法」において金融商品販売者に「適合性の原則」という規制がかけられ，消費者の知識，経験，財産の状況や投資目的に沿った商品

表2-1　Citibankのリスクプロファイルシート（抜粋）

2. ご希望の投資期間は？
   ○＜2年（2年以下）　○2年―5年　○＞5年（5年以上）
3. 投資経験は下記のうちどれに属しますか？
   ○限定的：普通預金や定期預金以外の投資経験は僅かです。
   ○中程度：投資経験はありますが，ガイダンスを希望します。
   ○経験豊富：積極的に投資しており，自分で投資判断をします。
5. ご自分の投資目標や許容できる元本割れの期間は以下のうちどちらに当てはまりますか？
   ○リスク回避：
   　元本割れや短期間に生じる変動を回避したいと思います。定期預金程度の利益を希望します。
   ○慎重：
   　元本を維持したいと思いますが，定期預金以上の利益を狙いますので2年以下の期間であれば少額の元本割れも許容できます。
   ○中程度：
   　バランスの取れたアプローチで，成長率や収益性ともに高い商品への投資を希望します。定期預金よりもかなり高い利益を狙うために2年から3年の期間であれば元本割れを許容できます。
   ○積極的：
   　可能な限り高い成長率，収益を狙いますので3年以上の元本割れの期間を許容できます。
6. よりリスクを負うことによって（元金の損失を含む），さらなる収益を上げることが期待できる場合，ご希望の内容をお選び下さい。
   ○自己資金でより多くのリスクを負います。
   ○自己資金でもう少しリスクを負います。
   ○それ以上のリスクは負いません。

出所：https://www.citibank.com/ipb-singapore/secureforms/japanese/contact/profile/form.htm

を販売・勧誘するというルールが強化された。たとえば，Citibankでは投資・金融商品を販売する前に消費者のリスクプロファイルを作成するフォームを用意している（表2-1）。これを見ると，消費者の年齢などのデータに加え，投資経験やリスク回避度を問う設問が用意されている。企業コンプライアンスとして勧誘方針明示が義務づけられたことにより，顧客のリスク商品に対する態度や期待とのミスマッチを防ぐという意図がある。

1-5 受託者責任（Fiduciary responsibility）

　受託者責任とは，金融サービスや商品の提供者が消費者に対して暗黙に負う責任をさし，主として「忠実義務（Duty of loyalty）」と「注意義務（Duty of care）」が中心となる。神田（2001）によれば，「注意義務」というのは，資産の運用にあたっては相当の注意を払うことが要求され，「思慮分別ある人だったらするであろう判断をせよ，そういう注意を払って行動をせよ」ということを意味し，一般に「プルーデント・マン・ルール（Prudent man rule）」といわれている。「忠実義務」は，自分の利益または第三者の利益と「その他人」の利益（たとえば年金の場合には加入員の利益）が衝突するような場合には，「その他人」（加入員）の利益の方を優先させなければいけない，という内容の義務で，利益衝突がある場合に関するルールである。

　実物財の供給者が品質や信頼性・安全性に責任を負う以上に，金融サービスや商品の提供者の責任は大きいといわれている。その第1の理由は，消費者にとって金融サービスの評価が困難であることである。金融サービスを理解するためには，ある程度の関与の高さや専門知識が必要とされる。NTTデータ経営研究所が2008年に実施した調査によると，「自身に適した金融商品の理解度」によって判別した金融リテラシーレベルの分布状況は，「リテラシーが最も高い」という割合が全体の8.8％，次いで「高い」が18.0％，「中程度」が40.8％，「低い」が23.6％という結果で，まだ"金融"に対する利用者の興味や知識レベルは十分な水準にあるとはいいがたい状況にある。Atkinson et al.（2006）は英国で調査を行い，20％の回答者がインフレと金利の関係について理解しておらず，こうした知識の欠如は回答者の年齢が若く収入が低いほど高まるということを示した。

　受託者責任の第2の根拠は，さまざまな金融商品の原資はもともと消費者自身の資産であることだ。金融機関には，顧客の資産のマネジメントや提供するアドバイスについて暗黙の責任がある（McKechnie & Harrison（1995））。金融商品を購入するということは，金融機関が消費者の財産を管理するという一種

の「約束事」を購入したことになる。これには金融機関に対する「信頼」が要求されるが，「信頼」はその金融機関との取引経験の結果として作り出されるものであるため，消費者は金融商品の購買前にはその金融機関が「信頼」に値するかどうかについて，他の手がかり（金融機関の規模や歴史，その他）に求めることになる。

1-6 危険準備消費（Contingent consumption）

　金融サービスや商品を購入することが，直ちにその商品の消費に結びつけられるわけではない。将来的にその商品を消費する機会があるかどうかも不確実で，たとえば掛け捨ての保険商品などでは，その商品を購入しても実際のサービスを受ける機会が訪れない場合もある。購入した保険を「請求する機会がない方がよい」と考えたりもするだろう。つまり消費者は保険商品について「保障」という実質的な消費成果を求めるだけではなく，「安心」を購入しているということになる。一方で「保障」は実際に事故に遭った場合に金銭的に還元されるが，何も起こらなかった場合には「安心」は金額に還元されにくいため，支払った保険料が妥当なものであったかどうか評価できない面を持つ。このため掛け捨ての保険は「損失」だと考える傾向がある。子安（2006）の調査によれば，「掛け捨ての生命保険は損である」と回答した大学生の比率は36％あり，このことが「保険料が高くても貯蓄と組み合わされた保険商品を選択する人が多い理由である」，としている。しかし2009年の個人保険の種類別契約件数の構成比率を見ると，掛け捨て保険（定期保険，医療保険，ガン保険）が50.6％，貯蓄型保険（終身保険，定期付き終身保険，変額保険，利率変動型積み立て終身保険，養老保険，こども保険）は47.0％と掛け捨ての比率が貯蓄型を逆転している（生命保険協会，2010）ことから，掛け捨て保険への意識も変わりつつあるといえる。保険だけではなく貯蓄についても，危険準備消費の観点から「安心」のために現在の消費を減らしてまで将来のために貯蓄をし続けるというモチベーションを持続させるためには，「老後の生活保障」のような明確なゴールの設定が必要となってくる。

1-7 消費の持続性（Duration of consumption）

預金口座や住宅ローン，クレジットカードなど，金融商品やサービスは消費者との長期的関係が続くものが多い。株式投資などでは，その商品を購入することの便益が時間をおいてから判明する。単に預金口座を持っているだけであっても，頻繁に預金残高をチェックするなどの行為を通じて金融機関と消費者は頻繁に情報の交換を行っている。

金融商品やサービスの提供者は，顧客の離脱を防ぐために，商品に関する情報を与え続けたりクロスセリングを行うことでサンクコストを創出し関係性を維持しようとする。優良顧客のロイヤリティを高めることは，収益性の高い関係を維持するための重要な管理プロセスである。Reichheld & Sasser (1990) は，従来から競争優位の源泉と考えられているマーケットシェア等の規模の経済よりも，顧客の維持が利益に対してより強い正の相関があり，毎年15〜20%の顧客が離脱している中で，顧客の離脱を5%防ぐだけで利益を25〜85%引き上げることができることを示した。一方で，銀行の顧客離脱率は小さいことが知られており，それは口座移管手続きの煩雑さ等，スイッチング・コストの大きさと関係している（Kim et al., 2001, Matthews et al., 2008）。Ishii (2005) は，ATMの利用料金が顧客維持に有効であり，ATM利用料が引き下げられたり無料になることで顧客を吸引できることを示した。またリーマン・ショック後の米国では，大銀行の寡占化がより進んだとされている。4大銀行（Citigroup, Bank of America, J. P. Morgan Chase, Wells Fargo）は合併の恩恵もあり米国の銀行預金の約40%，クレジットカード取引の3分の2を保持している。Surowiecki (2009) によれば，金融危機下においては不確実性が高まる一方で一般預金者が銀行の健全度を測ることは難しいため，大きくて支店の多い銀行のブランド力が強まることが寡占化の一因であるとしている。

2　金融商品の特徴

消費者行動研究領域での金融商品選択行動に関する実証研究は，主として銀行の選択，金融商品の利用方法，カスタマー・ロイヤリティなどの個別の選択行動に焦点を当てた研究であった。

金融商品の購買過程全体を研究対象とする場合，金融商品選択の特徴について考慮する必要がある。西久保（1998）は一般的な消費財や労働集約型のサービス商品と比較して，金融商品の特徴（一次選択行動の非完結性，価値変動性，動機概念の重要性）について以下のように述べている。

2-1　一次選択行動の非完結性

金融商品の選択は一次的な商品選択（加入，契約締結）だけでは選択行動が完結せず，時間経過に従って選択可能な複数の行為で構成される複合的存在（選択行動セット）として見るべきで，商品契約をいつまで継続するか，いつ解約するかといった二次的選択が，商品効用を特定化，顕在化させるために不可欠である。選択行動セットとは，商品の購入・加入（Entry），商品の継続（Wait），商品の解約・換金（Cancel），商品の変更・転換（Switch），商品の完了・満期（Finish）をさす（図2-1）。金融商品の選択行動は，「選択連鎖」といった連続的，状態的なものである。生命保険を例にとると「加入」「継続」

図2-1　選択行動セット（Choice Behavior Set）

商品の購入，加入	…… Entry	（一次的選択行動）	
商品の継続	…… Wait		
商品の解約，換金	…… Cancel		選択行動セット Choice Behavior Set
商品の変更，転換	…… Switch		
商品の完了，満期	…… Finish		

出所：西久保（1998）。

「解約」などを一連の選択群と見ることができる。株式においても,「購入」という選択行動とともに「いつ売るか」が重要な意思決定事項となり, 運用益を出すことによって消費者にとってはじめて満足度の高い選択行動として完結する。

2-2 価値変動性

金融商品にはその価値（cash value）が時間経過によって上下変動するものが多い。そこで複数選択行動（選択行動セット）によって効用を特定し, リスクを回避しようとする意思が働くことになる。

2-3 「動機」概念の重要性

どのような動機に基づく金融商品選択かによって, 流動性, 収益性, 安全性など重視する金融商品の特性が強く左右される。金融商品選択行動の起動因として明示的に取り扱う必要がある。また, 消費財は消費すればするほど追加的な満足度は低下するが, 金融資産としての貨幣は保有水準が上がれば満足度も上がるという選好の特殊性がある。貨幣には流動性の魅力が備わっていることも考慮しなければならない。この点については, 4章で検討してゆく。

3 金融商品選択と購買意思決定過程

消費者行動論では, 購買行動をいくつかの段階を経る問題解決意思決定過程[1]としてとらえ, 分析してきた。たとえば, Gabott & Hogg（1998）は, 金融商品選択について伝統的な消費者行動論における購買意思決定過程に則り, 以下のような説明を試みている。

3-1 問題の認識

消費者行動論における購買意思決定過程は, まず消費者の「問題認識」によって発生する。そして, 消費者は問題意識から発生した自らの感じる「ニー

ズ」を金融商品の購買によって満たそうとする。金融商品は一生涯マネジメントする必要性があり，ライフステージによってさまざまな金融ニーズが発生する。たとえば，現金の引き出しやすさへのニーズ（ATM等），支払い遂行のニーズ（電子マネー，小切手，デビット・カード等），支払い延期のニーズ（ローン，クレジット・カード等），保護のニーズ（盗難などからの物理的保護，住宅保険，健康保険，生命保険，個人年金等），資産蓄積のニーズ（貯蓄性生命保険，投資信託，株式等），助言のニーズ（税金／資産計画，事業始動アドバイス等）などである。

一方，多くの消費者は自らの金融ニーズを積極的に認識しようとはしていないと考えられている。販売企業から消費者への金融商品の情報提供が欠如していること，金融商品のサービス範囲や内容が複雑で理解しがたいこと，盗難や病気，死など不愉快な事象と関連づけられることなどの理由からである。消費者の問題認識から購買意思決定過程は始まるとするならば，金融商品の持つ特徴には問題認識を阻害する要因を持つため，消費者のニーズを活性化するマーケティング戦略に焦点を当てる必要がある。

日本では，90年代半ばまでは，業界団体[2]による「比較情報規制」[3]が存在し，家計が金融機関から詳細な商品情報を得る際の障害となっていた。Knight *et al.* (1994) は，金融商品に関する情報の不足と商品の複雑さが消費者の金融商品へのニーズ認識を妨げ，購買時点においてまで受動的な態度であるとしている。金融商品の提供者と消費者の相互作用は，購買意思決定過程において重要である。

複雑な商品内容や便益を説明するためにはプッシュ戦略による人的販売が有効である一方で，金融商品の持つ複雑さとリスクにより，多くの消費者が押し込み販売や過剰販売で傷つけられるケースがある。たとえば，第1章で見た通り生命保険の加入に際しては，その仕組みを十分理解した上で契約内容や価格に納得し，契約を締結するというケースがすべてではなく，職場へ日参する保険の外交員への「義理」などに起因するものが少なくないため，中途解約原因の1つとなっていた[4]。

プル戦略では，98年6月以降，ようやくあらゆる金融商品についての広告が行われるようになり，テレビなどでCMも多く流されるようになった。Petty and Cacioppo（1986）による精緻化見込みモデルでは，消費者の情報処理の能力の高さと動機の強さによって，商業的メッセージをどの程度精緻化しどの経路を採って態度変容に至るのかを示している。金融・保険のCMではその商品の詳細な特徴を説明しようとするものは少なく，アヒル等のキャラクターやタレントを用いて「明るい未来をイメージさせる」情緒的な広告が多く見られるが[5]，これは消費者の金融商品に対する関与や製品判断力の低さを前提として，周辺的ルートの説得が行われていると見ることができる。田村（2006）も，わが国の生命保険販売について「生命保険は「死」に直結する言葉であるが，日本の生命保険業界は生存保障性の強い養老保険に傾斜し，「死の話題」を回避してひたすら「明るさ」を訴える姿勢に終始してきた。その結果，生命保険といっても直ちに死を連想するとは限らないが，生命保険が死を保険事故とする保険であることは隠しようもないから，それに気づいた人は「縁起でもない」と忌避する傾向を持つ。」としている。否定的感情が精緻化を妨げているという研究結果も存在する（Petty *et al.*, 1993）。

3-2 情報探索

問題を解決するために消費者は情報を探索し，選択可能なオプションを評価する。しかし消費者が製品を選択し購買しようとするとき，購買後の結果を購買前に完全に予測することは不可能であり，常に製品選択時にはリスクが発生することになる。こうしたリスクは消費そのものを妨げたり，製品選択後に発生する問題を選択前に予測・回避するための情報処理の動機になるとされてきた。しかし金融商品の不確実性を考慮した情報探索は複雑で，その処理も困難である。また購入期間が長期にわたり継続性もあるので，消費者自身の過去の購買経験をもとに評価できない場合がある。

リスクを有する金融商品への投資に関して日本証券業協会証券教育広報センター『平成21年度 証券投資に関する全国調査（個人調査）』（2009）を見てみよ

う。「今後1～2年以内に,"新しく保有したい"金融商品」がある割合のうち,貯蓄以外のものは「株式（国内で発行されたもの）」が5.7％,「投資信託（国内で設定されたもの）」が2.6％,「公社債（国内で発行されたもの）」が2.2％でしかない。「今後1～2年以内に"金額を増やしたい"金融商品」の保有意向率は73.3％であるが,その内訳は「預貯金」が71.1％と圧倒的に高く,「株式（国内で発行されたもの）」が3.4％,「投資信託（国内で設定されたもの）」が1.2％にすぎない。また,「今後証券投資についての正しい知識を得たいと思うか」を聞いたところ,「得たいと思う」が24.4％に対し,「得たいと思わない」が75.3％であった。リスク性金融商品投資へのそもそものニーズ認識が低く,情報探索にも消極的で無関心な態度がうかがえる。

　情報収集が困難であるという以上に,その情報の正当性や情報そのものへのアクセス可能性の問題もある。

　第1に,多くの金融商品の購入は長期間にわたるため,消費者が他者の購買経験からなる推薦情報をクチコミによって入手できたとしても,その経験はその金融商品に関して最もよいある一時期についてのものにすぎないかもしれない。たとえば定期預金についての情報も,最終的な全体の運用利益ははっきりわかっていない場合がある。

　第2に,多くの金融商品は消費者個人の状況（健康状態や年齢,配偶者や子供の有無）に最も効率的にカスタマイズされているために,自分とは状況が異なる他者の経験から得られるクチコミ情報に惑わされ,誤った商品選択を行う可能性もある。Lovelock and Wirtz（2007）は,信頼性やベネフィットなどが実際に購買してみなければわからないという商品属性を「経験属性」とし,クチコミによる推薦は顧客本人の経験を代替するが,他人のクチコミは自身の期待値とのギャップも生みやすいとした。また,実際に提供されるサービス・ベネフィットについて顧客が消費後も評価しにくく,適正なベネフィットを得られると信用せざるを得ない,という性質を「信頼属性」として提示した。これは,最善のサービスが行われたかどうかについて消費者自身が確認することができず,専門家の能力を信頼するしかない状況を指している。

表2-2 ネット販売による顧客適合性の向上策（AmazonとE＊TRADE（米国））[6]

顧客ニーズ	総合金融（銀行証券機能）ネット・リテールサービス（E＊TRADE等）	インターネット・リテーラー（Amazon.com等）
市場情報の取得	・証券・投信などの値動き ・為替，金利の動向 ・品揃えの広範化によるVariety Seeking	・新刊本・ベストセラー情報 ・在庫検索 ・品揃えの広範化によるVariety Seeking
顧客情報の表示と評価	・個人資産状況に基づく投資アドバイス ・保有資産のPortfolioの時価評価 ・銀行口座の残高参照	・購買履歴を元にした顧客別購入おすすめ本の表示 ・Amazonで購入した本の古書市場での現在価格の提示 ・「シミラリティ」情報（この商品を買った人はこんな商品も買っています）
取引処理	・店舗コストの削減 ・仲介手数料の削減 ・24時間自宅アクセスの利便性	・店舗コストの削減 ・送料の削減 ・24時間自宅アクセスの利便性
ターゲット顧客	・ブローカーが常時情報提供，アドバイスするほどの資産がない「中金持ち」 ・Day Traderなど金融リテラシーが高く，自律的に取引ができる顧客 ・有人対応では利益にならない顧客	・24時間リモートアクセスを好む客 ・品揃えを重視する客 ・低コストの販促戦略「カスタマーレビュー」が売上を左右 ・ショッピングの楽しさの演出。「顧客のためのショッピングコミュニティ」

出所：村上（1999）に加筆。

　第3に，金融商品の複雑さゆえに，消費者は多くの情報を収集しようとするが，それら情報を実際には解釈できなかったり，不正確に解釈しているかもしれない。特に，リスクを有する金融商品の選択においては，前述の「比較情報規制」の存在など情報収集段階に多くの問題が存在していた。こうした問題に対処するため，2006年に公布された「金融商品取引法」で金融商品の広告に重要事項の表示が義務づけられ，手数料，保証金などの情報，金利等の変動によって損失が生じる可能性，元本を上回る損失が生じる可能性，その他顧客が不利益となる事実など「リスク」に関する表示は，その広告に使われている最大

の文字と著しく異ならない大きさの文字で表示することになった。

　金融機関はインターネットを通じて顧客に情報を提供し，アドバイス・プル型のビジネスモデルで顧客に合わせたクロスセル提案を行うようになってきた。村上（1999）はインターネットの総合金融サービス業（E＊TRADE（米国））と書籍ネット販売大手のAmazon.comのビジネス・モデルを比較している（表2-2）。

　Kamakura et al.（1991）は顧客情報のデータマイニングによる市場細分化とクロスセリングの併用により，既存顧客の金融商品の追加的購入確率を予測することが可能であることを実証した。取引履歴や資産残高に合わせて顧客情報を分析し，ライフサイクルに合わせてクロスセリングを行うことで，顧客を長期間囲い込み収益を上げることができる。学生時代に口座を開いた顧客が結婚すれば保険を，老後資金の蓄積には投資信託や証券を，とライフステージに合わせた商品をタイミングよく推奨販売する戦略は有効であり，そのためにはデータベース・マーケティング・システムなどの情報技術の強化と幅広い金融商品やサービスの品揃えが必要になるであろう。

3-3　代替案の評価

　消費者が情報収集に困難を伴うような状況であれば，「代替案の評価」段階においてこの困難は拡大される。金融商品の選択は，物質的な商品ではなくプロセスを消費するので，購買前評価・購買後評価が困難である。「代替案の評価」は，最初の「問題認識」のディメンションの明確さによって規定される。消費者の問題認識が活発でなければ，評価基準はあいまいで貧弱な定義になってしまう。仮に問題認識が明確であったとしても，金融商品は複雑な特徴を持っているためその評価プロセスも複雑になる。特定のニーズを満たすための多様な金融商品が存在し，これら個々の商品の「リスク・リターン」の性質は異なっており，購買時点によって価格も異なる。

　「自己責任」は，金融サービスや商品を他の財のサービスや商品から区別している重要な特徴である。「自己責任」の1つの定義として「消費者側が金融

商品の購入に際して思慮分別を働かせ，自分が選択した商品に対して利益と損失の両方を受け入れる必要性」がある。消費者がメリットを追求すると同時に，失敗に対するリスクにも注意を払わねばならない。金融商品のリターンとリスクには一定のバランスがあり，そのバランス感覚は，消費者自身の過去の購入経験の蓄積や，金融商品販売者を通じてなど外部から得られる情報が手がかりとなって獲得できる。ある商品の表示利率を見て収益性が高いと判断することは，同時にリターンに見合うリスクが妥当かどうかを確認することでもある。消費者は経験や情報，金融商品販売者との相互作用などから金融商品への期待（事前の知覚品質）を形成する。

　ここでは消費者の「金融リテラシー（Financial literacy）」の程度が問題となる。楠見（2007）は金融リテラシーを「経済リテラシー（Economic literacy）」と同義とし，「①経済に関わる情報を獲得し，理解する能力，基本的な経済用語，概念の理解（たとえば投資，インフレ，需要と供給など），②経済に関わるサービス，経済活動，経済政策に関する問題の理解，③経済に関わる意思決定や行動，経済政策に関する問題の理解，を含む能力である」と定義している[7]。

　金融商品は商品ごとに異なる質のリスクを持っていて，1つの金融商品に何種類かのリスクが重なっている。例を挙げると，株式には価格変動リスク，外貨建て金融商品には為替リスク，社債には信用リスクがある。預金についても2005年以降ペイオフが解禁され，2010年に日本振興銀行が経営破綻した際に実際に発動したことが，はじめて金融機関の破綻時の「全額保護」が撤廃された事例となった。

　また，それぞれの金融商品によって，換金時の手数料・手間がまちまちだったり，換金したときに必要資金を用立てられなくなることがある[8]。各種のリスクに対しては，それぞれに対応する方法も異なっている。価格変動リスク・為替リスクに対しては，相場変動を常に確認しておくことが基本である。外貨預金は，相場変動の確認に加えて，円への換金の自由度，リスクヘッジの仕組みの有無などを事前によく理解しておく必要がある。さらに，信用リスクに対しては，ディスクロージャー情報の入手の仕方，その読み方に習熟しておくほ

か，格付情報を併せて利用する方法もある[9]。金融商品取引法では前述の「適合性の原則」の他にも，消費者への正確な情報提供を促すことを目的に，商品の仕組み，リスク，コストがわかるように記載した「書面交付義務」が課せられている。Citibankは一定期間ごとに販売ガイドラインを見直しており，投資信託のリスクレベルの変更があれば書面で消費者に通知している。

　消費者は金融サービスそのものよりも，金融サービス提供者を評価し，提供者の情報の信頼性や信用度に著しく依存する傾向がある。村本（1998）は，一般商品と金融商品との選択における消費者の情報処理を比較している。商品選択時点での比較数（代替案数），検討期間，情報収集に利用したメディアの種類数，選択時に求めた情報の質について測定し，金融商品は商品タイプ，購入先，金融機関のうちどれか1点しか他の代替案との比較検討を行っていないことを示した。検討期間についても，金融商品では比較検討する対象が少ないので，一般商品と比べ検討する期間が短くなっていた。また両者の間では，商品選択時に求めた「情報の質」の違いが顕著であることも明らかになった。一般商品では「多様性」，つまり，variety seekingに対する要求が強かったが，金融商品の選択時には多様性を求める傾向はほとんど見られず，「専門性（専門家の意見や評価などの情報）」，「限定性（対象者が限定される特別な情報）」に対する欲求が強いことが示された。金融商品では選択肢の拡大を求めるよりも少ない選択肢をいかに評価，理解するかに情報処理の力点が置かれており，一時的な情報（多様性）より長期的に有効な知識型の情報（専門性，限定性）を重視する傾向になりやすい。

3-4　購買決定

　金融商品の購買決定段階ではサービス提供者と消費者のサービス・エンカウンター（Service encounter）が重要であるが，金融商品の販売チャネルが多様化するにつれ，同一の商品を購入する場合でもさまざまなコンタクト・レベルに分かれてきた。銀行取引や保険を購入する場合，インターネットを通じて商品をダイレクトに選択することはロー・コンタクト・サービスを利用したこと

になり，利便性や取引コストを重視していると考えられる。同じ銀行取引でも，資産運用について直接に専門的なアドバイスをもらいたいと考える消費者は，金融機関に出向いて，スタッフから対面サービスを受けるハイ・コンタクト・サービスを利用するであろう。どのチャネルを利用するかによってサービス・エンカウンターも異なる。金融商品の購買では，「自己責任の原則」をふまえた上で，最高の成果を上げるための消費者の「サービスの共同生産者」としての役割は重要で，消費者はあらかじめどのように行動すべきかを理解する必要がある。一般に購買決定は情報を収集し代替案を評価した結果に従って行われるが，金融商品やチャネルに関しては消費者の属性や金融リテラシーの水準によって情報収集の程度，評価の次元や選択結果は異なっている[10]。

　一方で，近年の行動ファイナンス理論では，金融商品の選択の際に消費者が合理的な行動をとらないことも実証されてきた。Kahneman and Tversky (1979) によるプロスペクト理論では，不確実性が存在する場合，利得局面（Positive prospect）と損失局面（Negative prospect）では，異なる意思決定を行うことを投資家が有する「価値関数（Value function）」を用いて説明している。投資家は，利益が生じている場面では株式を売却して利益を確定しようと危険回避性を示すのに対し，損失局面に入ると，株式売却によって損失が確定することを避けようとして，リスクを冒してでも株式を保有し続けようとする危険愛好性を示す（Odean, 1998）。

　確率が低くても損失が大きいとリスクを高く見積もり，その低い確率を過大評価する傾向があることは，生命保険や火災保険，自動車保険への加入行動を説明できる。Tversky and Kahneman (1981) では，プロスペクト理論における非線形な「確率加重関数（Probability weighted function）」を示し，低い確率の場合には利得の方がやや重みづけが大きく，非常に小さい確率でも過大評価するという傾向を持つとした。利得局面においては期待値の大きさとは関係なく確実に利益が得られる方を好み，利得獲得確率が小さいときにより大きい利得を伴うリスクを好む。確率に主観的重みを加えて変換することを考慮し，確率の表現が異なるだけで同じ確率構造を持つリスクに対して「選好の反転

(Reversals of preference)」を生み出すことを説明している。Johnson *et al.* (1993) は、「1,000ドルの加入料の保険で600ドル以下の損害支払いが免責になっている保険と、1,600ドルの加入料の保険で600ドル以下の損害も支払いがあり、事故のない場合は600ドルをキャッシュバックする保険では、両者は結果的には同じであるにもかかわらず、後者の方が人々に選好される」という実証結果を示した。郵便局の簡易保険や外資系保険会社の一部が後者のようにキャッシュバックする保険を宣伝していることは、この実証結果と同様にフレーミング効果（Framing effects）を利用したマーケティングを行っていると考えられる。意思決定の参照点（Reference point）をどこに置くかによって、消費者にとっての価値が異なる（竹村、2009）。

3-5 購買後評価

Oliver (1997) によると、顧客満足は購買後段階において消費者にとって望ましい状態であることをさす。事前の期待以上の経験やサービスを受けると、喜ばしい感情を伴う満足が発生するという期待—不一致モデルを前提としている。Berry & Parasuraman (1991) は、過去の購買経験は事前期待の形成に重要であることを示した。金融サービスの場合、知覚品質のベンチマークをどこに置くかによって満足度は異なる。情報収集の過程で述べたとおり、消費者は経験や情報、金融商品販売者との相互作用などから金融商品への期待（事前の知覚品質）を形成している。金融サービスの交換過程の評価が知覚品質や顧客満足に影響を与えていると考えられる。たとえばインターネットで頻繁に株式を売買している消費者は、「ネットを仲介した迅速な取引」というサービス品質に満足しており、たとえ最終的な投資業績が悪くても自己責任として帰属させることができるかもしれない。

金融サービスの知覚品質は満足度に正の影響を与え（Crosby & Stephans (1987)）、継続取引の意向（Ennew & Binks (1999)）や好ましいクチコミ意図（Paulin *et al.* (1997)）にも正の影響がある。必要な情報と経験を得るために、個々の消費者は信頼できると認めた金融機関とのつきあいに対して時間と労力

を投入する。そして一度それに満足すると、消費者は供給者の評価や探索にかかるコストを避けるために、その金融機関と継続的な取引を行おうとする。

一方で、金融商品は品質評価が難しく認知的不協和[11]のリスクが高いと示唆される。一般に、認知的不協和の度合いが高ければ、それは商品の「乗り換え」の度合いの高さに反映される。しかし現実には、取引している金融機関を変更する消費者は少ない。このことは認知的不協和の程度が低いということをあらわしているのではなく、取引銀行の変更には時間や手間の面でスイッチング・コストがかかるため、消費者は高レベルの認知的不協和でも寛大に扱う(Dick & Basu (1994))。たとえばある銀行を長年にわたって決済口座に使っていた消費者が新たな銀行へ決済機能を移そうとする場合、口座変更に要する手間や時間を考慮して乗換えをあきらめるであろう。

Heskett et al. (1995) は、サービス品質の評価と態度・行動とロイヤルティの関係をマトリックスで表している（表2-3）。

「忠臣・伝道者（Loyal / Apostle）」は取引経験とサービスをポジティブに評価し、当該機関と継続取引を行う。「傭兵（Mercenary）」は、取引経験とサービス提供機関の評価はポジティブであっても、他の機関の商品やサービスにより大きな魅力を感じると、心変わりして乗り換える。この場合はサービス品質に不満足であったわけではない。戸谷（2006）は、これを離脱の「ポジティブ・トリガー」と呼び、現行取引機関への満足度は下がっていないので、取引の一部だけを他機関へ移行させる傾向があることを示した。リスク性資産では、現在取引中の機関に不満はなくても、リスク分散や収益性追求の観点から複数の機関に資産を預けたりすることはよくある。

表2-3 態度・行動とロイヤルティの関係

	保　持	離　脱
ポジティブな態度	忠臣・伝道者	傭　兵
ネガティブな態度	人　質	離反者・テロリスト

出所：Heskett et al. (1995).

「離反者・テロリスト (Defector / Terrorist)」は取引経験をネガティブに評価しているので，知覚品質に対する満足度は低く離脱行動をとった上，好ましからざるクチコミを行う可能性がある。「人質 (Hostage)」は，金融機関やサービスに対してネガティブな態度であるが，他に選択肢がないことや機関移動に伴う非経済的なコストが大きいため，とどまっている。日本の場合，給与の振込先を企業のメインバンクの口座に指定されることはよくある。しかし，このセグメントは，消費者に対して何らかのリカバリー戦略を提供することで「忠臣・伝道者」に変化する余地がある。戸谷 (*ibid.*) は，銀行との接触頻度の高い決済取引の蓄積が銀行へのロイヤルティを高めていき，「頻繁に利用している」ことは貯蓄サービスの満足度にも大きな影響を与えることを明らかにした。他方，特定の銀行から離脱を考える消費者のスイッチ障壁のうち，最も大きいものは「非経済的損失（時間的リスク：手間や時間がかかるためやむを得ず取引している）」であり，満足度が低くても口座を移動するのが面倒という理由で留置されている消費者の存在を示している。

4 小　結

本章では，既存のマーケティング理論に立脚して，金融商品・サービスの特質と消費者意思決定過程について考察した。金融機関の業務を自由化が実施され，金利や各種手数料などで競争が行われたり，消費者にとってより魅力のある金融新商品が開発されるなど，金融マーケティングに対する関心が高まってきてはいるが，2002年以降を「第二次金融ビッグバン」とするならば，金融マーケティング研究はまだわずかな蓄積しかないと言えよう。

理論を検討する中で，消費者が金融商品を選択する過程には，その商品評価の複雑さや知覚リスクの存在ゆえに多くの困難に直面することが予測できた。しかし，こうした問題の厳しさの度合いは消費者のセグメントによって異なるだろう。ある集団の中でも，他の消費者よりも金融商品に対するニーズが明確なサブ・グループも存在している。ある消費者は他の消費者に比べてリスク耐

性（リスクに対する抵抗力）を持っており，リスクを低減せずに購買を行うことができる。消費者自身の状況（年齢，世代，家族構成，健康状態，資産保有状況，金融リテラシーの程度等）や，その時代の経済環境によっても金融商品の選択過程は異なってくる。次章以降では，家計や消費者の金融商品選択行動について実証的に検討してゆく。

（1）　その代表的なものは Engel-Kollat-Blackwall モデル，Nicosia モデル，Howard & Seth モデルなどである。
（2）　日本証券業協会，証券投資信託協会，全国銀行協会，等。
（3）　異なる金融商品間の比較（例：預金と投信の利回り比較）が，宣伝，広告，パンフレット等によって投資家に提供されることを阻む業界の自主的取り決め。こうした規制下では，投資家は情報収集等に関して高いコストを支払う必要がある（中川＝片桐（1999））。
（4）　生命保険文化センター「生命保険ファクトブック」。
（5）　たとえば，2006年度の「フジサンケイグループ広告大賞」でテレビ優秀賞を受賞した日本生命保険相互会社の商品名「生きるチカラ」という生命保険のMCは「病気」や「死」などの言葉は一切使われず，会社員の軽妙な会話で保障の厚さをつたえようとしているにすぎない。
（6）　村上　武「リテール金融サービスにおけるビジネス・モデルの革新」『NRI Research News』 1999年7月，に加筆。
（7）　金融商品取引法では対象者が特定投資家（プロ）か一般投資家（アマ）かによって，保護ルールに差が設けられ，プロには利用者保護ルールのほとんどが適用されない。
（8）　このように換金時に制約があることは，流動性リスクと呼ばれる。
（9）　金融広報中央委員会（http://www.saveinfo.or.jp/kinyu/kinyu_f.html）。
（10）　本書の第5章で詳しくとり上げている。
（11）　認知的不協和とは，個人の内的な矛盾や葛藤をいい，特別の理由で個人の意思や行動の内部に矛盾がある場合をさす。主な仮説を挙げれば，①不協和を低減し，調和を獲得するように動機付ける，②不協和を低減するとともに，不協和を増大させると思われる状況や情報を回避しようとする。（金子・中西・西村，1998）。

第3章　金融商品選択と品質評価

1　知覚リスクの構成要素と関与

1-1　知覚リスクと構成要素

　この章では，主として金融商品やサービス購入に関わる知覚リスクの問題について考察する。知覚リスクの研究では，リスクの構造を「結果の重大性」と「不確実性」とに求め，消費者が商品購買前に感じるリスクがどのように消費者行動を規定しているのかを問題としている（Bauer, 1967；Peter & Ryan, 1976）。前者は当該商品を購入した後にもし自分の考えていたよりも劣った品質の商品を購入してしまった場合に被る損害の見積もりを指し，後者は，当該商品に期待する品質の分散を指す。知覚リスクを低減させるためには，品質の不確実性を小さくすることと，品質の平均値の高い製品を選択することが求められる（山本，1999；山本他，2002）。しかし，品質評価の方法が複雑な場合や，その商品の購入経験が乏しい消費者はストレスを感じ，こうした場合に知覚リスクが高まる。つまり，想定されたリスクが深刻であればあるほど，また，そのリスクを被る可能性が高ければ高いほど知覚リスクは高くなる（Lovelock and Wirtz, 2007）。知覚リスクを低減させるためには，消費者は情報探索をして不確実性を回避しようとするが，時間や労力などのコストをかけても受容可能なレベルまで知覚リスクの水準を低めることができそうにないと見積もったときには，その商品の購入をあきらめてしまう場合もある。
　情報探索行動は個々の消費者の当該製品に対する関与や知識の程度が影響する。サービス商品などの無形財は，経験財や信頼財がその大部分を占めるために事前の品質評価の手がかりが限られ，また，品質分散を大きくするいくつか

の要因があることも知られている。購入後に低い品質やパフォーマンスであったとしても返品など補償の可能性が限定されており,有形財に比べてより大きな知覚リスクを感じる。購入後に品質が理解されるような経験財の場合は購買後の状態を推測することがむずかしく,結果の重大性を大きく考えがちであること,品質分散についても,購買経験の少なさと手がかりの利用の難しさから品質を特定することができず,高い品質分散を感じることになる。このような知覚リスクの性質は,金融商品やサービスにも該当することが予測できよう。

そこで,吉田秀雄記念事業財団のオムニバス調査（2006年）を利用し,金融商品選択における知覚リスク水準とその構成要素の関係について分析を行った[1]。

知覚リスクの構成要素に関する指標は,山本（1999）に従い（表3-1）のようにセットした[2]。まず,「品質の不確実性（バラツキ）」と「結果の重大性」を感じる程度について確認したところ,「結果の重大性（金銭的被害）」のスコアが一番高いことが示された。

次に知覚リスクの構成要素が知覚リスク水準へ与える影響の程度を調べるため,知覚リスク水準[3]を従属変数,知覚リスクの構成要素を独立変数とした

表3-1 金融商品選択における知覚リスクの構成要素

知覚リスクの構成要素	
商品の品質の不確実性（金融機関）	3.42
	0.84
サービスの品質の不確実性（金融機関）	3.46
	0.83
サービスの品質の不確実性（担当者）	3.31
	0.84
金銭的被害	4.11
	0.81
身体的被害	3.29
	1.04

上段：MEAN, 下段：S.D.

表3-2 知覚リスクの構成要素が知覚リスク水準に与える影響

	β	t値
商品の品質の不確実性（金融機関）	0.138	3.183***
サービスの品質の不確実性（金融機関）	−0.049	−1.039
サービスの品質の不確実性（担当者）	0.057	1.746†
金銭的被害	0.676	23.656***
身体的被害	−0.029	−1.062
自由度修正済み決定係数	0.501	

† $p<0.1$, *** $p<0.001$

表3-3 関与や事前知識の程度と知覚リスク水準および構成要素の関係（単相関）

	知覚リスク水準	金融商品不満水準	リスク許容度	商品の品質の不確実性（金融機関）	サービスの品質の不確実性（金融機関）	サービスの品質の不確実性（担当者）
金融商品選択に対する関与の高さ	0.035	0.140**	0.459**	0.149**	0.171**	0.165**
品質の判断能力の高さ	0.048	0.177**	0.395**	0.186**	0.182**	0.194**
事前知識の量	0.015	0.144**	0.377**	0.153**	0.16**	0.19**

** $p<0.01$（両側）

回帰分析を行った。その結果，「結果の重大性（金銭的被害）」，「金融商品の品質の不確実性（金融機関）」，「サービスの品質の不確実性（担当者（＝サービス提供者（銀行の場合は行員など））」が知覚リスク水準に有意な影響を与えており（表3-2），これら構成要素の感度が高まるにつれ，金融商品選択時の知覚リスク水準も増大することがわかる。

さらに，商品やサービスの品質の不確実性について，その製品に対する関与や知識，製品判断力が高まることによって，商品間や提供機関間の品質の分散が大きくなるのかを確認した。

金融商品選択に対する「関与の高さ」，「品質の判断能力の高さ」，「事前知識

の量」[4]と,「金融商品の品質の不確実性(金融機関)」,「サービスの品質の不確実性(金融機関および担当者)」にはいずれも有意な正の相関関係があることが示された(表3-3)。また,これら関与や事前知識の程度が高いほど,金融商品に対する不満(「満足のできる金融商品は少ない。」)も高まる。知覚リスク水準との相関関係は見られなかったが,リスク許容度(「元本が保証されていなくとも,そのリスクに見合う収益があればその金融商品を買いたい。」)は関与や事前知識の程度が高いほど高まって行くという関係が見られた。

1-2 知覚リスクと関与・情報収集態度

金融商品への関与と媒体重視度の関係について調べるため,金融商品選択に関する関与の度合い(「金融商品の選択に興味を持っている。」)と,情報収集態度(「金融関係の情報には絶えず注意している。」「よい金融商品がないか絶えず探している。」)の3つの質問項目をもとに回答者を3つのクラスタに分割した。それぞれ関与の度合いと情報収集態度に関する質問項目に対して高関与群(168人)・中関与群(379人)・低関与群(168人)を作成した。各クラスタ別の媒体重視度は(図3-1)のとおりである。

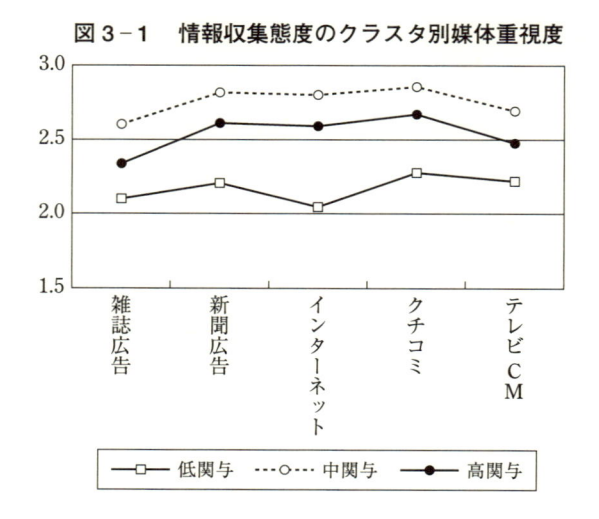

図3-1 情報収集態度のクラスタ別媒体重視度

1 知覚リスクの構成要素と関与　51

　各媒体への重視度は，関与と情報収集態度が中程度のクラスタが一番高い値となっている[5]。これは，既存研究（山本他，2002）を裏づける結果となった。すなわち情報収集を積極的に行うことで金融商品への知識や品質の判断力を蓄積していくが，その水準が一定のレベルを超えると内在的な情報だけでも判断できるようになるため，外部の情報源への依存度は低くなる。次章で「金融リテラシー」と「コンサルティング情報希求」の2軸を用いてクラスタを作成して分析を行ったが，「金融リテラシー」が一番高いクラスタは，自己解決能力が高いため「コンサルティング情報希求」の程度は低くなる，という結果とも整合している。

　高関与のクラスタが一番重視していた情報源がインターネットであった。金融商品の売買は「いつの時点で売買するのが適切か」という見極めが重要で，機会主義的行動をとる消費者にはネットを通じて継続的で速報性の高い情報の収集が必須となってくる。

　次に知覚リスクとその構成要素と関与・情報収集態度の関係について見ると図3-2のようになった[6]。知覚リスクそのもののスコアはクラスタ間に有意

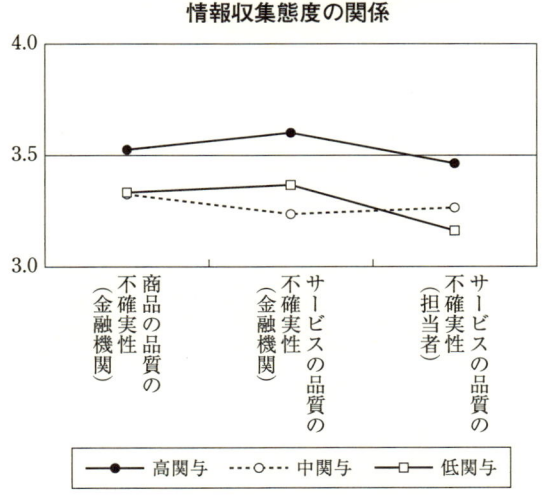

図3-2　知覚リスクの構成要素と関与・
　　　　情報収集態度の関係

（横軸：商品の品質の不確実性（金融機関）／サービスの品質の不確実性（金融機関）／サービスの品質の不確実性（担当者））

凡例：●高関与　○中関与　□低関与

差は見られなかったが,高関与のクラスタは,低・中関与のクラスタと比較して,知覚リスクの構成要素である金融商品やサービス(金融機関や担当者)の品質のバラツキの知覚レベルが有意に高いことが示された。

以上の分析より,①金融商品選択時に知覚リスク水準を高める構成要素は,「結果の重大性(金銭的被害)」,「金融商品の品質の不確実性(金融機関)」,「サービスの品質の不確実性(担当者)」である,②関与や情報収集態度が高まると金融商品・サービスの品質分散の感度やリスク許容度も高まる,という結果が示された。

2 金融商品・サービスの品質評価

ある製品を購入・使用する時,その製品がいくつかの部品から成り立っていると仮定するならば,消費者はそれぞれの有形無形のサービスの束を総合した「経験」とみなして認知し,評価することになる(Gabbot & Hogg, 1998)。Shostack (1977) の「分子モデル(Molecular model)」では,サービス製品は顧客の基本ニーズに応えるコア・ベネフィットを中心に,さまざまな複数のサービスが組み合わされている。金融商品でも,中核となる便益や周辺のサービス,流通が組み合わされて,1つの商品が成り立っているといえる。Shostackはさらに,あるサービス要素に変化が起こると,化学反応を起こすかのようにサービス全体を別のものに変えてしまう可能性を指摘している。またこの分子モデルは,価格,流通,市場でのポジショニングに周りを囲まれている。このことが全体の品質の評価過程を複雑にさせる。

サービス品質の定義は業界によって異なっていると考えられており(Babukaus & Boller, 1992),その構造について普遍的な構成概念を作成することは困難であると考えられてきた(Levitt, 1981;Lovelock, 1984)。サービス品質の測定尺度の代表的なものにはSERVQUALがある(Parasuraman, Zeithaml & Berry, 1988)。SERVQUALは知覚品質(percived quality)をサービス品質ととらえ,目的―手段モデルでの知覚品質と消費後の評価の差によって品質を計

測するものであるが，問題点も多く指摘されてきた[7]。こうしたSERVQUALをめぐる争点は，①次元数の不安定さ，②期待値の意味の多様性，③他の構成概念，特に満足度との関係，④理想点を考慮していない点の4点に集約される（山本，1999）。

わが国では，ACSI（the American Consumer Satisfaction Index：米国版顧客満足度指数）を元にJCSI（日本版顧客満足度指数）が開発された（南・小川，2010；小野，2010；酒井，2010）。これはサービス品質を業界横断的に比較でき，顧客満足の原因と結果の因果関係のモデリングが可能な構造になっている。モデルの概要は，種々のサービスに共通する21の設問からなる6つの指数（顧客満足，顧客期待，知覚品質，知覚価値，クチコミ，ロイヤルティ）に集約されている。しかしながら，JCSIでは銀行，生命保険，損害保険，証券，クレジットカードなどの金融サービス業も調査対象になってはいるものの，個々の設問は抽象度の高い表現になっており，金融サービス業を構成する細かな商品やサービス要素を評価するという点においては，具体性に欠けると考えられる。また，ACSIを用いて金融サービス業の調査を行った研究結果（Yeung & Ennew, 2001）では，顧客満足と知覚品質の関係がポジティブだったのは1994年〜1999年とダウ平均株価が順調に上昇していた期間に限定された。金融サービスには価値変動性という性質があり，顧客満足度指数を業界を横断して比較する場合，調査時期も大きく影響を及ぼすため注意が必要である。

SERVQUALには不十分な点は見られるものの，その後も尺度の欠点を修正したり，調査対象となるサービス業態に合わせて補強するなどしてさまざまな業種で適用が試みられている。たとえば，Olorunniwo & Hsu（2006）は，リテールバンキングのサービス品質の潜在的な次元（因子）について探索し，「迅速性」，「有形性」，「信頼性」，「知識」，および「アクセスのしやすさ」の5つの次元のすべてが消費者のサービス品質の感じ方に大きく影響を与え，またサービス品質に起因する満足度のレベルが行動意図に影響を与える，という構造を提示している。他にサービス業の品質評価基準となる代替的な指標は未だ提示されていないことをふまえ，本調査では西久保（2001）によって妥当性が

表3-4 金融機関・商品の品質評価次元

指　　標	指　　標
迅速性／人的対応性 ・迅速なサービスを行う ・相談を快く引き受けてくれる ・要望や苦情への対応が早い ・従業員の身だしなみがよい ・信頼できる	**店舗利便性** ・店舗が多く便利 ・店舗が自宅や職場に近く便利 ・利用可能な時間帯が長い ・規模が大きく，伝統や実績がある
利便性／流動性 ・購入，解約時の手続きがしやすい ・いつでも換金できる ・少額でも利用できる ・中途解約しても損が出ない ・自分の目的にあった商品を設計できる ・商品の変更が容易にできる	**保証性／安全性** ・利回りの保証がある ・元本の保証がある
	経営健全性 ・不祥事と縁がなくクリーンである ・経営内容が健全である ・情報公開に熱心である ・手数料が適当な水準である
情報快適性 ・ホームページが使いやすい ・ネット利用でのセキュリティが優れている ・インターネットなど情報技術への対応が早い ・商品やサービス，利用方法などの情報提供量が多い ・提供する情報に役立つものが多い ・最新の設備を整えている ・パンフレットなどの印刷物が優れている	**誠実性／信頼性** ・約束したことは期日までに必ず守る ・顧客に関することを正確に記録している ・従業員が頼りになる ・トラブルに対し誠意のある対応を行う
	個客志向性／カスタマイズ性 ・あなたに個別的な配慮をしてくれる ・あなたのニーズを把握している ・あなたに対する気配りが行き届いている ・顧客の視点に立って仕事している
収益性／投機性 ・キャピタルゲイン（値上がり益）が期待できる ・売買がゲーム的で面白い ・常に社会経済について関心が持てる ・利回りが高い ・インターネットで利用できる	

出所：西久保（2001）。

検証済みの因子を用いた金融商品の品質評価票を利用して郵送調査を行うことにした[8]。西久保による質問票は，基本的にSERVQUALのアプローチを採用して構成されている。5つの評価次元（①「有形性（Tangibility）」，②「信頼性（Reliability）」，③「迅速性（Responsiveness）」，④「確実性（Assurance）」，⑤「共感性（Empathy）」）をもとに尺度開発を行い，最終的に9つの品質評価次元を得ている。すなわち，①「迅速性／人的対応性」，②「利便性／流動性」，③

「情報快適性」,④「収益性／投機性」,⑤「店舗利便性」,⑥「保証性／安全性」,⑦「経営健全性」,⑧「誠実性／信頼性」,⑨「個客志向性／カスタマイズ性」であり,これらが金融商品の購買プロセスを経験する過程で購買者が品質を評価する次元として提示した。

本調査では,現在保有している金融商品で,直近に加入・契約したもののうち最も新しい金融商品の購入について評価を求めた。品質評価の対象としている金融商品は,①普通預金や定期預金などの預貯金系の金融商品,②投資信託,株式などのリスク系金融商品の2種である。関連概念の次元と指標については,西久保の抽出した因子にしたがってセットした(表3-4)。

2-1 安全資産の品質評価

安全資産(預貯金(普通預金や定期預金))を購入したと回答した340サンプルについて品質評価の結果を見ると,図3-3のようになった。各評価次元の全体のスコア平均値を降順に並べ替えると,安全資産の品質に関して最も高い評価次元は「店舗利便性」であり,最も低い評価次元は「収益性／投機性」であった。

当該商品に対する満足度と各評価次元との単相関を見ると,「迅速性／人的対応性」,「情報快適性」,「収益性／投機性」,「保証性／安全性」,「誠実性／信頼性」といった評価次元と満足度の間に有意な正の相関が見られた(表3-5)。

しかし,これら品質評価次元の尺度が商品の満足度に与える影響を検討するために,品質評価次元を独立変数に,総合満足度(「包括的に見て最近行った預貯金(普通預金や定期預金)に満足しているか」)という質問に対する回答(5非常に満足〜1非常に不満足)を従属変数にステップワイズ法で回帰分析を行ったところ「収益性／投機性」($\beta=0.148^{***}$, $Adj.R^2=0.019$)[9]のみが満足度に有意な影響を与えているという結果になった。そこで満足度と各品質評価次元の関係をより明確にするため,総合満足度を「満足」「不満足」の2群に分けて[10],各品質評価次元の平均値を比較した(表3-6)。

図3-3 安全資産の品質評価次元
（平均±S.D.）

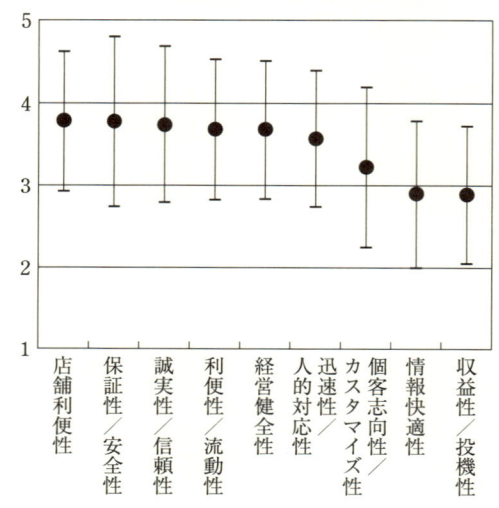

横軸（左から右）：店舗利便性、保証性／安全性、誠実性／信頼性、利便性／流動性、経営健全性、人的対応性、迅速性／カスタマイズ性、個客志向性、情報快適性、収益性／投機性

表3-5 安全資産の満足度と品質評価次元の相関分析（単相関）

(n = 340)

満足度	迅速性／人的対応性	利便性／流動性	情報快適性	収益性／投機性	店舗利便性	保証性／安全性	経営健全性	誠実性／信頼性	顧客指向性／カスタマイズ性
	0.130*	0.102	0.117*	0.148**	−0.049	0.123*	0.075	0.124*	0.061

*$p<0.05$, **$p<0.01$

　その結果，満足度が高い群のスコアが有意に高かった品質評価次元は「迅速性」，「情報快適性」，「収益性」，「保証性」，「誠実性」であり，満足度が低い群はこれら品質評価次元の評価も低い。また，「利便性／流動性」，「店舗利便性」などのスコアは満足度の高低に有意差は見られず，これらの品質評価次元は安全資産の取引においては所与の品質であると見ることができる。知覚リスクについては，満足度が高い群の方が有意に知覚リスクのスコアが低い[11]。安全資産については，保証性が高く知覚リスクが低いと認知されることで満足度が高まることが示された。

　回帰分析を行った際に独立変数の多くが満足度に影響を与えていなかった理

2 金融商品・サービスの品質評価 57

表3-6 安全資産の満足度と各品質評価次元のスコアの平均の差

	満 足	不 満 足	t値
迅速性／人的対応性	3.80 0.71	3.52 0.93	2.412**
利便性／流動性	3.85 0.73	3.66 0.93	1.636
情報快適性	3.15 0.86	2.88 0.93	2.183**
収益性／投機性	3.13 0.81	2.81 0.84	2.827***
店舗利便性	3.80 0.80	3.86 0.82	-.523
保証性／安全性	4.05 0.86	3.75 1.13	2.156**
経営健全性	3.85 0.71	3.70 0.95	1.292
誠実性／信頼性	3.98 0.76	3.71 1.07	2.119**
個客志向性／カスタマイズ性	3.35 0.91	3.20 1.10	1.124
知覚リスク	1.97 0.84	2.36 1.03	-3.011***
n	110	96	

**$p<0.01$, ***$p<0.001$
上段：MEAN, 下段：SD

由として，購入先の金融機関の業態が多様なため品質のバラツキがあることが予想された。そこで，品質の評価次元の平均スコアを金融機関の業態[12]ごとに分散分析を行って比較することにした（表3-7）[13]。

その結果，各品質評価次元のスコアのうち，「利便性／流動性」，「情報快適性」，「収益性／投機性」，「店舗利便性」，「保証性／安全性」などの評価次元と「総合満足度」のスコアに有意差が見られた。TukeyのHSD法（5％水準）による多重比較を行うと，取引先の金融業態によって評価の次元や満足度が異なっていることがわかる。「都市銀行」で安全資産を購入した消費者は商品選択時に「店舗利便性」，「保証性／安全性」を重視し，「地銀・第2地銀」利用者は「利便性／流動性」を，「信用金庫」利用者の「保証性／安全性」，「郵便局」利用者は「店舗利便性」，「保証性／安全性」，「利便性／流動性」等を重視

58　第3章　金融商品選択と品質評価

表3-7　安全資産の金融機関別品質評価次元の平均スコアと分散分析結果

	都市銀行	地銀・第2地銀	信託銀行	信用金庫・組合	証券会社	郵便局	JA	ネット銀行	F値
迅速性／人的対応性	3.67	3.51	3.60	3.67	3.83	3.49	3.20	3.34	0.92
利便性／流動性	3.75	3.54	3.47	3.72	3.72	3.95	2.94	3.81	2.07*
情報快適性	2.95	2.77	2.88	2.75	3.49	2.83	1.98	3.75	4.31**
収益性／投機性	3.01	2.76	3.27	2.86	3.43	2.72	1.90	3.40	3.99**
店舗利便性	3.94	3.70	3.33	3.65	3.79	4.26	3.31	2.81	7.66**
保証性／安全性	3.83	3.49	3.67	3.86	3.88	3.95	3.50	4.35	1.83*
経営健全性	3.71	3.54	3.50	3.72	3.83	3.74	3.41	4.00	0.91
誠実性／信頼性	3.78	3.61	3.88	3.74	4.15	3.84	3.00	3.87	1.37
個客志向性／カスタマイズ性	3.24	3.15	3.46	3.52	3.65	3.09	2.97	2.92	1.34
満足度	2.88	2.83	3.67	3.09	3.80	2.92	3.25	3.54	1.88*
n	112	92	6	35	12	52	8	13	

*p<0.05, **p<0.01

表3-8　安全資産の年齢別品質評価次元の平均スコアと分散分析結果

	～29歳	30～39歳	40～49歳	50～59歳	60～69歳	70歳以上	F値
情報快適性	2.88	3.22	2.89	2.82	2.64	3.08	3.16**
店舗利便性	3.71	4.16	3.81	3.80	3.63	3.62	3.12**
満足度	3.06	3.15	3.17	3.03	2.66	2.88	2.60*
n	17	53	65	80	74	51	

*p<0.05, **p<0.01
（注）　有意差のある品質評価次元のみ掲載

している。都市銀行や郵便局は全般に各評価次元のスコアは高いものの総合満足度のスコアは低く，5点尺度を用いていることから平均スコアが3点未満であるのでむしろ否定的な評価になっており，個別次元での評価と総合的な満足度の結果が整合していない。これは金融商品の性質「一次選択行動の非完結性」にあたり，購入時の品質評価と取引過程や最終的な商品のパフォーマンスの評価が別であることを示している。

次に年齢層ごとの品質評価次元の平均スコアについて分散分析を行った（表3-8）。各品質評価次元のスコアのうち，「情報快適性」，「店舗利便性」の評価次元と「総合満足度」のスコアに有意差が見られた。TukeyのHSD法（5

2 金融商品・サービスの品質評価 59

表3-9a 安全資産取引の満足度と取引継続意図[14]

(単位:%)

			満足度 (y)			合 計
			不満足	中 間	満 足	
			1	2	3	
意図(x) 取引継続	継続をしない	1	0.0	0.9	0.3	1.2
	どちらともいえない	2	13.2	10.3	3.5	27.1
	継続したい	3	15.0	28.2	28.5	71.8
合　　計			28.2	39.4	32.4	100.0

ケンダールの τ_b　0.277　$p<0.001$
ソマーズの d_{yx}（満足度が従属変数）　0.351　$p<0.001$
ソマーズの d_{xy}（取引継続意図が従属変数）　0.219　$p<0.001$

表3-9b 安全資産取引の満足度と再購買意図

(単位:%)

			満足度 (y)			合 計
			不満足	中 間	満 足	
			1	2	3	
意図(x) 再購買	利用をしない	1	1.5	0.3	0.3	2.1
	どちらともいえない	2	17.1	21.5	10.6	49.1
	利用したい	3	9.7	17.6	21.5	48.8
合　　計			28.2	39.4	32.4	100.0

ケンダールの τ_b　0.245　$p<0.001$
ソマーズの d_{yx}（満足度が従属変数）　0.276　$p<0.001$
ソマーズの d_{xy}（再購買意図が従属変数）　0.217　$p<0.001$

％水準）による多重比較を行うと，「情報快適性」，「店舗利便性」が30歳代が有意に高く，総合満足度のスコアは，60歳以上のシニア層で低くなっている。預貯金などの安全資産は元本保証があるものの低金利時代にあっては有効な運用手段とはいえず，こうしたことが余剰資金の運用を考えるシニア層の不満となっていることが考えられる。

　最後に，満足度と取引継続意図および再購買意図との関係についてであるが，

順序相関の指標であるケンダールの τ_b を計算すると,有意な正の正順関係が見られた(表3-9)。安全資産の取引について満足度が高まれば取引継続意図や再購買意図も高まるといえる。しかし,不満足の場合でも離脱の意図を持つ割合は少ない。戸谷(2006)はある地銀への不満経験(機関品質不満,相互作用不満,商品不満)を持つ顧客の離脱行動について分析を行ったが,完全に離脱した割合は7.0%,不満があっても離脱しない割合は38.5%と,離脱しない割合の方が高くなっている。原因として,決済口座などを乗り換えにかかるスイッチングコストが高いことを挙げている。不満足であっても離脱できない顧客のケアにも目を向ける必要があろう。

また,安全資産の満足度と購買後のクチコミの可能性の関係について,「優れている点を他人に話したり推奨するか(正のクチコミ)」,「劣っている点や悪い印象を他人に話したり解約をすすめるか(負のクチコミ)」という設問について,それぞれ「はい/いいえ」の二択比率と満足度の χ^2 分析を行ったところ,いずれも有意な関係は見られなかった[15]。満足・不満足にかかわらず,他者への推奨は起こりにくいことがわかった。

2-2 リスク性資産の品質評価

前節の安全資産の購買分析同様,「直近に投資運用型の金融商品(投資信託や株式)を購入した」と回答したサンプルを対象に品質評価の結果を見ると,(図3-4)のようになる。各評価次元の全体のスコア平均値を降順に並べ替えると,リスク性資産の品質に関して高い評価次元は「誠実性/信頼性」,「経営健全性」であり,最も低い評価次元は「保証性/安全性」であった。リスク性商品の品質評価には,経営主体の健全性やサービス提供者への信頼が大きく影響しているといえる。「保証性/安全性」のスコアは低いが,リスク性商品購入に際してはある程度のリスクをとることが必要になるため,他の品質評価次元と相対的に比較して評価が低くなると考えられる。このリスク性資産に対する満足度と各評価次元との関係について相関や回帰分析を行ったところ,いずれの評価次元とも有意な係数が得られなかった。また,安全資産と同様,「全

図3-4　リスク性資産の品質評価次元
（平均±S.D.）

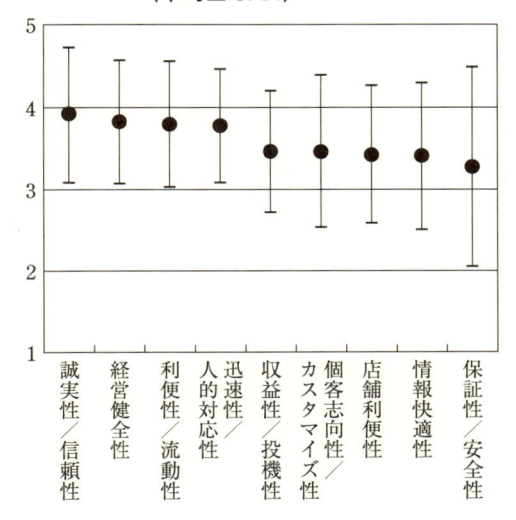

[図：リスク性資産の品質評価次元を示す棒グラフ。横軸は左から「誠実性／信頼性」「経営健全性」「利便性／流動性」「迅速性／人的対応性」「収益性／投機性」「個客志向性／カスタマイズ性」「店舗利便性」「情報快適性」「保証性／安全性」。縦軸は1から5までの評価値で、各項目の平均値は約3.3～3.9の範囲。]

体的に見て最近行った投資運用型の金融商品（投資信託や株式）に満足しているか」[16]という質問に対する回答を「満足」「不満足」の2群に分けて、各品質評価次元の平均値を比較したところ、やはりすべての品質次元に有意差が見られなかった。しかし、「満足」「不満足」の2群について品質評価次元の標準偏差を見ると、「満足」群の中で品質評価次元の標準偏差が1以上のものがいくつかあった。これは安全資産と同様、リスク性資産の購入先の金融機関の業態が多様なため品質のバラツキがあることが予想された。そこで、品質の評価次元の平均スコアを金融機関の業態ごと[17]に分散分析を行って比較した（表3-10）。

評価スコアは「利便性／流動性」、「経営健全性」の2つを除いた品質評価次元のすべてにおいて異なる業態間に有意差が認められた。TukeyのHSD法（5％水準）による多重比較を行うと、「総合証券会社」利用者は「誠実性／信頼性」を重視し、「ネット専業証券会社」は「収益性／投機性」、「都銀・地銀」利用者は「誠実性／信頼性」、「迅速性／人的対応性」、「経営安全性」を重視し

表3-10 リスク性資産の金融機関別品質評価次元の分散分析結果

	総合証券	ネット専業証券	都銀・地銀	F値
迅速性／人的対応性	3.88	2.96	3.77	12.33**
利便性／流動性	3.80	3.98	3.63	1.21
情報快適性	3.41	3.86	3.06	4.19*
収益性／投機性	3.50	3.94	3.06	8.63**
店舗利便性	3.46	2.56	3.63	10.54**
保証性／安全性	3.40	2.44	3.21	4.70*
経営健全性	3.86	3.83	3.74	0.26
誠実性／信頼性	4.08	3.47	3.76	5.44**
個客志向性／カスタマイズ性	3.65	2.50	3.34	12.56**
満足度	3.31	3.44	3.55	0.82
n	89	16	31	

*$p<0.05$, **$p<0.01$

ている。実際には「総合証券」に分類した証券会社でも，野村證券や大和証券，日興コーディアル証券等はインターネット取引サイトも充実しており，「ネット専業証券」がこうした「総合証券」と差別化を図るためには，「収益性／投機性」の品質の強化や，事業コストの優位性を利用した手数料の割引きなど価格面での競争をしてゆくことが重要であろう。

次に，リスク性資産の購入に際し，消費者の年齢別[18]に金融機関に評価するサービスの品質に差があるのかを調べるため，年齢層ごとの品質評価次元の平均スコアについて分散分析を行った。その結果，「情報快適性」のスコアのみに有意差が見られ，多重比較を行うと30歳代～40歳代の消費者が他の年代に比してホームページの使いやすさや提供される情報の質を評価していることが示された。しかし，年齢と利用業態のクロス集計を行い，さらに χ^2 検定を行ってみると有意な関係は見られなかった。

また，満足度と取引継続意図および再購買意図との関係についてであるが，順序相関の指標であるケンダールの τ_b を計算すると，有意な正の正順関係が見られた（表3-11）。リスク性資産についても，満足度が高まれば取引継続意

2 金融商品・サービスの品質評価

表3-11a　リスク性資産取引の満足度と取引継続意図

(n＝116/単位：%)

意図(x) 取引継続		満足度 (y)			合 計
		不満足	中間	満足	
		1	2	3	
	継続をしない　　1	0.0	0.0	0.0	0.0
	どちらともいえない　2	6.0	13.8	6.9	26.7
	継続したい　　　3	11.2	16.4	45.7	73.3
合　計		17.2	30.2	52.6	100.0

ケンダールの τ_b　0.272　$p<0.001$
ソマーズの d_{yx}（満足度が従属変数）　0.337　$p<0.001$
ソマーズの d_{xy}（取引継続意図が従属変数）　0.219　$p<0.001$

表3-11b　リスク性資産取引の満足度と再購買意図

(n＝116/単位：%)

意図(x) 再購買		満足度 (y)			合 計
		不満足	中間	満足	
		1	2	3	
	利用をしない　　1	0.0	0.9	0.0	0.9
	どちらともいえない　2	6.9	17.2	8.6	32.8
	利用したい　　　3	10.3	12.1	44.0	66.4
合　計		17.2	30.2	52.6	100.0

ケンダールの τ_b　0.308　$p<0.001$
ソマーズの d_{yx}（満足度が従属変数）　0.355　$p<0.001$
ソマーズの d_{xy}（再購買意図が従属変数）　0.267　$p<0.001$

図や再購買意図も高まる。しかし，不満足であっても，取引や再購買を中止しようとする割合は少ない。これは取引中止を決定して確定した損失額に直面するよりも，そのまま保持するという選択を行う傾向があること[19]がその理由の1つであると考えられる。

　最後にリスク性資産の満足度と購買後のクチコミの可能性の関係について見ると，安全資産同様，正/負のクチコミのいずれとも有意な関係は見られなか

った[20]。

　リスク性資産は安全資産と比して商品内容も多様で，購買した金融機関によっても商品やサービス品質の評価次元が異なっている。また，「消費の継続性」，「価値変動制」といった性質は，調査時点によっても品質評価を変えていくであろう。後述するように消費者個々人のリスク許容度や投資経験によっても，リスク性商品に対する態度は異なっている。リスク性資産に関する商品やサービスの品質評価基準の定式化については，今後も検討の余地が大きく残されている。

2-3　情報収集コストとリスク評価の関係

　最後に，これら安全資産とリスク性資産の購入に至るまでの情報収集努力の水準と，商品購入時に知覚するリスクの水準との関係について調べるため「商品決定までに要した時間」，「商品決定までに要した費用」と「商品購入時にリスクや不安を感じたか」という3変数（表3-12）について分析を行った。

　時間，費用，購入時の知覚リスク水準について対応のあるt検定を行ったところ，安全資産とリスク性資産のスコアに有意差が見られた。リスク性資産は

表3-12　探索時間・費用と購入時リスク水準の比較

商品決定までに要した時間	5	多くの時間をかけた	←→	まったく時間はかけなかった	1
商品決定までに要した費用	5	多くの費用をかけた	←→	まったく費用はかけなかった	1
商品購入時にリスクや不安を感じたか	5	まったく感じなかった	←→	非常に感じた	1

	安全資産	リスク性資産	t値
探索時間	2.07	3.11	-9.934^{***}
探索費用	1.46	1.86	-5.455^{***}
知覚リスク	3.86	2.59	11.703^{***}

***$p<0.001$

表 3-13　探索時間・費用と購入時リスク水準の相関分析

安全資産

	探索時間	探索費用	知覚リスク
探索時間	1	0.387**	−0.259**
探索費用	0.387**	1	−0.294**
知覚リスク	−0.259**	−0.294	1

**p<0.01（両側）

リスク性資産

	探索時間	探索費用	知覚リスク
探索時間	1	0.319**	−0.261**
探索費用	0.319**	1	0.019
知覚リスク	−0.261**	0.019	1

**p<0.01（両側）

　安全資産の購入と比較して，購入時の知覚リスクの水準は高く，商品決定までに多くの時間と費用を費やしていることがわかる。

　次に3つの変数間の相関分析を行ったところ，安全資産，リスク性資産ともに探索時間と知覚リスク水準の間に有意な負の相関が見られた（表3-13）。すなわち，資産の種類にかかわらず時間をかけて金融商品の情報収集を行うほど，知覚リスクがかえって逓増するという結果となった。リスク性資産の探索時間のスコアが安全資産よりも有意に高かったことから，リスクを含む複雑な情報判断を伴う金融商品ほど探索時間がかかることがわかる。Pronin (2007) は，投資の意思決定に時間をかけるほど心理的なバイアスによって知覚リスクが高められていく可能性があることを示した。このことは，本調査の分析結果とも整合する。

3 ライフサイクルと投資目的・投資態度

本節では，リスク性資産の購入経験や動機（目的）などの変数を考慮してさらに詳しく検討してみることにする。

金融資産選択には動機概念が重要であり，どのような動機に基づく金融商品選択かによって流動性，収益性，安全性など重視する金融商品の特性が左右される。また，ライフステージによって投資目的が変化すると，それに伴って選択する商品の安全性の重視度やリスク許容度も変化するであろう。これら投資目的や投資態度は，金融商品選択行動の起動因として明示的に取り扱う必要がある。そこで，年齢と「投資目的」・「投資態度」の関係について分析を行った。

「投資目的」と「投資態度」のカテゴリは，実際に Citibank で投資信託の口

表3-14 年齢と投資目的

		～29歳	30～39歳	40～49歳	50～59歳	60～69歳	70歳以上	合計
老後の生活のため	n 投資目的 年齢層	2 0.8 10.5	17 6.5 22.4	34 13.0 37.8	73 27.9 64.6	76 29.0 71.0	60 22.9 81.1	262 100.0 54.7
住宅購入のための資金作り	n 投資目的 年齢層	3 10.7 15.8	11 39.3 14.5	11 39.3 12.2	0 0.0 0.0	2 7.1 1.9	1 3.6 1.4	28 100.0 5.8
余裕資産の運用	n 投資目的 年齢層	2 2.6 10.5	10 13.0 13.2	7 9.1 7.8	22 28.6 19.5	26 33.8 24.3	10 13.0 13.5	77 100.0 16.1
子供の教育資金作り	n 投資目的 年齢層	12 12.8 63.2	35 37.2 46.1	35 37.2 38.9	12 12.8 10.6	0 0.0 0.0	0 0.0 0.0	94 100.0 19.6
レジャーや自動車などの耐久消費財購入のため	n 投資目的 年齢層	0 0.0 0.0	3 16.7 3.9	3 16.7 3.3	6 33.3 5.3	3 16.7 2.8	3 16.7 4.1	18 100.0 3.8
合　計	n 投資目的 年齢層	19 4.0 100.0	76 15.9 100.0	90 18.8 100.0	113 23.6 100.0	107 22.3 100.0	74 15.4 100.0	479 100.0 100.0

（注）「投資目的」および「年齢層」の数値は％。

3 ライフサイクルと投資目的・投資態度　67

表3-15　年齢と投資態度

		～29歳	30～39歳	40～49歳	50～59歳	60～69歳	70歳以上	合計
収益が低くても，価格変動のない金融商品が良い	n 投資態度 年齢層	15 7.0 75.0	43 20.1 53.8	36 16.8 37.9	51 23.8 44.3	46 21.5 41.8	23 10.7 29.5	214 100.0 43.0
元本保証に越したことはないが，銀行預金より高めの利回りが得られるのなら，多少の変動は許容できる	n 投資態度 年齢層	3 1.5 15.0	27 13.9 33.8	44 22.7 46.3	42 21.6 36.5	46 23.7 41.8	32 16.5 41.0	194 100.0 39.0
資産価値の増大をめざしており，このことが一時的な損失が発生するなどの価格変動を伴うことは理解している	n 投資態度 年齢層	0 0.0 0.0	7 13.5 8.8	7 13.5 7.4	11 21.2 9.6	10 19.2 9.1	17 32.7 21.8	52 100.0 10.4
投資期間途中のかなり大きな価格変動については損失の発生があってもかまわないが，最終的には高いリターンの獲得をめざしたい	n 投資態度 年齢層	2 5.3 10.0	3 7.9 3.8	8 21.1 8.4	11 28.9 9.6	8 21.1 7.3	6 15.8 7.7	38 100.0 7.6
合　計	n 投資態度 年齢層	20 4.0 100.0	80 16.1 100.0	95 19.1 100.0	115 23.1 100.0	110 22.1 100.0	78 15.7 100.0	498 100.0 100.0

(注)　「投資態度」および年齢層の数値は%。

座を開く際の，消費者の投資態度を把握するために用いられているプロファイリングを引用した[21]。年齢と「投資目的」と「投資態度」についてそれぞれχ^2分析を行ったところ有意な差が見られた（表3-14）（表3-15）。そこで，この3つの変数について多重コレスポンデンス分析を実施し図3-5のような布置図を得た。

　年齢と投資目的に注目してみると，30歳代～40歳代は「教育資金」「住宅購

68　第3章　金融商品選択と品質評価

図3-5　投資態度と投資目的および年齢とのコレスポンデンス分析

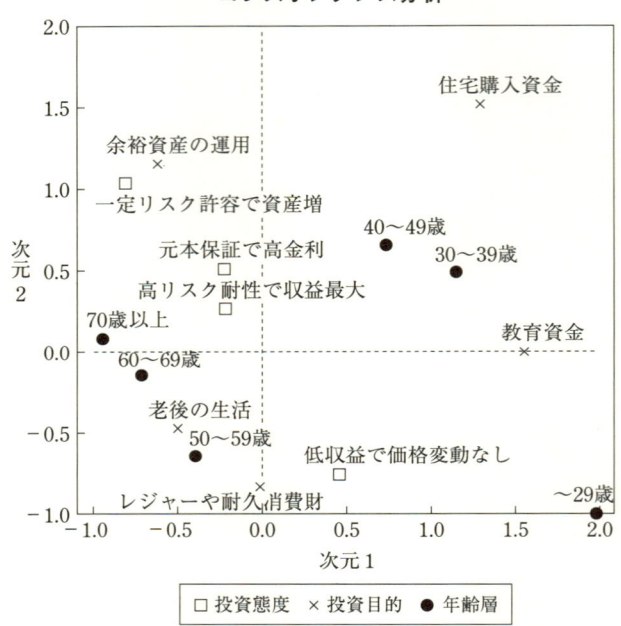

□ 投資態度　× 投資目的　● 年齢層

入資金」と近く，50歳代〜70歳代は「老後の生活」に近いが，50歳代→60歳代→70歳代と年齢が上がるにつれて「余裕資金の運用」に近づいている。投資態度については，20歳代は「収益が低くても価格変動のないもの」に近いが，30歳代〜40歳代の投資態度は相対的に見て低リスク許容度（「元本保証にこしたことはないが銀行より高金利が得られるなら多少の変動は許容できる」）の近くに位置し，60歳代〜70歳代は，リスク許容度の高い投資態度（「投資期間中の大きな価格変動を覚悟し，最終的に大きなリターンの獲得をめざす」）に近いことが示された。高齢になるにつれ貯蓄目的が「資産運用」に変化し，余裕資産の運用にリターンの獲得をめざすようになり，結果，金融商品選択におけるリスク許容範囲が拡大することが読み取れる。

4 金融商品選択への態度・意思決定ルール

前項の結果で年齢と投資目的・投資態度には関連があることが示されたことをふまえ，本節ではリスク性資産への投資行動がどのような態度・意思決定ルールと関連しているのか，より詳細な分析を行うことにする[22]。Muradoglu（2002）によれば，消費者の持つ期待収益率と知覚リスクは，株式市場の文脈的な情報と投資経験（Experts（熟練者）か Novices（初心者）か）によって規定される。Byrne（2005）も，Experts と Novices の投資行動を比較し，Experts の持つ知覚リスクと期待収益率には有意な正の関係が見られたが，Novices の持つ知覚リスクと期待収益率には関係が見られないことを示した。Experts は高いリスクをとれば高いリターンが返ってくると理解しているが，Novices にはその認識はなく，このことが投資態度の差の一要因となることを，投資意思決定モデルを提示して説明している。

本節では，知覚リスクの構成要素の尺度および，金融商品選択への態度・意

表3-16 リスク性資産への投資経験の有無と知覚リスクの構成要素

	投資経験あり	投資経験なし	t値
知覚リスク水準	4.05	3.90	1.771
	0.85	0.89	
商品の品質の不確実性（金融機関）	3.51	3.45	0.695
	0.81	0.88	
サービスの品質の不確実性（金融機関）	3.67	3.44	2.982**
	0.72	0.89	
サービスの品質の不確実性（担当者）	3.36	3.14	2.451*
	0.86	0.94	
金銭的被害	4.33	4.17	2.119*
	0.70	0.90	
身体的被害	2.86	3.27	−3.545***
	1.17	1.17	
n	149	328	

*$p<0.05$, **$p<0.01$, ***$p<0.001$
上段：MEAN，下段：S.D.

思決定ルールについて,「リスク性資産への投資行動の有無」および「年齢」による違いがあるのかを確かめた。それぞれ分散分析を行った結果,年齢については知覚リスクの構成要素のスコアにはいずれも差が見られなかった。投資経験の有無については,金融商品選択における「結果の重大性(金銭的被害)」,「サービスの品質の不確実性(担当者)」,「サービスの品質の不確実性(金融機関)」などの項目について「投資経験あり」の群が有意にスコアが高いという結果であった(表3-16)。金融商品は「経験財」であり,投資経験の有無が品質分散の判断力に影響を与えていることが示された。

次に,図3-5のコレスポンデンス分析の結果より,消費者の年齢と投資に対する態度に関係があることが示されたが,どのような態度がリスク性資産の購入に影響を与えるのかを調べるため,二項ロジスティック回帰を行った。「金融商品選択への態度・意思決定ルール」を従属変数[23],「リスク性資産の購入経験あり」と回答したものを「1」,「なし」を「0」としたダミー変数と,「年齢」を独立変数として分析を行った(表3-17)。なお年齢の効果は線形でない可能性も予想されるので,20歳代を基準にし,30歳代・40歳代・50歳代・60歳代・70歳代の5つの区分をダミー変数で表した。

リスク資産購入経験の係数を見ると,金融商品への関与や製品判断力に関わる項目に正の影響が見られる。リスク性資産の購入経験が負であった項目は「金融機関の選択不確実性」や「金利水準不満」といった項目であった。金利水準に不満を感じたり,金融機関の選択に困難を感じている消費者ほど,リスク性資産の購入に結びついていない。

「リスク性資産への投資経験の有無」を固定因子に,「年齢」を共変量にとり,一般線型モデルによる交互作用の検定を行うと,「金融商品選択不確実性(「金融商品の変化があまりに激しいので,商品選択の際,今までの経験を生かせないことが多い」)」,「金融機関選択不確実性(「たくさんの金融機関があるので,どこと取引してよいか選択に困ることが多い」)」といった選択不確実性に関する項目に交互作用が見られた(図3-6)[24]。また,「金融商品選択確実性(「金融商品を選択する基準は明確である」)」,「金融機関選択確実性(「金融機関を選択する基準

4　金融商品選択への態度・意思決定ルール　71

図3-6　「金融商品選択不確実性」と「金融機関選択不確実性」

金融商品選択不確実性
「金融商品の変化があまりにも激しいので，商品選択の際，今までの経験を生かせないことが多い」

金融機関選択不確実性
「たくさんの金融機関があるので，どこと取引してよいか選択に困ることが多い」

----◯---- 投資経験なし　　―●― 投資経験あり

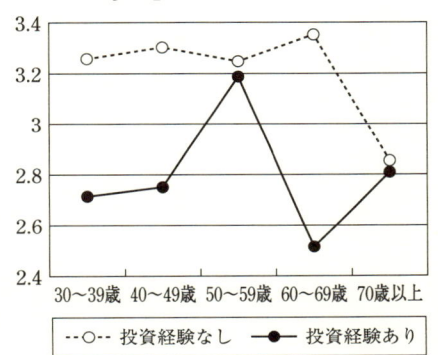

図3-7　「金融商品選択確実性」と「金融機関選択確実性」

金融商品選択確実性
「金融商品を選択する基準は明確である」

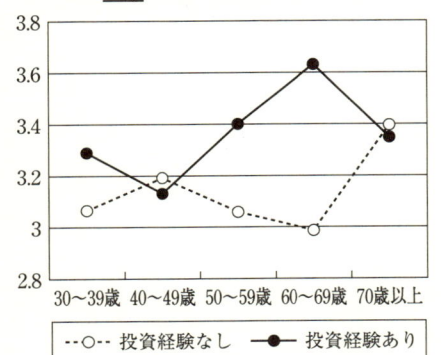

金融機関選択確実性
「金融機関を選択する基準は明確である」

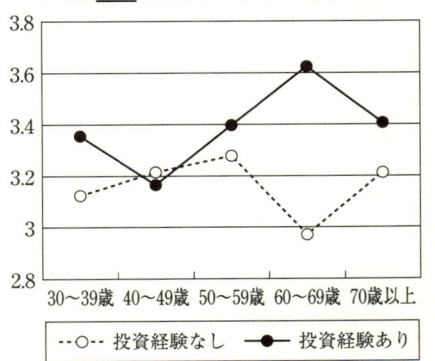

----◯---- 投資経験なし　　―●― 投資経験あり

表3-17 「金融商品選択への態度・意思決定ルール」を従属変数とした二項ロジスティック回帰分析

「リスク性資産投資経験」の係数が+(正)

態度・意思決定ルールの基準変数	定数項	リスク性資産投資経験	30〜39歳	40〜49歳	50〜59歳	60〜69歳	70歳〜	Nagelkerke R^2	Hosmer-Lemeshow検定(p)	n
私は金融商品の選択に関心を持っている	-0.129 / 0.879	2.543*** / 12.723	0.601 / 1.823	0.944 / 2.570	0.882 / 2.415	0.865 / 2.376	0.221 / 1.248	0.228	0.824	393
私は金融商品の品質を判断する能力を持っている	-2.132*** / 0.119	1.767*** / 5.852	0.535 / 1.707	0.885 / 2.422	0.919 / 2.507	0.284 / 1.329	1.383† / 3.987	0.233	0.980	313
私は金融商品に関する知識を十分に持っている	-2.116*** / 0.121	1.654*** / 5.228	-0.239 / 0.787	-0.208 / 0.812	0.416 / 1.516	-0.041 / 0.960	0.481 / 1.618	0.182	0.992	342
金融商品選択について他人からアドバイスを求められることが多い	-1.708*** / 0.181	1.264* / 3.538	-0.787 / 0.455	-1.192 / 0.303	-1.395† / 0.248	-1.185 / 0.306	-0.793 / 0.453	0.076	0.996	346
金融機関を選択する基準は明確である	0.000 / 1.000	0.737* / 2.090	0.418 / 1.519	0.691 / 1.996	0.926 / 2.525	0.320 / 1.377	0.686 / 1.987	0.053	0.635	252
金融商品を選択する基準は明確である	-0.963* / 0.382	1.020** / 2.773	1.297† / 3.657	1.599* / 4.950	1.254* / 3.505	1.371† / 3.941	2.045* / 7.728	0.105	0.739	254
預金は複数の金融機関へ分散したい	0.359 / 1.432	0.774* / 2.168	0.721 / 2.057	1.188† / 3.281	1.239* / 3.453	0.741 / 2.097	0.874 / 2.396	0.054	0.600	384
金利や為替の変動に伴せて金融機関を考慮している	-0.688 / 0.502	1.322*** / 3.750	0.655 / 1.926	0.581 / 1.788	0.569 / 1.767	0.677 / 1.968	1.374† / 3.950	0.137	0.549	332
金融商品の変化があまりにも激しいので、商品選択の際、今までの経験を生かせないことが多い	0.511 / 1.667	0.938† / 2.556	0.210 / 1.233	0.357 / 1.429	1.297 / 3.660	0.846 / 2.329	0.978 / 2.659	0.089	0.661	250
金融関係の情報には絶えず注意している	-1.681* / 0.186	1.640*** / 5.153	0.861 / 2.365	0.668 / 1.951	1.311* / 3.710	1.405* / 4.074	1.358† / 3.889	0.220	0.924	301
よい金融商品がないか絶えず探している	-1.354* / 0.258	1.400*** / 4.054	0.558 / 1.747	0.680 / 1.974	0.609 / 1.838	0.556 / 1.743	-0.107 / 0.899	0.136	0.913	315
経済の新しい動きに関心がある	-0.802† / 0.449	1.485*** / 4.413	0.762 / 2.143	0.995 / 2.706	1.168† / 3.215	1.432* / 4.185	2.307*** / 10.048	0.195	0.941	341
新しい金融商品を積極的に購入したい	-1.457* / 0.233	1.858*** / 6.414	-0.054 / 0.948	-0.339 / 0.713	0.054 / 1.055	-0.816 / 0.442	-0.642 / 0.526	0.208	0.961	297
インターネットで決済などを利用することに抵抗がない	-0.026 / 0.974	0.482* / 1.619	-0.254 / 0.776	-0.249 / 0.779	-0.515 / 0.598	-1.258* / 0.284	-0.945* / 0.389	0.056	1.000	381
自宅から電話やインターネットで簡単に振り込みや預金の預け替えをしたい	0.207 / 1.230	0.772** / 2.163	0.134 / 1.144	-0.641 / 0.527	-0.771 / 0.463	-1.56** / 0.210	-1.429* / 0.240	0.118	0.829	375
インターネットなどで自由に金融商品を選びたい	0.327 / 1.387	0.886*** / 2.426	0.153 / 1.166	-1.087 / 0.337	-1.157 / 0.314	-2.438** / 0.087	-1.558* / 0.211	0.185	0.945	249
金融商品の選択には自己責任が伴う	2.833** / 17.000	18.124*** / 7.433E7	1.174 / 3.235	-0.249 / 0.779	0.601 / 1.824	0.129 / 1.137	0.211 / 1.235	0.123	1.000	449

「リスク性資産投資経験」の係数が−(負)

項目	定数項									N
金融機関の安全性に不安を感じることが多い	2.767*** / 15.913	−0.708* / 0.493	−0.805 / 0.447	−0.867 / 0.420	−0.198 / 0.820	−0.222 / 0.801	−1.193 / 0.303	0.056	0.965	351
金利の低下によって家計はかなりの影響を受けている	0.147 / 1.159	−0.503† / 0.605	1.068† / 2.909	1.777** / 5.909	1.500** / 4.481	1.982** / 7.255	1.675** / 5.341	0.063	0.992	362
たくさんの金融機関があるので、どこと取引してよいか選択に困ることが多い	1.395* / 4.035	−1.063*** / 0.345	−0.646 / 0.524	−0.734 / 0.480	−0.18 / 0.835	−0.678 / 0.507	−1.087 / 0.337	0.106	0.261	328
どの金融機関も同じようなものである	1.239* / 3.453	−0.862*** / 0.422	−1.019 / 0.361	−0.625 / 0.535	−0.437 / 0.646	−0.454 / 0.635	−0.422 / 0.656	0.065	0.997	331
金融商品選択の際、他人に相談することが多い	−0.195 / 0.823	−1.028*** / 0.358	0.224 / 1.251	−0.649 / 0.523	−0.396 / 0.673	−1.006† / 0.366	−0.72 / 0.487	0.116	0.687	329

定数項のみ有意

項目	定数項									N
満足のできる金融商品は少ない	2.372* / 10.720	0.355 / 1.426	−0.356 / 0.700	−1.066 / 0.344	−0.027 / 0.973	−1.119 / 0.327	−1.084 / 0.338	0.048	0.518	320
出来るだけ知名度の高い金融機関を選びたい	2.004** / 7.416	0.207 / 1.230	0.976 / 2.653	0.797 / 2.218	0.85 / 2.340	0.564 / 1.757	0.975 / 2.651	0.011	0.979	409
同種の金融商品でも、金融機関によって金利にかなりの差があると思う	1.708* / 5.520	−0.047 / 0.954	−0.140 / 0.869	0.346 / 1.414	0.721 / 2.057	0.284 / 1.328	−0.163 / 0.850	0.021	0.652	331
他人に聞かれることなくゆっくり説明を受けて金融商品を選びたい	1.368† / 3.928	0.191 / 1.211	0.416 / 1.515	0.130 / 1.139	−0.118 / 0.888	−0.266 / 0.766	−0.505 / 0.603	0.022	1.000	338
金融機関のパンフや店員は、どの金融商品がよいのか十分な情報を提供してくれる	−1.128† / 0.324	0.325 / 1.384	0.622 / 1.862	0.502 / 1.652	0.263 / 1.301	0.604 / 1.830	0.316 / 1.371	0.016	0.942	243
お金を払ってでも有利で安全な資産運用について相談したい	−1.191† / 0.304	−0.174 / 0.840	−0.953 / 0.385	−0.081 / 0.923	0.502 / 1.651	0.073 / 1.076	0.350 / 1.420	0.046	0.981	298

†p<0.1, *p<0.05, **p<0.001, ***p<0.001
上段:回帰係数, 下段:オッズ比

は明確である」)」にも交互作用が見られた（図3-7）[25]。

　リスク性資産に投資経験のある群は加齢とともに金融機関や金融商品の選択基準が明確になってゆくが，投資経験のない群は加齢しても選択基準が不確実なままであり，選択確実性の平均スコアは「リスク性資産への投資経験のある60歳代」と「ない60歳代」で最も拡大していることがわかる。「リスク性資産に投資経験のない60歳代」は，退職金の預け入れや運用先を考える際，金融商品や金融機関の選択に大きな困難を感じていることになる。

　団塊の世代（1945年～48年生まれ，2011年現在で63～66歳）を代表とする60歳代は，厚生年金の支給年齢の引き上げ，高齢者雇用安定法の改正（2006年）による企業の定年延長や再雇用制度の整備によって，現時点でも労働市場にとどまっている割合が多い。2002年から2008年の間に60～64歳の男性の就業率は8.5ポイント上昇し，2008年時点で60歳男性の就業率が80.0％，64歳でも62.4％と6割を超える[26]。また，2010年の60歳代の平均金融資産残高は1,974万円で，全世帯に占める保有割合は32.5％ある[27]。今後，団塊の世代の定年退職が加速するに従い，老後の資産管理にともない「金融商品選択不確実性」と「金融機関選択不確実性」を感じる人が増えて行くであろう。こうしたサブグループに対していかに有効なマーケティング・コミュニケーション戦略を用いるかということが，金融機関各社にとって退職金吸引の成功の鍵であるといえる。次節では，有効なマーケティング・コミュニケーション戦略について考えていくことにしよう。

5　金融商品広告の評価行動

　金融規制緩和施行以後，比較情報規制の撤廃により多くの金融広告が実施されるようになった。電通『日本の広告費』の「業種別広告費（マスコミ4媒体広告費）」のうち「金融・保険」広告の費用の推移（図3-8）を見ると，1997年から2006年の10年間で163.7％の伸びとなっている。2005年の広告費は3,000億円を超え，全業種に占めるシェアは8.4％にのぼり「化粧品・トイレタリー」

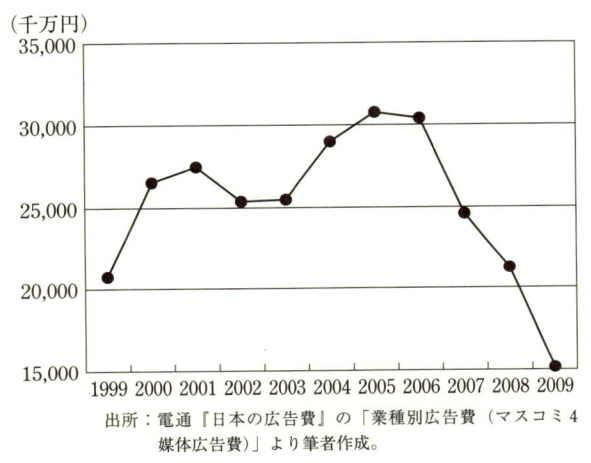

図3-8 「金融・保険」分野の広告費推移

出所：電通『日本の広告費』の「業種別広告費（マスコミ4媒体広告費）」より筆者作成。

(9.9%) に次ぐ第2位の業種となった。しかし，2006年以降は，消費者金融の広告出稿量が不祥事による自粛で大幅に減少，2008年のリーマン・ショック前後では株式，投資信託，生命保険，通販系医療保険の広告が減少した。医療保険や通販系自動車保険，損害保険は増加してはいるものの，全体では10年以上前の水準に落ち込んでいる[28]。

金融商品の広告の質や量が変化しつつある一方で，消費者はどのような種類の情報源から商品の情報を取得し，金融広告のどのような側面を重視しているのであろうか。本節では，情報源の利用パターンと知覚リスクについて検討してみることにした。

まず全般的な広告への注目度に関して「金融商品の広告を意識して見る」を5，「見ない」を1としたときの回答の平均値は3.27であった。年齢や性別には差がなかったが，「投資運用経験あり」と回答した群の平均値が3.72，「投資運用経験なし」と回答した群の平均値は3.07であり，投資経験のある群が有意に広告への注目度が高い（$t=6.167, p<0.01$）。

次に，金融商品を選択する際に重視する情報源について平均値を降順に並べると，一番目が「商品カタログ・パンフレット」であり，「販売窓口の担当者

76　第3章　金融商品選択と品質評価

図3-9　金融商品を選択する際に重視する情報源（全体：平均値降順）

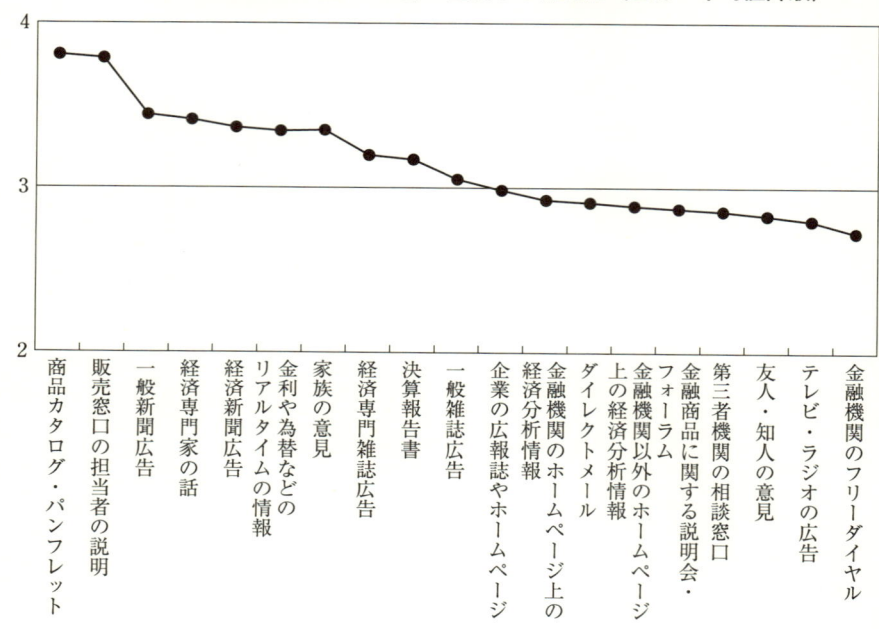

（グラフ：縦軸 2〜4、横軸 項目名）

項目（左から右）：
商品カタログ・パンフレット／販売窓口の担当者の説明／一般新聞広告／経済専門家の話／経済新聞広告／金利や為替などのリアルタイムの情報／家族の意見／経済専門雑誌広告／決算報告書／一般雑誌広告／企業の広報誌やホームページ／金融機関のホームページ上の経済分析情報／ダイレクトメール／金融機関以外のホームページ上の経済分析情報／金融商品に関する説明会・フォーラム／第三者機関の相談窓口／友人・知人の意見／テレビ・ラジオの広告／金融機関のフリーダイヤル

の説明」，「一般新聞広告」，「経済専門家の話」，「経済新聞広告」と続いている（図3-9）。

「リスク性資産への投資運用経験あり」と回答した群と，「購入なし」と答えた群の間で重視する情報源が異なるか比較すると，「投資運用経験あり」群は「投資運用経験なし」群よりも「金利や為替などのリアルタイム情報」を重視し，「投資運用経験なし」群は「一般雑誌広告」，「家族の意見」，「友人・知人の意見」，「テレビ・ラジオの広告」，「金融機関のフリーダイヤル」，「第三者機関の相談窓口」等の情報源を重視していた。外部情報の探索行動を費用・便益トレードオフを念頭に置いて考えると，家族や友人の意見は金融商品についての情報を的確に安いコストで入手できる手段であるといえる（表3-18）。

次に，消費者の年代別に重視する媒体に有意差があるかどうかを調べたところ，表3-19のとおりいくつかの項目に有意差が見られた。TukeyのHSD法

5 金融商品広告の評価行動　77

表3-18 リスク性資産への投資経験の有無と金融商品を選択する際に重視する情報源

	投資経験あり	投資経験なし	t値
一般雑誌広告	2.91	3.12	-2.270*
	0.96	0.93	
家族の意見	3.04	3.51	-4.282***
	1.11	1.12	
友人・知人の意見	2.54	2.99	-4.509***
	0.96	1.06	
テレビ・ラジオの広告	2.58	2.92	-3.840***
	0.90	0.89	
金融機関のフリーダイヤル	2.58	2.78	-1.961*
	0.99	1.01	
第三者機関の相談窓口	2.56	2.99	-4.435***
	0.94	1.03	
金利や為替などのリアルタイムの情報	3.48	3.29	1.751†
	1.09	1.06	
n	151	334	

†$p<0.1$, *$p<0.05$, **$p<0.01$, ***$p<0.001$
上段：MEAN、下段：SD
(注)　有意差が見られた項目のみ掲載。

（5％水準）による多重比較を行って有意差を確認すると，20～30歳代の若年層は「家族の意見」，「友人・知人の意見」，「第三者機関の相談窓口」，「企業のホームページ」，「金利や為替などのリアルタイムの情報」などを重視し，60～70歳以上の高齢者層は「決算報告書」，「金融商品に関する説明会」等の情報源を重視していることがわかった。

「投資経験の有無」を固定因子に，「年齢」を共変量にとり，一般線型モデルによる交互作用の検定を行うと，「テレビ・ラジオの広告」，「金融商品に関する説明会・フォーラム」に交互作用が見られた（図3-10）[29]。「投資経験なし」群は年代が上ると「テレビ・ラジオの広告」を重視しなくなっている。一方，「金融商品に関する説明会・フォーラム」に関して，「投資経験あり」群は年代が上るにつれ，重視度も上がっている。投資経験のあるシニア層に対しては，商品の説明会やフォーラムへの勧誘が有効なマーケティング・コミュニケーシ

78　第3章　金融商品選択と品質評価

表3-19　年齢と金融商品を選択する際に重視する情報源

	〜29歳	30〜39歳	40〜49歳	50〜59歳	60〜69歳	70歳以上	F値
家族の意見	4.10	3.75	3.29	3.28	3.28	3.01	5.54**
友人・知人の意見	3.30	3.15	2.87	2.83	2.61	2.68	3.66**
経済専門家の話	3.50	3.65	3.36	3.40	3.21	3.54	2.33*
企業の広報誌やHP	3.35	3.21	3.03	3.10	2.74	2.86	3.49**
決算報告書	3.15	2.99	3.06	3.25	3.03	3.64	4.48**
金融機関のフリーダイヤル	2.75	2.84	2.64	2.65	2.63	3.04	2.13*
金融商品に関する説明会	2.85	2.98	2.67	2.94	2.67	3.24	3.94**
金融機関以外のHP上の経済分析情報	3.00	3.06	2.95	3.06	2.58	2.84	3.13**
第三者機関の相談窓口	3.40	2.95	2.73	2.97	2.70	2.87	2.33*
金利や為替などのリアルタイムの情報	3.70	3.50	3.41	3.43	2.99	3.43	3.55**
n	20	80	95	115	111	78	

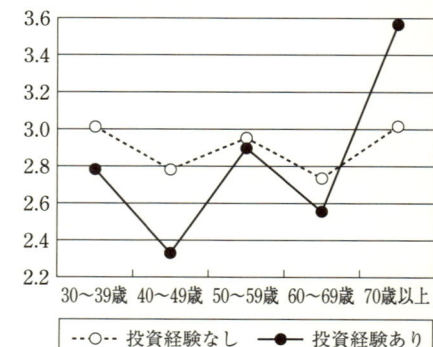

*$p<0.05$, **$p<0.01$
（注）有意差が見られた項目のみ掲載。

図3-10　「年齢＊投資経験」の交互作用のある変数の平均値比較

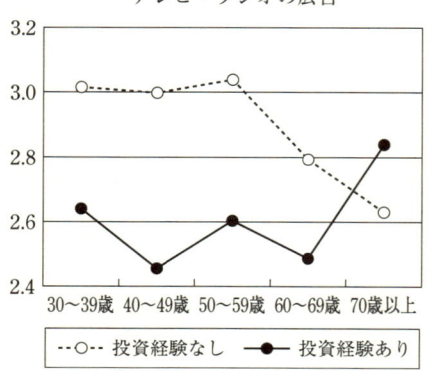

ョン・ツールとなると考えられる。

　金融商品を選択する際に重視する情報源として上位に「一般新聞広告」，「経済新聞広告」が挙げられた。そこで，新聞に掲載された金融商品広告を例にとり，消費者が広告からどのように情報を取得しているのかを調べることにした。ここでは，2つの架空の新聞広告を用意した[30]。「サンプル広告A」（図3-11）は安全資産（元本保証の定期預金）の広告であり，「サンプル広告B」（図3-12）はリスク性資産（為替リスクのある社債投信）の広告である。

　まず，2つの広告の興味や理解度について差があるか，t検定を行って検証した（表3-20）。

　リスク性資産の広告についてはすべてのスコアの平均値が3を下回る否定的な値となり，安全資産と比較するとリスク性資産の広告に興味や理解を求めることが困難であることが示された。

　安全資産の広告コンテンツのうち，「利回りの予定利率」，「受取利息の予想金額」，「安全性（元本が保証される商品か）」，「リスクの大きさはどれくらいか」といった内容が，リスク性資産の広告より重視度が高いという結果となった（図3-13）。リスク性資産の広告については，金融商品取引法で将来の利益を誇示する表現及び元本保証と錯覚させるような表現は禁止されており，将来における配当に触れる場合も必ず予想に基づくものである旨を表示しなければならなくなった。この広告B（リスク性資産広告）にも，どれくらいの収益が見込まれるかが明記できないことが，広告への理解や商品への選好形成を妨げる一因となっていると考えられる。

　これらの広告コンテンツの中で一番目に注目する箇所を挙げてもらうと，広告A（安全資産）では「利回りの予定利率」，「商品の大まかな説明部分」，「商品の発売元」，「商品の安全性」，「受取利息の予想額」などが上位に挙げられ，どの程度の収益性が見込まれるのかを一番に確認している。広告B（リスク性資産）では，「商品の発売元」がというコンテンツを一番に見る消費者が多く，商品の信頼性をまず確認している（表3-21）。

　ここまでの分析結果より，消費者のライフサイクルによって投資目的や商品

80　第3章　金融商品選択と品質評価

図3-11　サンプル広告A（安全性資産の広告）

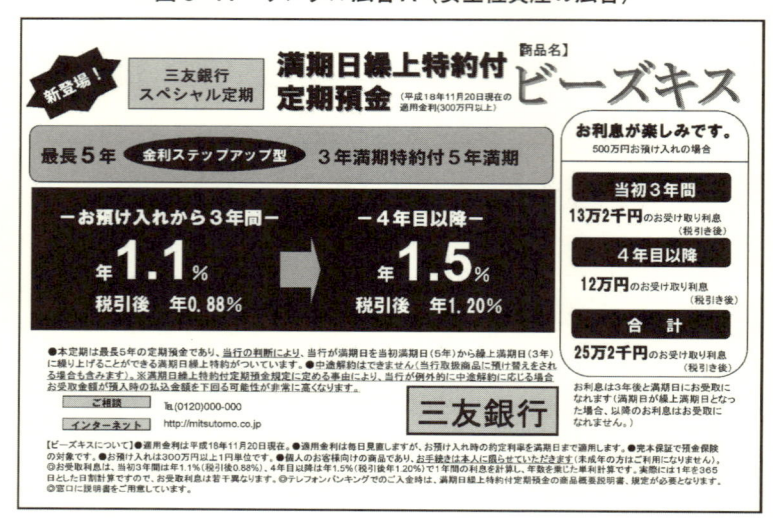

図3-12　サンプル広告B（リスク性資産の広告）

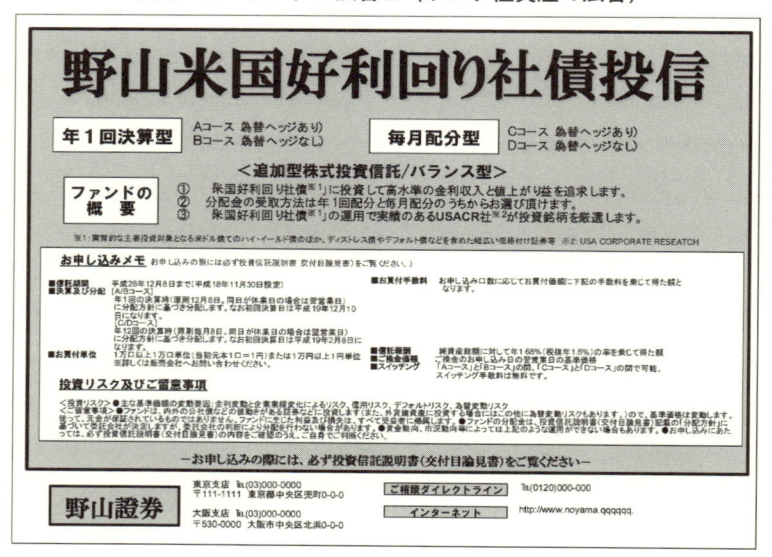

5 金融商品広告の評価行動   81

表 3-20 金融商品の広告評価（興味・購入意向・理解度・リスク水準）

	広告 A （安全資産）	広告 B （リスク性資産）	t 値
この商品に興味を持ったか	3.09	2.42	11.812***
（興味がある 5 ⇔ 興味がない 1 ）	1.10	1.12	
この商品を購入したいと思うか	2.74	2.22	10.658***
（したい 5 ⇔ したくない 1 ）	0.96	0.98	
この金融商品についてどの程度理解したか	3.51	2.89	14.790***
（かなりできた 5 ⇔ 全くできなかった 1 ）	0.78	0.92	
この金融商品についてリスクや不安を感じたか	3.20	2.42	16.029***
（全く感じなかった 5 ⇔ 非常に感じた 1 ）	0.87	0.84	

***p＜0.001
上段：MEAN, 下段：SD　n＝487

図 3-13 安全資産とリスク性資産広告のコンテンツ重視度の差

(n＝445)

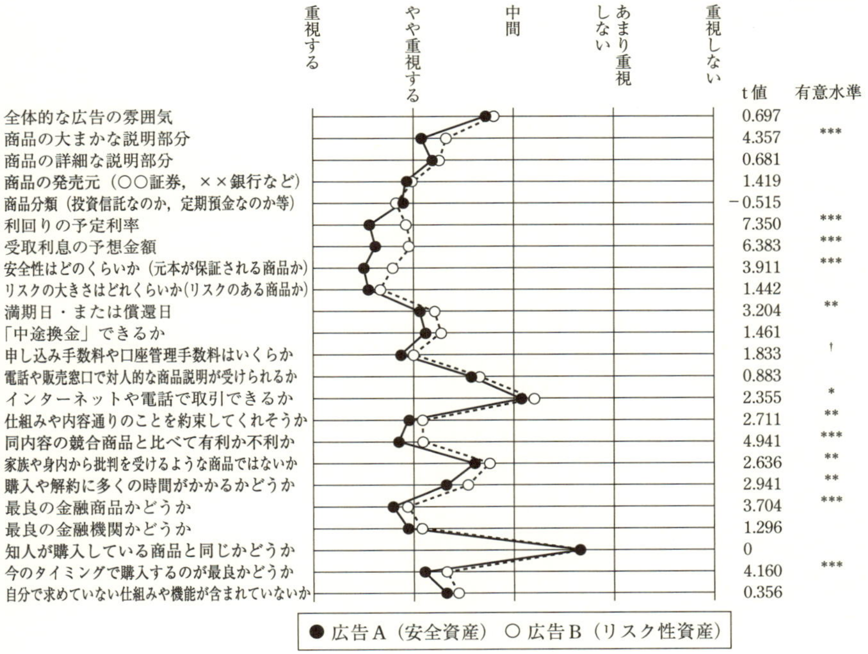

項目	t 値	有意水準
全体的な広告の雰囲気	0.697	
商品の大まかな説明部分	4.357	***
商品の詳細な説明部分	0.681	
商品の発売元（○○証券，××銀行など）	1.419	
商品分類（投資信託なのか，定期預金なのか等）	−0.515	
利回りの予定利率	7.350	***
受取利息の予想金額	6.383	***
安全性はどのくらいか（元本が保証される商品か）	3.911	***
リスクの大きさはどれくらいか（リスクのある商品か）	1.442	
満期日・または償還日	3.204	**
「中途換金」できるか	1.461	
申し込み手数料や口座管理手数料はいくらか	1.833	†
電話や販売窓口で対人的な商品説明が受けられるか	0.883	
インターネットや電話で取引できるか	2.355	*
仕組みや内容通りのことを約束してくれそうか	2.711	**
同内容の競合商品と比べて有利か不利か	4.941	***
家族や身内から批判を受けるような商品ではないか	2.636	**
購入や解約に多くの時間がかかるかどうか	2.941	**
最良の金融商品かどうか	3.704	***
最良の金融機関かどうか	1.296	
知人が購入している商品と同じかどうか	0	
今のタイミングで購入するのが最良かどうか	4.160	***
自分で求めていない仕組みや機能が含まれていないか	0.356	

● 広告 A（安全資産）　○ 広告 B（リスク性資産）

†p＜0.1, *p＜0.05, **p＜0.01, ***p＜0.001

表 3-21 広告 A（安全資産）と広告 B（リスク性資産）で一番目に注目する箇所

(n=483)

	広告 A（安全資産）	n	%	累積%
1	利回りの予定利率	109	22.6	22.6
2	商品の大まかな説明部分	76	15.7	38.3
3	商品の発売元（○○証券，××銀行など）	75	15.5	53.8
4	安全性はどのくらいか（元本が保証される商品か）	65	13.5	67.3
5	全体的な広告の雰囲気	39	8.1	75.4
6	受取利息の予想金額	38	7.9	83.2
7	商品分類（投資信託なのか，定期預金なのか等）	28	5.8	89.0
8	商品の詳細な説明部分	20	4.1	93.2

(n=478)

	広告 B（リスク性資産）	n	%	累積%
1	商品の発売元（○○証券，××銀行など）	86	18.0	18.0
2	商品の大まかな説明部分	79	16.5	34.5
2	安全性はどのくらいか（元本が保証される商品か）	79	16.5	51.0
4	利回りの予定利率	63	13.2	64.2
5	商品分類（投資信託なのか，定期預金なのか等）	44	9.2	73.4
6	全体的な広告の雰囲気	39	8.2	81.6
7	受取利息の予想金額	38	7.9	89.5
8	リスクの大きさはどれくらいか（リスクのある商品か）	19	4.0	93.5
9	商品の詳細な説明部分	18	3.8	97.3

へのニーズが異なることが示され，特に定年退職前後の60歳代が金融行動の分岐点であることが予測できる。そこで，広告の認知の仕方も年齢によって違いがあるか消費者を60歳未満と60歳以上の2群に分け，広告Aと広告Bのコンテンツの中で重視する程度について分析した（表3-22）。

各コンテンツの重視度のうち有意差のあったものはすべて60歳未満の消費者のスコアが大きいという結果であった。広告A（安全資産の広告）では「利回りの予定利率」，「商品の大まかな説明部分」，「受取利息の予想額」，「インターネット取引の可否」等，主として収益性に関する記述について60歳未満の消費者の方が熱心に見ている。ライフサイクルから考えると，若年層の方が安全資

5 金融商品広告の評価行動

表3-22 年齢別（60歳未満/60歳以上）広告コンテンツの重視点

	広告A（安全資産）			広告B（リスク性資産）		
	60歳未満	60歳以上	t値	60歳未満	60歳以上	t値
・全体的な広告の雰囲気	3.37	3.22	1.735†	3.30	3.26	0.447
・商品の大まかな説明部分	4.02	3.76	3.171**	3.80	3.63	1.773†
・利回りの予定利率	4.48	4.32	2.011*	4.10	4.16	−0.619
・安全性はどのくらいか（元本が保証される商品か）	4.53	4.40	1.702†	4.36	4.30	0.776
・リスクの大きさはどれくらいか（リスクのある商品か）	4.44	4.28	2.051*	4.36	4.23	1.404
・申し込み手数料や口座管理手数料はいくらか	4.20	4.06	1.667†	4.09	3.98	1.163
・インターネットや電話で取引できるか	3.13	2.67	4.024***	3.02	2.59	3.742***
・今のタイミングで購入するのが最良かどうか	3.99	3.79	2.123*	3.82	3.62	1.866†
・自分で求めていない仕組みや機能が含まれてないか	3.80	3.65	1.610	3.78	3.61	1.763†

† $p<0.1$, * $p<0.05$, ** $p<0.01$, *** $p<0.001$
（注）広告A・広告Bどちらかに有意差が見られた項目のみ掲載。

産に対するニーズが高いため，安全資産の広告への関心も高くなると解釈できる。広告B（リスク性資産）に関しても若年層の重視度が有意に高い項目があったが，それらは「商品の大まかな説明」，「購買のタイミング」，「インターネット取引の可否」などで，安全資産と比べて収益性に関するコンテンツの関心は低い様子がうかがえる。

広告コンテンツの中で最初に注目する箇所（表3-23）に，年齢による違いがあるか χ^2 分析を行って調べてみた。結果，広告A（安全資産）に有意差が見られ[31]年齢によって注目箇所が異なることが示された。同一の安全資産広告を見ていても，60歳未満の消費者はまず25％が利回りの予定利率に注目し，60歳以上は20％がまず商品の販売元を確認している。リタイアメントを迎えるシニア向けの金融商品広告では，商品の発売元や安全性など信頼性に関わるコ

表3-23 年齢別（60歳未満/60歳以上）広告A（安全資産）で一番に注目する箇所

(n=306)

	60歳未満	度数	%	累積%
1	利回りの予定利率	78	25.49	25.49
2	商品の大まかな説明部分	58	18.95	44.44
3	商品の発売元（○○証券、××銀行など）	41	13.40	57.84
4	安全性はどのくらいか（元本が保証される商品か）	37	12.09	69.93

(n=177)

	60歳以上	度数	%	累積%
1	商品の発売元（○○証券、××銀行など）	34	19.21	19.21
2	利回りの予定利率	31	17.51	36.72
3	安全性はどのくらいか（元本が保証される商品か）	28	15.82	52.54
4	商品の大まかな説明部分	18	10.17	62.71

ンテンツを強調することが有効であろう。

広告B（リスク性資産）には，年齢による違いは見られなかった。

次に，前章の分析結果で「投資運用経験あり」群と，「投資運用経験なし」群の間で重視する情報取得源に差があったことをふまえ，金融広告の見方にも差があるのかを調べることにした。まず，2つの広告の興味や理解度について投資経験の有無によって差があるかを調べた。結果，広告A（安全資産）では，「投資経験あり」群が広告の理解度が有意に高いことが示され，さらに「投資経験なし」群と比較しこの商品に対して「リスクや不安を感じない」という回答項目のスコアにも有意差が見られた。広告B（リスク性資産）においては，興味，購買意向，理解度のすべてにおいて「投資経験あり」群のスコアの方が有意に高いという結果となった。理解度に関していえば，今回使用した広告Bは為替リスクもある比較的複雑なリスク性金融商品であったにもかかわらず，「投資経験あり」群の平均スコアが3.21で理解度がポジティブに高い結果となっている（表3-24）。

「投資経験あり」群は，「なし」群と比べてリスク性資産の広告コンテンツの

表3-24　リスク性資産への投資経験の有無と金融商品の広告評価
（興味・購入意向・理解度・リスク水準）

(n=486)

	広告A（安全資産）			広告B（リスク性資産）		
	投資経験あり	投資経験なし	t値	投資経験あり	投資経験なし	t値
この商品に興味を持ったか	3.14	3.07	0.585	2.90	2.20	6.646***
	1.15	1.08		1.09	1.06	
この商品を購入したいと思うか	2.77	2.72	0.548	2.60	2.04	6.123***
	1.01	0.94		0.96	0.93	
この金融商品についてどの程度理解したか	3.72	3.42	4.365***	3.21	2.74	5.233***
	0.66	0.81		0.88	0.91	
この金融商品についてリスクや不安を感じたか	3.33	3.13	2.259**	2.43	2.40	0.348
	0.93	0.85		0.83	0.85	

*p<0.05，***p<0.001
上段：MEAN，下段：SD

うち「商品の大まかな／詳細な説明部分」，「商品の発売元」，「利回りの予定利率」，「受取利息の予想金額」，「購入のタイミング」など商品の特徴や収益性に関する事柄についてより重視していることがわかる。逆に，「投資経験なし」群は，広告のコンテンツそのものではなく「家族や身内から批判を受けるような商品ではないか」，「知人が購入している商品と同じかどうか」といった他者の評価を気にして広告を見ていることが示された。投資経験のない消費者はリスク性商品への興味や理解度が低いため「選択不確実性」と「知識不確実性」を感じて選択に自信が持てないことから，他者の評価を気にすると解釈できよう。

6　小　　結

本章では，消費者の年齢や投資目的・投資経験が金融商品や金融広告を評価する過程にどのような影響を及ぼしているのか検証し，有効なマーケティン

86　第3章　金融商品選択と品質評価

図3-14　「リスク性資産への投資経験の有無」と「広告B（リスク性資産）」のコンテンツの重視度

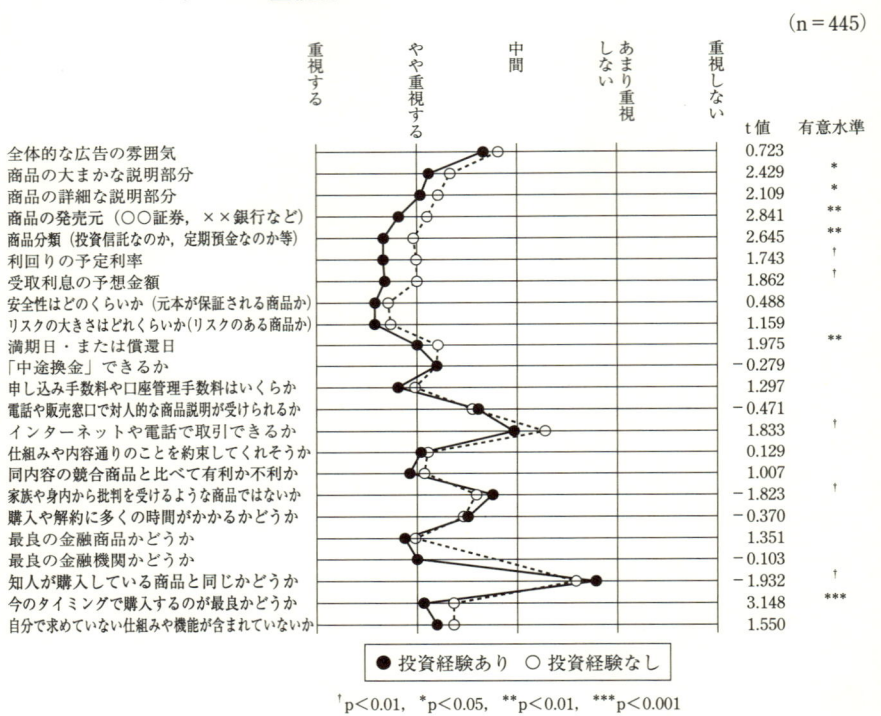

(n=445)

コンテンツ項目	t値	有意水準
全体的な広告の雰囲気	0.723	
商品の大まかな説明部分	2.429	*
商品の詳細な説明部分	2.109	*
商品の発売元（○○証券，××銀行など）	2.841	**
商品分類（投資信託なのか，定期預金なのか等）	2.645	**
利回りの予定利率	1.743	†
受取利息の予想金額	1.862	†
安全性はどのくらいか（元本が保証される商品か）	0.488	
リスクの大きさはどれくらいか（リスクのある商品か）	1.159	
満期日・または償還日	1.975	**
「中途換金」できるか	-0.279	
申し込み手数料や口座管理手数料はいくらか	1.297	
電話や販売窓口で対人的な商品説明が受けられるか	-0.471	
インターネットや電話で取引できるか	1.833	†
仕組みや内容通りのことを約束してくれそうか	0.129	
同内容の競合商品と比べて有利か不利か	1.007	
家族や身内から批判を受けるような商品ではないか	-1.823	†
購入や解約に多くの時間がかかるかどうか	-0.370	
最良の金融商品かどうか	1.351	
最良の金融機関かどうか	-0.103	
知人が購入している商品と同じかどうか	-1.932	†
今のタイミングで購入するのが最良かどうか	3.148	***
自分で求めていない仕組みや機能が含まれていないか	1.550	

● 投資経験あり　○ 投資経験なし

† $p<0.01$, * $p<0.05$, ** $p<0.01$, *** $p<0.001$

グ・コミュニケーション戦略を明らかにすることを目的として分析をすすめた。その結果，金融資産選択行動に関する新たな知見を得ることができた。

第1に，知覚リスク水準によってリスク性資産への投資行動が抑制されるわけではないということが示された。知覚リスクと消費者選択行動の関係について，これまで高い知覚リスクは情報探索の動機になり，必要な手がかりを取得して知覚リスクの水準を低減させることに成功すれば購買し，知覚リスクの水準が高いままであれば購買を忌避するとされてきた。しかし，本研究結果によると，リスク性資産への投資経験の有無を基準に比較すると，両群に知覚リスク水準そのものに差が見られなかった。むしろ関与や情報処理能力の高さがリ

スク性資産への投資行動を促進している。

　第2に，どのような金融資産を選択するかということには「動機」概念が重要であり，年齢（ライフステージ）ごとに資産選択動機が異なるため，金融機関や商品に求める品質が異なることが示された。若年層は安全資産へのニーズが高いため満足度も高いが，シニア層は安全資産への満足度は低くなっている。60歳以上のシニア層は他の年代と比べ，リスク許容度の高い投資態度に近いことが示された。高齢になるにつれ投資目的が「資産運用」に変化し，余裕資産の運用にリターンの獲得をめざすようになり，安全資産の収益性に満足できず金融商品選択におけるリスク許容範囲が拡大することが読み取れる。また，リスク性資産への投資経験のない60歳代は，投資経験のある60歳代と比べて，金融商品や機関の選択に大きな困難を伴っていることが示された。金融機関は，このセグメントを誘導できるようなコミュニケーション戦略を図らねばならないであろう。

　第3に，金融商品広告からの情報の取得過程について見ると，安全資産の広告の方がリスク性資産の広告よりも理解度が高く，安全資産広告のコンテンツのうちの収益性に関する部分（利回りや受取利息）を重視していることが示された。しかし，比較的複雑なリスク性資産であっても，投資経験のある消費者の広告の理解度は高い。また，同一の安全資産広告を見ていても，60歳未満の消費者はまず25％が利回りの予定利率に注目し，60歳以上は20％がまず商品の販売元を確認している。シニア向けの金融商品広告では，商品の発売元や安全性など信頼性に関わるコンテンツを強調することが有効であろう。

　以上を総合してマーケティング・コミュニケーション戦略を考察する。まず，リスク性資産への投資経験の有無によって金融商品選択の態度が異なるため，顧客のプロファイルを行う必要がある。投資経験のある層はリスク許容度も高く，金融商品や金融機関の選択基準も明確に持っている。金融商品に関する情報収集や今後のリスク性資産の購入に対しても前向きで，商品の説明会やフォーラム参加の意欲が高い。数年前から都市銀行などではすでに行われているが，個々の資産内容に焦点を合わせたコンサルティング的な要素のある販売方法が

有効だといえよう。

　投資経験のない層は金融商品や金融機関の選択に大きな困難を感じている。しかし，このセグメントは，最も開拓の余地のあるマーケットである。この特に退職金の運用に悩む60歳前後の消費者を吸引するためには，広告などで提供する金融機関名を強調するなど，まずブランドをシグナルとする信頼性を確保しなければならない。60歳代から70歳代へ移行する間に投資目的が「老後目的」から「余剰資産の運用」へ変化し，安全資産の利回りでは満足できず収益性を重視した商品へのニーズが高まってはいるが，投資経験のない60歳代はリスク性資産への理解度が低いため受容可能な金融商品が限定されている。シニア向けと銘打った安全資産（定期預金など）の利率に退職金預け入れプレミアムを上乗せした商品や，ローリスク・ローリターンの投資信託等，通常の定期預金などよりも若干収益性の高い商品の販促が有効であろう。リスク性資産の広告は金融商品取引法の制約下で，消費者の求める情報（収益性）をいかに理解しやすいものにするのかが重要である。

※本論文は，山下貴子・山下忠康(2008)「金融商品選択過程におけるマーケティング・コミュニケーション戦略の分析」『ファイナンシャル・プランニング研究』Vol. 7 を元に加筆修正したものである。本稿作成に当たり平成18年度吉田秀雄記念事業財団からの研究助成を受けた。さらに，第5回助成研究吉田秀雄賞（奨励賞），および，2007年9月に日本FP学会より学会賞（優秀論文賞）をいただいた。ここに記して感謝申し上げたい。

（1）　調査の概要は以下の通りである。①調査地域：首都30km圏，②調査対象：満15歳～65歳の一般男女個人，③抽出方法：ランダムロケーション　クォータサンプリング，④調査方法：調査員の訪問による質問紙の留め置き・回収調査，⑤実施期間：調査実施：2006年6月9日～6月25日，⑥回収数：752名。

（2）　知覚リスクの構成要素に関する設問内容は以下の通りで，「そう思う（5）」-「そう思わない（1）」の5点尺度で回答を得た。
　①「商品の品質の不確実性（金融機関）」＝「金融商品の品質は提供する金融機関によってバラツキが大きい。」
　②「サービスの品質の不確実性（金融機関）」＝「金融機関の提供するサービスの品質は金融機関によってバラツキが大きい。」
　③「サービスの品質の不確実性（担当者）」＝「金融機関の提供するサービスの品質は担当者によってバラツキが大きい。」

④「金銭的被害」＝「金融商品の選択を誤ると金銭的に重大な損害を被る。」
　　⑤「身体的被害」＝「金融商品の選択を誤ると身体的に重大な損害を被る。」
（3）　「金融商品の選択に危険はつきものだ」という設問項目に対する回答を知覚リスク水準の指標とした。
（4）　金融商品選択に対する関与や知識に関する設問内容は以下の通り。
　　①「金融商品選択に対する関与の高さ」＝「金融商品の選択に関心を持っている。」
　　②「品質の判断能力の高さ」＝「金融商品の品質を判断する能力を持っている。」
　　③「事前知識の量」＝「金融商品に関する知識を十分に持っている。」
（5）　分散分析の結果もすべて有意であった。雑誌広告　$F=20.609$，$p<0.01$，新聞広告　$F=26.838, p<0.01$，インターネット　$F=38.894, p<0.01$，クチコミ　$F=24.191, p<0.01$，テレビCM　$F=16.716, p<0.01$（いずれも $df=2$）。
（6）　分散分析の結果有意であったものは，商品の品質の不確実性（金融機関）　$F=4.995$, $p<0.01$，サービスの品質の不確実性（金融機関）　$F=9.744, p<0.01$，サービスの品質の不確実性（担当者）　$F=10.642, p<0.01$，身体的被害　$F=3.954, p<0.05$ であった（いずれも $df=2$）。（図3−2）では「身体的被害」は割愛している。
（7）　Cornin & Taylor (1992, 1994), Buttle (1996), Lam & Woo (1997), Coulthard (2004), Smith (1995) など。Brady & Cronin (2001) は，Grönoos (1984), Rust and Oliver (1994), Parasuraman et al. (1985) の成果に立脚したサービス品質の統合モデルを提唱している。
（8）　調査の概要は以下の通りである。①調査地域：全国，②調査対象：満20歳〜80歳の一般男女個人，③抽出方法：クォータサンプリング。『家計調査年報』平成17年度版の世帯主年齢別抽出率にあわせたサンプル構成とした。(『家計調査年報』世帯主年齢別抽出率は 〜29歳　3％，30〜39歳　15％，40〜49歳　19％，50〜59歳　23％，60〜69歳　23％，70歳〜　17％であり，今回実施のクォータサンプリングでのサンプル構成は 〜29歳　4％，30〜39歳　16％，40〜49歳　19％，50〜59歳　23％，60〜69歳　22％，70歳〜　16％)。④調査方法：郵送調査，⑤実施期間：調査実施：2006年12月1日〜12月20日，⑥回収数：500名。
（9）　***$p<0.001$
（10）　「5 非常に満足」「4 やや満足」を「満足群」，「1 非常に不満足」「2 やや不満足」を「不満足群」の2群に分けた。「3 中間」は欠損値として分析から除外した。
（11）　「この商品にリスクや不安を感じたか」という回答に対して「5 全く感じなかった〜1 非常に感じた」という質問に対し，知覚リスクが低いほど数値も小さくなるようにスコアを逆転し計算した。
（12）　個別の金融機関の分類区分の詳細については，山下・山下（2008）を参照されたい。
（13）　「労働金庫」の標本数が1であったため，分析から除外した。
（14）　継続取引意図は「この利用機関を今後も継続したいと思いますか」，再購買意図は「今回と同種の金融商品を導入する場合，現在と同じ金融機関を利用しますか」という質問に対する回答割合で示される。
（15）　正のクチコミと満足度（$\chi^2(2)=3.836$, N.S.），負のクチコミと満足度（$\chi^2(2)=2.036$, N.S.）。
（16）　原文では「全体的に見て，あなたが最近行った預貯金（普通預金や定期預金）に満足

第3章 金融商品選択と品質評価

していますか」とたずね,「5 非常に満足 〜 1 非常に不満足」の5段階尺度で回答を得た。これを「5 非常に満足」「4 やや満足」を「満足群」,「1 非常に不満足」「2 やや不満足」を「0 不満足群」の2群に分けた。「3 中間」は欠損値として分析から除外した。

(17) ここではリスク性商品の購入先を,総合証券,ネット専業証券,都銀・地銀の3つに分類をして分析を行った。郵便局やその他の金融機関は「その他」として分析からはずした。

(18) 20歳代のサンプル数は1であったため分析から除外した。

(19) 第5章を参照されたい。

(20) 正のクチコミと満足度 ($\chi^2(2)=0.934$, $N.S.$),負のクチコミと満足度 ($\chi^2(2)=3.584$, $N.S.$)。

(21) Citibank ホームページ (http://www.citibank.co.jp/invest_mf/howto/i_howto2.html)。

(22) 「金融商品選択への態度・意思決定ルール」の尺度は,山本(2002),田村(2002)によって作成されたものを再構成した。

(23) 各設問の「態度・意思決定ルール」の回答は5点尺度であったが,「1. そう思わない〜2. ややそう思わない」を「0」,「4. ややそう思う〜5. そう思う」を「1」の2値に変換してダミーを作成した。「3. どちらでもない」は欠損値として分析から除外した。

(24) 「金融商品選択不確実性(「金融商品の変化があまりに激しいので,商品選択の際,今までの経験を生かせないことが多い」)($F=2.398$, $p<0.05$)」,「金融機関選択不確実性(「たくさんの金融機関があるので,どこと取引してよいか選択に困ることが多い」)($F=2.261$, $p<0.1$)」。

(25) 「金融商品選択確実性(「金融商品を選択する基準は明確である」)($F=2.3329$, $p<0.1$)」,「金融機関選択確実性(「金融機関を選択する基準は明確である」)($F=2.013$, $p<0.1$)」。

(26) 総務省統計局(2010),「各歳別にみた定年前後の男性の就業率の変化」(http://www.stat.go.jp/data/roudou/tsushin/pdf/no03.pdf)。

(27) 金融広報中央委員会(2010)より,全国平均値。

(28) 電通『日本の広告費』2006年,2009年 (http://www.dentsu.co.jp/marketing/adex/index.html)。

(29) 「テレビ・ラジオの広告($F=2.068$, $p<0.1$)」,「金融商品に関する説明会・フォーラム($F=2.510$, $p<0.05$)」。

(30) 2006年11月20日および23日付けの日本経済新聞に実際に掲載されていた大手銀行(安全資産広告)および大手証券会社(リスク性資産広告)が出稿元である広告を,企業名や広告内容を一部改変して使用した。調査票には「この広告は架空のものであり,実在の金融機関や商品とは一切関係がありません」と但し書きを記載している。

(31) $\chi^2(18)=34.35$, $p<0.01$

第4章 ベイズ型コウホート分析法を用いた家計金融資産選択行動の日米比較

1 日米家計の金融ポートフォリオ比較

本章では，家計の金融商品保有金額と金融資産の選択基準，および金融資産選択について，日本と米国の時系列データを適用してベイズ型コウホート分析を行い，世帯主年齢を元にしたライフステージ要因の影響（年齢効果），時代的な金融環境要因の影響（時代効果），世帯主の属する世代固有の特性要因の差（世代効果）を分離し，家計の金融商品選択行動に対する考察を行う。

日本の家計の金融資産のポートフォリオを見てみると（図4-1），その商品

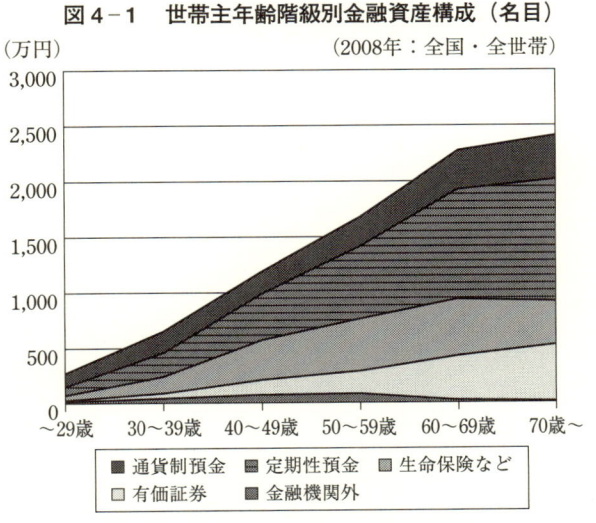

図4-1 世帯主年齢階級別金融資産構成（名目）
(2008年：全国・全世帯)

出所：総務庁統計局『家計調査年報（貯蓄・負債編）』2008年より筆者作成。

構成は世帯主の年齢によって明らかに異なっている。2008年時点で70歳以上の高齢者世帯の貯蓄残高は，世帯主年齢30～39歳の家計の約3.8倍，50～59歳の家計の約1.4倍にもなり，さらに，世帯主年齢が高いほど有価証券などリスク性資産の構成比も大きくなってゆく。『家計調査年報』によると，高齢者世帯（ここでは世帯主年齢60歳以上）の占める割合は全世帯の42.7％となり，これらの高齢者世帯が金融資産の59.7％を占めていることになる。

世帯主年齢階級別の貯蓄額のプロフィールを調査時点ごとに描いてみると（図4-2），すべての年齢階級で1985年の貯蓄額は75年より大きく，さらに95年は85年より大きくなっている。しかし，95年と2008年では2008年の方が年齢に伴う増加額が低く，特に29歳以下と60歳以上の年齢層に差が大きくなっている。時代の変化が全世帯の貯蓄額に影響を及ぼしている可能性がある。また，1985年～2008年時点では，世帯主年齢が50歳以上になると，程度の差はあるものの各々資産の積み増しが加速しているように見えるが，1975年時点で世帯主

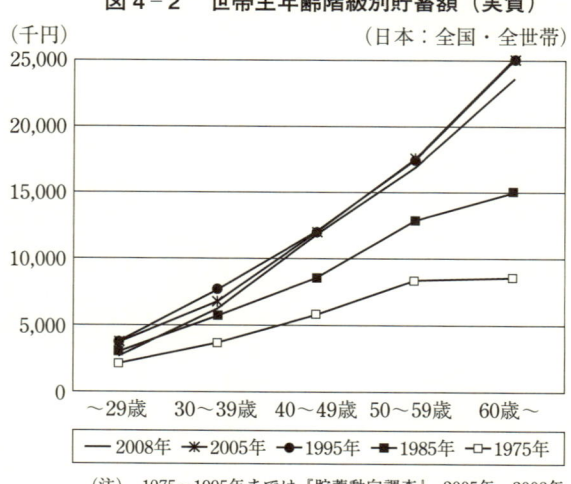

図4-2　世帯主年齢階級別貯蓄額（実質）
（日本：全国・全世帯）

（注）1975～1995年までは『貯蓄動向調査』，2005年，2008年は『家計調査年報』（ともに全国・全世帯）より筆者作成。調査年によって年齢階級が異なるため，加重平均で揃えた。実質化には2000年＝1とした消費者物価指数を使用した。

年齢が50歳以上の世帯についてはそれほど変化が見られない。このことから，調査時点の時勢の影響に加え，同じ年齢であっても出生世代が異なることによって貯蓄行動にも差異が生じていると考えられよう。

貯蓄額が伸びない理由の1つに，賃金の上昇の抑制が考えられる。「平成19年版労働経済の分析」(厚生労働省)[1] では，景気回復局面における経常利益（人員1人あたり）と賃金（1人あたり現金給与総額）の推移の比較を行っているが，2002年から2006年の景気回復局面を全体で見れば，過去の景気回復期に比べて企業収益が賃金への配分につながっておらず，経常利益が伸びていても賃金は減少を続けてきている。恒常的な賃金の抑制要因としては，企業の内部留保に加え非正規雇用者比率の上昇がある。所定内給与の要因分解を見ると，パート比率の上昇が継続的に賃金を押し下げている[2]。

次に，米国の家計の金融商品選択行動と比較することによって日本人の金融資産選択行動の特性を分析してゆく。

家計の資産構成の日米比較を見ると，日本では安全資産である「現金・預

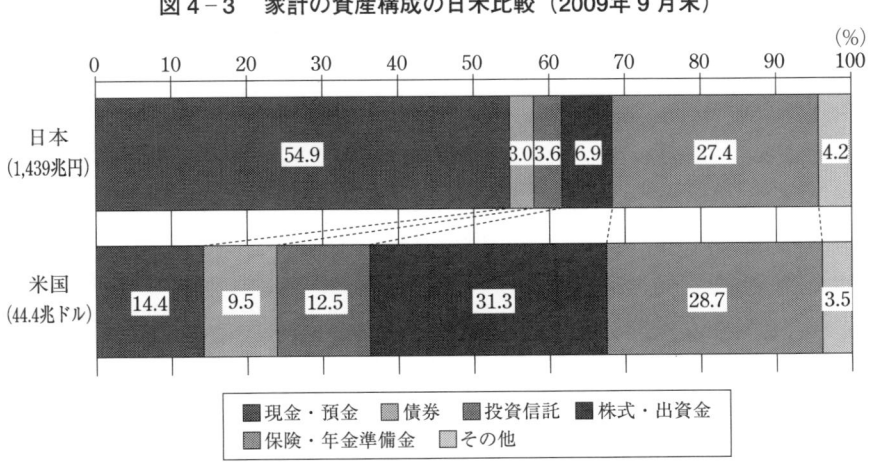

図4-3　家計の資産構成の日米比較（2009年9月末）

	現金・預金	債券	投資信託	株式・出資金	保険・年金準備金	その他
日本 (1,439兆円)	54.9	3.0	3.6	6.9	27.4	4.2
米国 (44.4兆ドル)	14.4	9.5	12.5	31.3	28.7	3.5

(注)　「その他」は金融資産合計から「現金・預金」「債券」「投資信託」「株式・出資金」「保険・年金準備金」を控除した残差。
出所：日本銀行『資金循環の日米比較：2009年3Q』（2009年12月17日）

94　第4章　ベイズ型コウホート分析法を用いた家計金融資産選択行動の日米比較

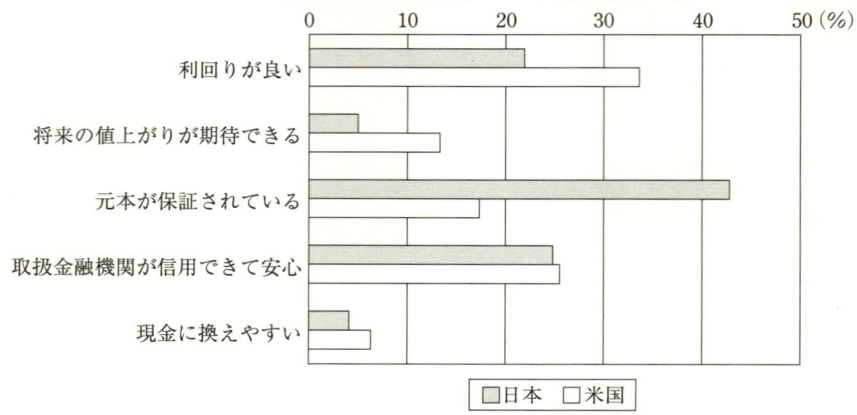

図4-4　貯蓄種類の選択基準の日米比較（2001年）

出所：電通総研「第6回価値観国際比較調査」（2001年度）より筆者作成。

金」（54.9％）が一番多いことに対し，米国ではリスク性資産である「株式・出資金」（31.3％）が一番多い。

　貯蓄種類の選択基準について2001年の比較を見ると，日本では「元本が保証されていること」を重視する割合が高い（日本：42.9％，米国：17.5％）ことに対し，収益性の重視度はそれぞれ「利回りがよい」（日本：22.0％，米国：33.6％），「将来の値上がりを期待」（日本：5.2％，米国：13.5％）と相対的に低く，日本人は米国人に比して安全志向が高いという結果であった[3]。

　米国の世帯主年齢別に金融資産残高を見ると（図4-5），その商品構成は日本と同じく世帯主の年齢階級が上がるにつれ1世帯あたりの金融資産額は大きくなっている。

　世帯主年齢階級別の貯蓄額のプロフィールを調査時点ごとに描いてみると（図4-6），すべての年齢階級で調査年が新しいほど大きくなっている。しかし，98年～2001年では増加額が大きくなっているが，2001年以降の3時点では65～74歳の年齢階級をのぞくと増加幅は小さくなっている。また，いつの時点でも世帯主年齢が75歳以上になると貯蓄の取り崩しが行われている。米国にお

図4-5 世帯主年齢階級別金融資産構成（名目）（米国：2007年）

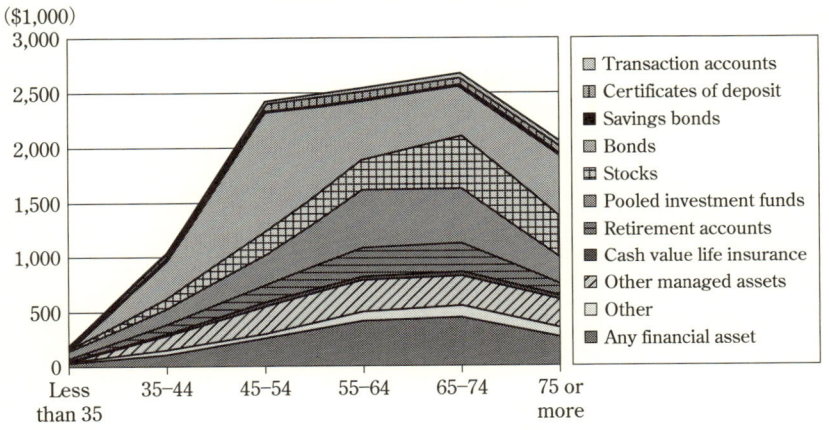

凡例：
- Transaction accounts
- Certificates of deposit
- Savings bonds
- Bonds
- Stocks
- Pooled investment funds
- Retirement accounts
- Cash value life insurance
- Other managed assets
- Other
- Any financial asset

出所：FRB "Survey of Consumer Finances"（2007）より筆者作成。

図4-6 世帯主年齢階級別貯蓄額（Mean）（実質）（米国）

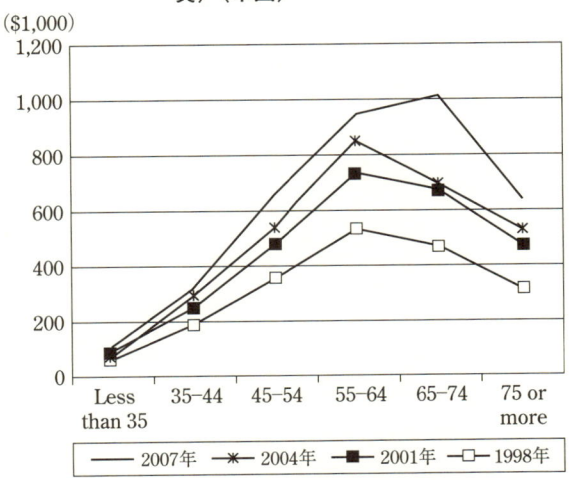

凡例：2007年　2004年　2001年　1998年

出所：U. S. Census Bureau "The 2010 Statistical Abstract"（2007）[4]より筆者作成。

いても，日本と同様，調査時点の時勢の影響に加え，同じ年齢であっても出生世代が異なることによって貯蓄行動にも差異が生じると考えられる。

2 貯蓄目的や動機・ニーズ

世帯主の年齢によって金融資産保有のパターンが異なる理由として，金融資産保有（貯蓄）の目的や動機，ニーズがそれぞれの家計の時点によって異なっていることが挙げられる。

家計や個人による貯蓄と消費の配分についての意思決定理論は，Keynes (1936) に端を発している。Keynes は「絶対所得仮説（Absolute income hypothesis）」をとなえ，当期の消費は当期の所得によって決定するとした。しかし日本の伝統的な雇用慣行であった「年功序列」による確実な昇給や，好業績によって増加が期待される「賞与」など将来の所得の増加を期待して消費を増やす，あるいは逆に，将来の不確実性を考慮して消費を押さえて貯蓄を増やす，という現実の現象を説明することが難しく，また，当期に個々の家計が所有している金融資産額も，消費と貯蓄の決定には考慮する必要がある（ホリオカ他，1996）。その後多くの消費関数の理論が構築され，その代表が，恒常所得仮説 (Friedman, 1958)，相対所得仮説 (Duesenberry, 1949)，ライフサイクル仮説 (Ando and Modigliani, 1963) などである。相対所得仮説では，個々の消費者の消費水準や消費行動はその消費者の絶対所得ではなく相対所得によって規定されるとしている。このような仮説は，従来からの「選好の独立性」，「時間的不可逆性」，「選好の不変性」，「現在所得」という消費関数の前提を転換させ，「選好の可変性」，「空間的相互依存性」，「選好の時間的不可逆性」[5] などの新たな仮定を導入するものであった。消費者の自らの消費水準や消費者行動は他人のそれと相互依存関係が認められ，そこでは「デモンストレーション効果」[6] が作用することを主張した。恒常所得仮説（Permanent income hypothesis）では，Keynes と対照的に，所得を「恒常所得（Permanent income）」と「変動所得（Transitory income）」に分け，個人の消費決定が変動所得部分を含

む現在の所得に依存してなされるのではなく、むしろ将来の自己の所得獲得能力をも考慮した恒常所得の水準に支配されるという立場をとる。ライフサイクル仮説は、個人の消費行動は今期の所得によって決められるというより、その個人の生涯所得の大きさによって決められるとするものである。将来の予想所得を正確に計算することは困難であるが、Modiglianiらは、人々が将来所得の予想を立てる際には現在の所得を参考にするものと考えた。消費者は生涯消費が生涯所得を上回らないよう「生涯予算制約（Life‐time budget constraint)」の下に生涯効用（満足度）が最大になるような消費を求める。「当期の所得以外にも当期の消費に影響を与える要因が存在する」という点でより現実に則した理論であるといえる。この仮説によると勤労者時代に貯蓄を行い、定年退職後のある時点から年金所得を上回る消費行動をとる。わが国では、年功序列賃金体系と終身雇用制度が確立している時代に就職できた世代（1970年代出生以前）は生涯の賃金プロフィールの予測ができ支出水準を決定することができたが、図4‐2で示したように、若い世代ほど生涯にわたる賃金プロフィール予想が難しく、年金給付の水準も不確実性が高くなっている。

　ホリオカ他（1996）は、消費理論に関する既存研究をふまえ、貯蓄目的を以下の3つに大別している。
(1) ライフサイクル目的
　各自の生涯の中における収入と支出の間のタイミングのズレに対応するための貯蓄を指す。耐久消費財購入資金、結婚資金、住宅資金、老後の生活資金、子供の教育資金、結婚資金に備えるための貯蓄が含まれる。
(2) 予備的動機
　病気、事故、災害、失業、予想以上の長寿など不時の出費に備えるための貯蓄を指す。経済学分野の代表的な理論であるライフサイクル仮説や恒常所得仮説においては、家計は現役時代に蓄えを残して引退後にそれを取り崩し、生涯の消費水準を平準化するというような消費・貯蓄パターンを選択するというように特徴づけられている。米国の家計資産はこの理論に沿って、晩年には資産をとりくずしている。

(3) 遺産動機

子供などに生前贈与や遺産のための貯蓄を指す。

総務省郵政研究所が1996年に行った『貯蓄に関する日米比較調査』によると，貯蓄目的の上位3つは日米共通であったが，遺産動機については米国の方が高い（米国人の45.9％が遺産を残すための努力をするつもりであるのに対し，この割合は日本では25.7％）。主たる相続財産は，日本は住宅用の土地建物を残したいと答えた割合が85％であり，米国では金融資産を残したいと考えている割合が88％であった[7]。これらの解釈について蟹江（1998）は，日米間の住宅（土地）の位置づけの違い，特に住宅流通市場の違いによるところが大きいとした。ホリオカ他（2002）は，家計行動に関する3つの理論（①ライフ・サイクル・モデル，②利他主義モデル，③王朝モデル）[8]をもとに，日本では遺産動機が絶対的にも米国に比しても弱く遺産の大半は死亡時期の不確実性からくる意図せざる遺産であるか，老後における子の世話・介護や子からの経済援助に対する見返りであることを示した。日本では暗黙的契約として，土地や住宅を遺産として子供に残す代わりに死亡するまで子に面倒を見てもらうという，利己主義による「交換動機（Exchange motive）」が存在していた。死亡するまで自分の家に住みたい消費者は，金融機関とではなく，自分の子と暗黙の「リバース・モーゲージ（Reverse mortgage）」を組む。また，親の遺産動機・遺産の配分法は子の同居・介護・援助行動に影響し，親と同様，子も利己的であるということを示唆した。

米国では20歳代の若者世帯でさえ遺産動機が強い（米国の20歳代世帯：13.7％，

表4-1　残したい資産の日米比較（1996年調査）

（単位：％）

		日　本	米　国
1	住宅用土地	85	17
2	住宅用建物	59	17
3	金融資産	24	88

出所：郵政省郵政研究所『貯蓄に関する日米比較調査』1997年。

日本の20代世帯：2.7%)。若者層においては「利他的遺産動機が強いと額面通りには受け取りにくく，純粋に子供のためを思う気持ちの現れと言うよりは，一財産を残そうという若者特有の進取の気性の現れとみるほうが自然」である（蟹江，*ibid*.）。このことは20歳代の家計が独立自営資金を目的とする貯蓄を保有していた（米国の20歳代世帯：11.0%，日本の20代世帯： 0 %））ことからも裏づけられる。

　日本と米国の家計の貯蓄目的について時系列で比較すると（図4-7），日本では「病気や災害への備え」，「老後の生活資金」が上位を占め「子供の教育資金」，「特に目的はないが貯蓄していれば安心」といった動機が続いている。

　1990年と2009年を比較すると，「病気や不時の災害への備え」を挙げる世帯の割合は，1990年には全体の74.3%であったのが2009年には69.3%に減少している。世帯主年齢別に見てみると，世帯主年齢が50歳代の家計で「病気や不時の災害への備え」を挙げた世帯の割合が1990年には77.0%あったものが，2009年には66.9%と下がっている。若年世帯でも，20歳代家計で72.7%（1990年）から47.8%（2009年），30歳代の家計で69.1%（1990年）から52.9%（2009年）に大幅に下がっている。2000年からの介護保険のスタートによる一定の保障制度や，後述する外資系生保の掛け捨て型の安価な医療保険の拡大が「病気」等の備えへの減少理由として考えられる。さらに，「子供の教育資金」「子供の結婚資金」は，1990年にはそれぞれ全体の40.0%，17.3%であったのが2009年にはそれぞれ30.2%，7.2%と，10%も減少している。

　一方で「老後の生活資金」を挙げる世帯の割合は1990年では全体の52.4%であったが，2009年は61.6%に増加している。世帯主年齢が60歳代と70歳代以上の家計に注目すると，この「老後の生活資金」を挙げた世帯の割合は1990年にはそれぞれ73.5%，65.0%であったものが，2009年には80.7%と74.7%に上昇している。公的年金の不祥事や社会保障費の負担増が連日報道されていたことや，平均寿命の伸びにより長寿のリスク（長寿による生活費の増大）にさらされていること等による不確実性の回避行動が，安心目的の貯蓄行動に表れていると考えられる。このように，時代背景の変化による貯蓄目的変化も金融商品の選択

図4-7 日本家計の貯蓄目的（マルチプル・アンサー（3つまで））

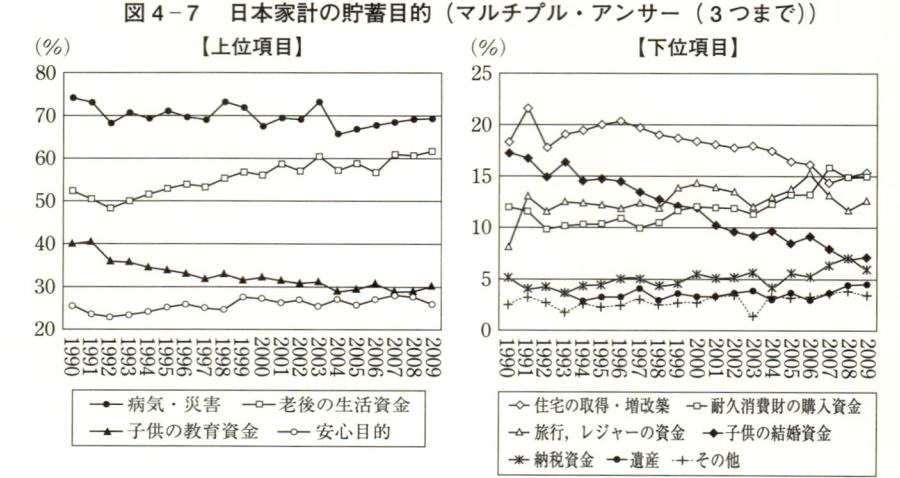

【上位項目】
- 病気・災害
- 老後の生活資金
- 子供の教育資金
- 安心目的

【下位項目】
- 住宅の取得・増改築
- 耐久消費財の購入資金
- 旅行、レジャーの資金
- 子供の結婚資金
- 納税資金
- 遺産
- その他

出所：金融広報中央委員会『家計の金融資産に関する世論調査』
(http://www.saveinfo.or.jp/down/per2005/pe05menu.html) より筆者作成。

基準に少なからず影響を与えると予測できる。

　米国家計の貯蓄目的では「Retirement（老後の備え）」、「Liquidity（流動資金）」がともに3割を超えており、日本と同様に(1)のライフサイクル目的と、(2)予備的動機への相対的重要度が高い。

　Devaney et al.（2007）は、貯蓄動機について"Survey of Consumer Finance"(2001)の個票をマズローの欲求階層段階説に基づいて分析している。貯蓄のない段階（No savings）を一番低い動機段階とし、生理的欲求（Basic needs）→安全欲求（Safety）→所属と愛情欲求（Love / Societal）→承認と贅沢品の欲求（Esteem / Luxuries）→自己実現の欲求（Self-actualization）と上位の動機に遷移していく基準となる家計の属性について実証した結果、貯蓄動機の遷移には、世帯主の年齢、家族人員数の増減、将来計画の長さが関係することを実証している。

　次に、貯蓄率について2009年11月発表のOECD "Economic Outlook" の数字で見ると、1990年代のはじめには15％あった日本の家計部門の貯蓄率は2008

2 貯蓄目的や動機・ニーズ　101

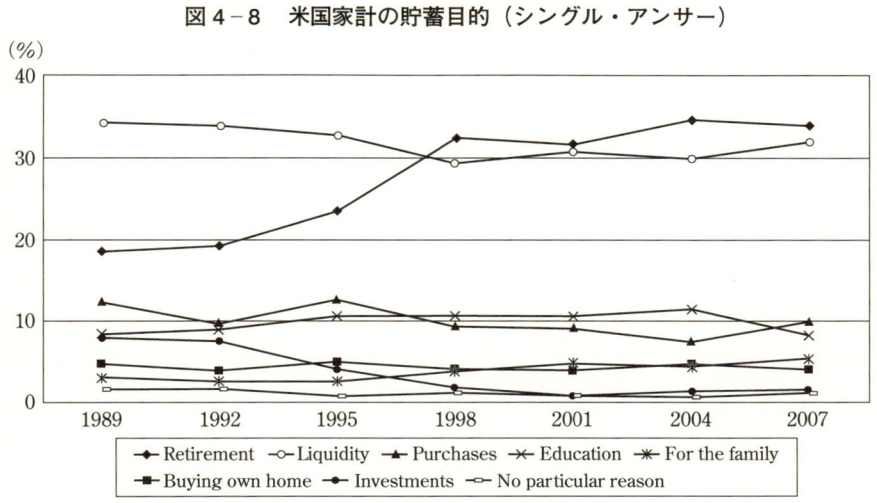

図4-8　米国家計の貯蓄目的（シングル・アンサー）

凡例：
- Retirement
- Liquidity
- Purchases
- Education
- For the family
- Buying own home
- Investments
- No particular reason

出所：FRB "Survey of Consumer Finances"（2007）より筆者作成。

図4-9　家計貯蓄率推移の国際比較

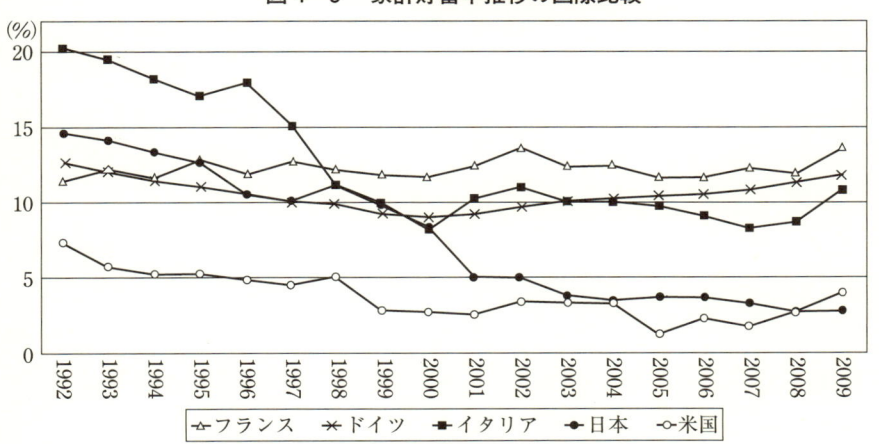

凡例：フランス　ドイツ　イタリア　日本　米国

出所：OECD "Economic Outlook No. 86"（November 2009）より筆者作成。

年には3％を割り込み，2009年の数値では日米の貯蓄率が逆転している。

他の主要先進国と比較しても，1992年の日本の貯蓄率はイタリア（20.2％）に次いで2位（14.6％）であったものが，2009年にはフランス（13.5％），ドイツ（11.7％），イタリア（10.7％）よりも低く，従来からいわれていたような「日本人は貯蓄好き」であるという通説は実態から乖離してきている。

間々田（1992）は「貯蓄に関する世論調査」（貯蓄広報中央委員会）の時系列的変化を分析し，貯蓄態度を文化・伝統という文脈から見ると過去日本人には「勤倹貯蓄思想」が根をおろしていたようにいわれているが，何かあらゆる不利な条件をはねのけて貯蓄率を高く保つような要因は見あたらず，それほど固定的なものではない，と指摘している。このような貯蓄率低下の要因としては，一般に，高齢化や給与水準低下による消費性向の上昇などが考えられる。土肥原他（2006）は，国民経済計算の家計貯蓄率の低下要因について分析を行い，「個人消費の上方改定，雇用者報酬の下方改定に加え，高齢化の進展によるところが大きく，引き続く高齢化が趨勢的な低下要因となることが予想される」とした。ホリオカ（2008）も，2000年以降の貯蓄率の低下原因について①人口の急速な高齢化（1970年代は老齢化人口がOECD加盟国中最下位であったものが2000年には3位になった），②社会保障制度の充実（1973年の老齢年金制度の充実，2000年の介護保険の導入），その他3つの理由を挙げて説明した。①に関して，『家計調査年報』による高齢者世帯（4分類）の「黒字率」[9]の推移の中の「世帯主が60歳以上の世帯（勤労世帯）」と「世帯主が60歳以上の世帯（無職世帯）」の2つを比較すると，勤労世帯は黒字率が高い一方，無職世帯は貯蓄の取り崩しが拡がっている。ただし勤労世帯も2000年の黒字率が18.4％であったものが2008年には9.0％と下がっており，今後も高齢化が進行するにつれ貯蓄率が下がると予測できる（図4-10）。

しかし②について社会保障制度と貯蓄率の関係を見ると，内閣府「社会保障制度に関する特別世論調査」（2008）より社会保障制度に「満足」と回答した割合は20.3％しかなく，一方「不満」の割合は75.7％であった[10]。内閣府の「年次経済財政報告」（2009）[11]では，「年金に対する信頼感が高い国ほど高齢

図 4-10　高齢者の貯蓄率（黒字率）

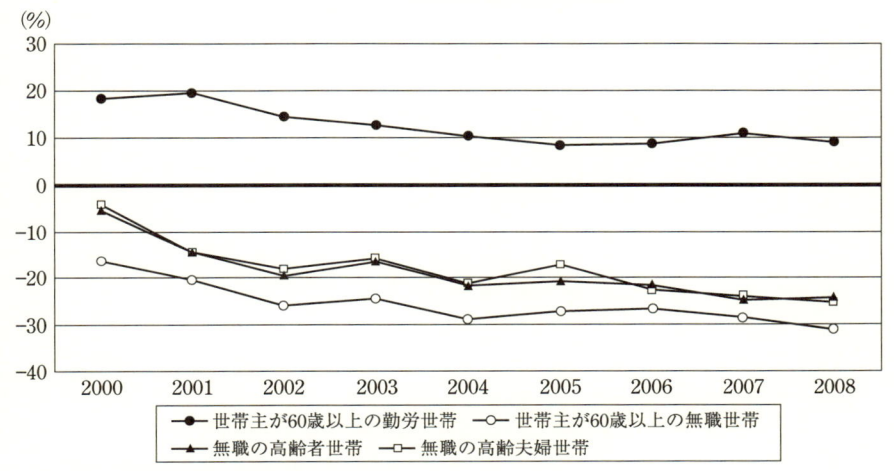

凡例：
- ●　世帯主が60歳以上の勤労世帯
- ○　世帯主が60歳以上の無職世帯
- ▲　無職の高齢者世帯
- □　無職の高齢夫婦世帯

出所：総務省統計局『家計調査年報』（各年）。

化要因調整後の貯蓄率が低い」という関係が示されている。フィンランド，デンマーク，オランダなどの国は年金への信頼が高く貯蓄率が低い関係にあり，ドイツ，フランス，イタリアなどの国は年金への信頼が低く貯蓄率が高い関係にある。ドイツは社会保障制度が手厚いにもかかわらず貯蓄率が高いが，同分析結果から年金への信頼感が低いことに原因を求めている。この分析には日本は含まれていないが，年金への信頼感が低いにもかかわらず貯蓄率も低いという特異な状況にあることがわかる。

　日本と米国の金融商品選択行動に違いをもたらす要因については，背景となる金融制度の規制緩和の程度や景気動向の差異，将来不安の程度などの時代的背景，ライフサイクルのずれなど世帯主の年齢要因の違い，消費や貯蓄に対する考え方の世代間の主観的な差異などが挙げられる。米国でもベビーブーマー世代の退職がマクロ経済に与える影響が懸念されているが，両国の高齢化率（65歳以上人口）を比較すると米国の方が10％以上低く，両国の高齢化の影響の程度には差があると予測できる。

表4-2 人口統計の日米比較

	日本		米国	
人口	1億2,747万人	2010年	2億9,911万人	2008年
老年人口比率	22.8%（65歳以上）	2010年	12.3%（65歳以上）	2008年
若年人口比率	18.1%（19歳以下）	2010年	27.5%（19歳以下）	2008年
平均寿命	男性 79.3歳	2008年	男性 75.1歳	2006年
	女性 86.1歳		女性 80.2歳	
初婚年齢	男性 30.2歳	2008年	男性 28.1歳	2009年
	女性 28.5歳	（平均値）	女性 25.9歳	（中央値）
合計特殊出生率	1.37	2008年	2.12	2008年

出所：厚生労働省「平成20年人口動態統計」，「平成20年簡易生命表」，「平成21年人口動態統計の年間推計」，国立社会保障・人口問題研究所「人口統計資料集（2009）」，"Statistical Abstract of the United States", "U. S. Census Bureau", "Current Population Survey", "Annual Social and Economic Supplements," より筆者作成。

3 ベイズ型コウホート分析の適用

　金融商品の選択に限らず消費者行動を分析する場合に，時代のトレンドの影響に加え，その行動がある年齢に固有のものなのか，特定の世代に固有のものなのかを区別して考える必要がある。なぜなら，年齢に固有の消費行動であるならば，加齢によって個々の消費者の行動は変化するが，その影響は少子高齢化などの人口構成の変化を通じて間接的に及ぶだけだからである。一方，世代によって雇用環境・生涯所得や貯蓄行動に差があるとするなら，団塊の世代のようにボリュームのある世代の高齢化や平均寿命の伸びは貯蓄や消費の構造をダイナミックに変化させ，世代交代によって社会全体が変化してゆくことになる。加齢による変化や世代による違いも将来にわたって不変のものとはいえず，社会全体の動きにより変わっていくことが十分考えられる。典型的な例は晩婚化の影響で，各ライフステージが時代とともに緩やかに高年齢へシフトしていくことにより年齢効果も緩やかに変化しているはずである。こうした年齢と時

代あるいは世代と時代の交互作用についても，今後考察してゆく必要がある。

　本章では中村（1982，1986，2005）によるベイズ型コウホートモデルを用いて家計の金融商品保有金額および金融商品選択基準について分析した。コウホート分析では複数時点の継続的調査の結果をコウホート（世代）という視点で有機的に結びつけ，家計の世帯主年齢・世代，調査時点の時代という3つの要因による効果を分離し，それぞれの要因が金融資産選択や金融資産種類への選好の変化（マインドの変化）に及ぼす影響の大きさを比較，考察することを可能にする[12]。時系列データの同一年齢階級の異時点比較，同一時点での年齢階級比較，同一コウホート（世代）の経時比較では，年齢・時代・世代の単独の影響を取り出すことはできない。それぞれ加齢・世代・時勢の3つの影響要因を区別する必要がある。これらの要因の影響の大きさをとらえたものがそれぞれ年齢効果，世代効果，時代効果である。3要因の影響の大きさを示す対応する効果の変動幅のみならず，変動のプロフィールをも考察することにより，金融商品市場動向の予測にある程度適用できる。

3-1　使用データ

①日本の家計の金融商品保有金額に関する分析

　1970年から2000年までの31年間は総務庁『貯蓄動向調査』，2001年から2008年の8年間は総務省『家計調査年報（貯蓄・負債編）』の全国全世帯の世帯主年齢階級別金融資産残高のデータを用いた。データの制約について，2000年まで刊行された『貯蓄動向調査』では，毎年末時点の貯蓄および負債について公表されてきたが，2002年より『家計調査年報（貯蓄・負債編）』と統合された。『家計調査年報』の年平均結果は各年の1～12月に家計調査の調査対象となった世帯の貯蓄・負債額の平均額であり，『貯蓄動向調査』は各年の年末時点の調査結果である。さらに，本分析で使用した2001年のデータは，『家計調査年報』の2002年1月調査分（2002年1月1日時点）のデータを用いている。また，2001年，2002年のデータには農林漁業家を含む全国全世帯対象のデータであり，それ以外の年は農林漁業家を含まないデータを用いている。このような制約か

ら厳密な時系列比較はできないが，コウホート分析には長期間の年齢階級別時系列データを必要とするため，本データを継続データとみなして使用することとした。インフレの代理変数として各年の消費者物価指数をとり，各金融商品別の現在高をこれによりデフレートした。

②日本の金融商品の選択基準に関する分析

1985年から2009年までの金融広報中央委員会『家計の金融資産に関する世論調査』[13]の「金融商品の選択の際にもっとも重視していること」という設問（シングル・アンサー）の各選択肢について，世帯主年齢別回答割合の時系列データを用いた。

③金融資産種類別保有額および保有率の日米比較

"Survey of Consumer Finance"（米国）の1989，1992，1995，1998，2001，2004，2007年の3年毎7時点における調査データを用いた。世帯主の年齢階級は，日本の区分と異なり＜35，35-44，45-54，55-64，65-74の5階級になっている。分析項目は，金融資産種類別の保有率（ベイズ型ロジット・コウホートモデルを適用）および，保有金額（平均）（ベイズ型正規コウホートモデルを適用）である。保有金額については2007年ドルに平準化済みのデータを用い，分析結果を前項で分析した日本の結果のプロファイルと比較した。

4　日米家計の金融資産選択行動

分析の結果得られた金融資産種類別の時代・年齢・世代効果の推定値の変動幅（レンジ＝最大値マイナス最小値）を整理すると表4-3のようになる。3効果の中でどの効果が大きいかあるいは小さいかの見当をつけることができる。

4-1　日本の家計の金融商品保有金額に関する分析

①時代効果・年齢効果・世代効果とリスク性資産

　図4-11，図4-12は，「株式・株式投資信託」「債券・公社債投資信託」の分析結果で，左から順に「時代効果（PERIOD）」，「年齢効果（AGE）」，「世代効果（COHORT）」の3効果のパラメータの推定値を示している。

　年齢，世代，時代の3つの効果の変化の幅（Range）を比較すると，「株式・株式投資信託」（図4-11），「債券・公社債投資信託」といったリスク性資産は，時代効果と年齢効果，世代効果の3効果すべてが大きい。リスク性金融商品の選択については年齢や時代のトレンドの影響のみならず，世代固有の性質も金融商品選択行動には強く作用しているということになる。「株式・株式投資信託」の時代効果は1986年以降，89年あたりをピークに尖った山型のプロフィールを示している。

　新美（1995）の分類に従い家計金融資産の平均シェアを見ると（図4-13），株式や株式投資信託などの中流動・高リスク資産のシェアはバブル絶頂期の1989年の21.8％をピークに経済状況の悪化とともに低下し，2001年には最低の5.5％となった。その後，景気回復局面に入ったといわれる2003年以降には株式や株式投資信託のシェアは上昇に転じ2008年では10.4％に上昇している。もともと70年代の初頭には家計のリスク性金融商品保有が15％程度見られ，80年代後半のバブル期を除いた時期と比較すると，高水準であるといえる。家計は元から株式投資に対する選好が弱かったわけではなく，高度成長期から80年代にかけて，家計が有価証券・株式から預金・生保に資産選択をシフトさせた何らかの要因があったと考えることができよう。

　星・カシャップ（2006）は，戦前の日本の金融システムは株式や債券などの証券市場が中心であり，戦時体制における指定金融機関制度によって銀行中心へのシステム転換が行われたと指摘した。1900年～1931年の戦前期のほとんどの期間で家計金融資産総額の中で証券が半分以上占めていたが，1930年代は証券市場が規制下に置かれ，証券形態での家計の金融資産保有割合は，1931年の

108　第4章　ベイズ型コウホート分析法を用いた家計金融資産選択行動の日米比較

表4-3　日本の金融資産種類別残高のコウホート分析結果

分析項目	GRAND MEAN	PERIOD			AGE			COHORT		
		Min	Max	Range	Min	Max	Range	Min	Max	Range
世帯人員数（人）	1.7953	-0.0110 2002	0.0126 1985	0.0236	-0.3530 70-79	0.2169 40-44	0.5699	-0.1191 1964-1968	0.3443 1904-1908	0.4634
有業世帯人員数（人）	1.5178	-0.0454 2004	0.0492 1992	0.0946	-0.7800 70-79	0.5391 50-54	1.3191	-0.1748 1924-1928	0.6129 1904-1908	0.7877
持ち家率（％）	0.6402	-0.1706 1995	0.3434 2008	0.5140	-2.2768 70-79	1.4325 70-79	3.7094	-0.3686 1914-1918	0.1963 1939-1943	0.5648
年間収入（100万円）	1.7953	-0.3330 1970	0.1545 1992	0.4876	-0.4743 20-24	0.3321 50-54	0.8063	-0.0832 1914-1918	0.1307 1984-1988	0.2139
貯蓄（100万円）	2.1278	-0.5180 1970	0.3369 2000	0.8549	-1.0744 20-24	0.7889 70-79	1.8633	-0.2531 1889-1893	0.0633 1944-1948	0.3164
金融機関（100万円）	2.0871	-0.5259 1970	0.3402 2000	0.8662	-1.0800 20-24	0.8228 70-79	1.9028	-0.2444 1889-1893	0.0691 1944-1948	0.3135
通貨性預金（10万円）	2.2783	-0.4059 1983	0.9190 2007	1.3249	-0.4772 20-24	0.4768 70-79	0.9540	-0.1645 1959-1963	0.1378 1924-1928	0.3023
銀行（10万円）	1.7630	-0.5011 1983	1.1363 2007	1.6374	-0.4543 20-24	0.4811 70-79	0.9355	-0.1166 1959-1963	0.1707 1889-1893	0.2873
郵便局（10万円）	0.5968	-0.4929 1980	1.2982 2007	1.7911	-0.3910 20-24	0.5961 70-79	0.9871	-0.3117 1984-1988	0.3635 1914-1918	0.6751
定期性預金（10万円）	3.6275	-0.6019 1970	0.3680 2000	0.9699	-0.9311 20-24	0.8848 70-79	1.8159	-0.3599 1889-1893	0.1245 1929-1933	0.4845
銀行（10万円）	2.9117	-0.5459 1970	0.5502 2001	1.0961	-0.7990 20-24	0.8510 70-79	1.6500	-0.3565 1984-1988	0.1506 1929-1933	0.5071
郵便局（10万円）	2.3842	-1.0287 1970	0.6411 2002	1.6699	-0.9166 20-24	0.8429 70-79	1.7595	-0.3653 1889-1893	0.1607 1924-1928	0.5261
生命保険（10万円）	3.0015	-0.5934 1975	0.5474 2001	1.1408	-1.1124 20-24	0.6745 60-64	1.7869	-0.4491 1889-1893	0.1430 1959-1963	0.5921
有価証券（10万円）	2.5474	-0.5415 1975	0.8093 1989	1.3508	-0.8101 20-24	0.8790 70-79	1.6891	-0.5028 1984-1988	0.5299 1919-1923	1.0327
株式・株式投資信託（10万円）	2.0312	-0.6873 1975	1.1081 1989	1.7954	-0.6920 20-24	0.7254 65-69	1.4174	-0.6532 1984-1988	0.6561 1919-1923	1.3093
債券・公社債投資信託（10万円）	1.1444	-1.1094 1970	1.0735 2008	2.1828	-0.2749 20-24	0.3694 65-69	0.6443	-1.5076 1984-1988	1.0668 1919-1923	2.5744
貸付信託・金銭信託（10万円）	1.0845	-0.6361 2007	0.6337 1991	1.2698	-0.4206 25-29	0.4946 60-64	0.9151	-0.7322 1984-1988	0.7566 1889-1893	1.4888
金融機関外（10万円）	1.1491	-0.2018 1982	0.2380 2005	0.4398	-0.6570 70-79	0.4937 55-59	1.1507	-0.6527 1889-1893	0.3768 1964-1968	1.0296

4 日米家計の金融資産選択行動　109

負債（10万円）		3.2227	−0.9318 1970	0.5655 1999	1.4973	−1.2187 20−24	0.6386 40−44	1.8673	−0.2675 1914−1918	0.8289 1984−1988	1.0963
	月賦・年賦（10万円）	−0.0847	−0.5953 1978	0.6634 1991	1.2587	−0.3367 65−69	0.7226 20−24	1.0593	−0.4560 1889−1893	0.4708 1969−1973	0.9268
住宅・土地のための負債（10万円）		3.0070	−1.2361 1970	0.7182 2004	1.9542	−1.1491 70−79	0.7038 40−44	1.8529	−0.1248 1934−1938	0.4903 1984−1988	0.6152
収益性（%） (1985−2008)	利回りがよい（%）	−1.3265	−0.5562 2004	0.6731 1986	1.2293	−0.0500 50−59	0.0779 30−39	0.1279	−0.4457 1914−1918	0.2208 1959−1963	0.6665
		−1.5101	−0.7558 2004	0.7696 1985	1.5254			n.s.	−0.6459 1914−1918	0.3191 1954−1958	0.9650
	将来の値上がり期待（%）	−3.6587	−0.7062 1994	0.3879 2004	1.0941			n.s.	−0.1860 1954−1958	0.1751 1934−1938	0.3612
安全性（%） (1985−2008)		−0.1730	−0.3789 1984	0.3636 1999	0.7425	−0.1720 20−29	0.0967 50−59	0.2687	−0.3670 1984−1988	0.2472 1914−1918	0.6142
	元本が保証（%）	1.1741	−1.1137 1984	0.6181 2003	1.7319	−0.4040 20−29	0.1813 60−69	0.5853	−0.1745 1984−1988	0.1968 1919−1923	0.3712
	取扱金融機関が信用できて安心（%）	−1.3301	−0.3331 2005	0.3932 1984	0.7264	−0.0218 70−79	0.0338 50−59	0.0556	−0.1188 1944−1948	0.0724 1914−1918	0.1912
流動性（%） (1985−2008)	現金に換えやすい（%）	−1.0027	−0.3031 1986	0.1919 1997	0.4950	−0.0417 30−39	0.0664 20−29	0.1080	−0.1471 1964−1968	0.2653 1984−1988	0.4124
		−2.8682	−0.1787 1993	0.2128 1983	0.3915			n.s.	−0.2288 1969−1973	0.1472 1944−1948	0.3760
	預け入れや引き出しが自由にできる（%）	−1.3044	−0.4217 1986	0.2326 1997	0.6543	−0.0545 40−49	0.0922 20−29	0.1468	−0.1548 1924−1928	0.2314 1984−1988	0.3862

（注1）Renge はそれぞれ時代、年齢、コウホートの各効果の変動幅（最大値−最小値）。
（注2）アミカケ部分は3効果のうち、最も変動幅の大きい（影響の強い）ものを示す。
（注3）上段：パラメータの Min（最小値）および Max（最大値）、下段：当該パラメータを示した暦年、世帯主年齢、コウホート。

図 4-11 「株式・株式投資信託」

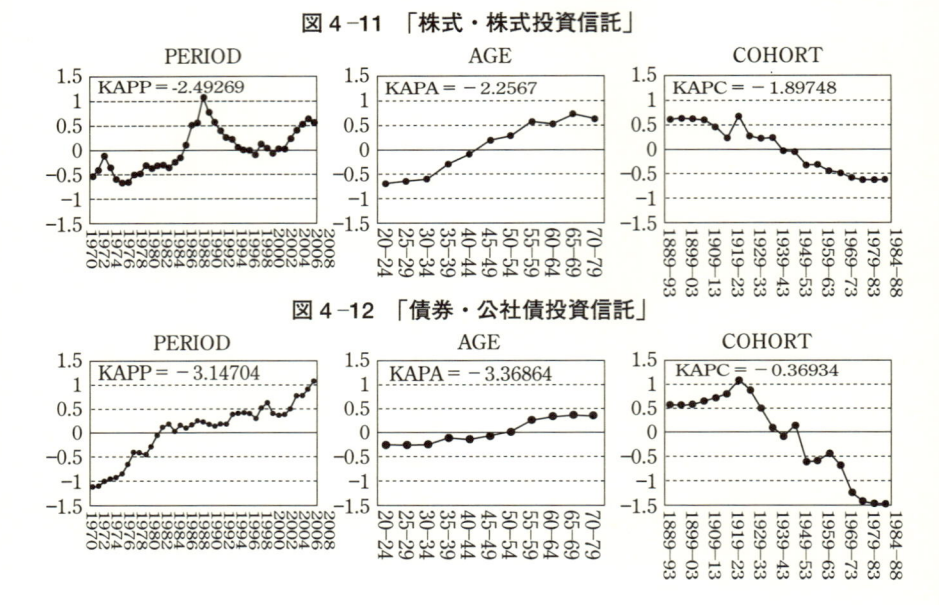

PERIOD　KAPP = -2.49269
AGE　KAPA = -2.2567
COHORT　KAPC = -1.89748

図 4-12 「債券・公社債投資信託」

PERIOD　KAPP = -3.14704
AGE　KAPA = -3.36864
COHORT　KAPC = -0.36934

47.8%から45年の9.9%まで下落した。1949年の証券取引所再開とともに証券保有の割合は20%近くまで回復したが，戦後も銀行中心のシステムが続き証券市場を抑止する規制の下，銀行が家計金融資産のチャネルを独占し預金割合は50年代を通じて60%を超えるようになった，とした。

中川・片桐 (1999) は，資産収益環境を元に家計貯蓄残高シェアの変化について説明している。株式投資収益率と預金金利の推移から（図 4-14），「50～60年代は，日本経済が高度経済成長を実現する中で株価が上昇する（高いキャピタルゲインが実現する）とともに，配当利回りも 5～10%と高水準にあった一方，預金金利は 4%程度で推移しており，株式投資が相対的に有利な環境にあった。バブル期は，預金金利が低位に推移する一方，株価は急上昇したことが，株式投資の優位性を高めた。しかし90年代入り後は，株式市場が低迷を続け，かつ，投資収益率がゼロを挟んでボラタイルな動きとなる（株式投資のハイ・リスク色が強まる）中，株式投資が相対的に不利となる時期が多く見られるようになった」としている。

図4-13 日本の家計貯蓄残高シェア

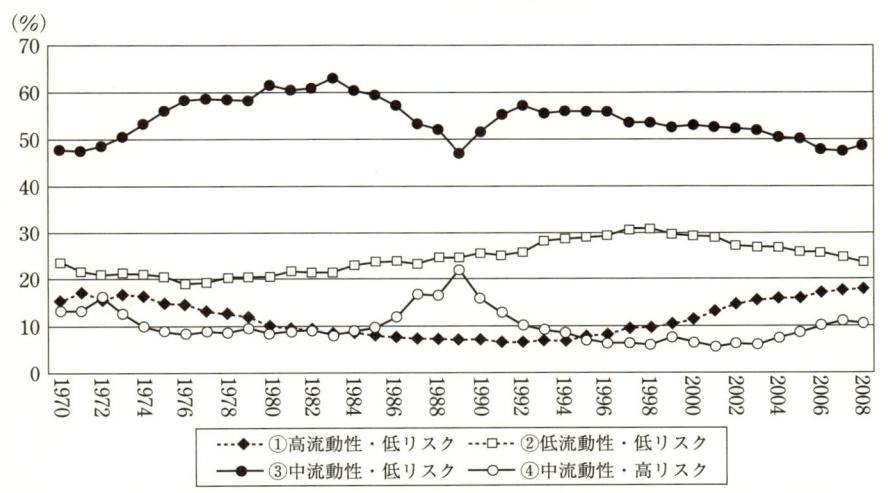

出所：2000年までは『貯蓄動向調査』の年末時点での残高，2001年は『家計調査』の2002年1月の平均データ，2002～2008年は『家計調査』の年平均残高より筆者作成。①高流動性・低リスク資産＝通貨性預貯金，②低流動性・低リスク資産＝生命保険等（簡易保険，生命保険，損害保険）。③中流動性・低リスク資産＝定期性預金，債券，公社債投信，貸付・金銭信託，④中流動性・高リスク資産＝株式，株式投資信託。

　しかし，ピーク時のシェアについては，株価の値上がりによる運用増の部分も含んでいるため，必ずしも家計のリスク選好度の高まりを反映したものではないことに注意しなければならない。中川・片桐（*ibid.*）によると，「貯蓄動向調査」の各金融商品別保有世帯割合の推移を見ると，85～89年は以前の時期と比べても新たにリスク資産を保有した家計の割合はそれほど多くなく，株式および株式投信の1世帯あたり保有残高と純増額（フロー）の関係をあわせてみると，バブル期に家計のリスク資産の保有割合が高まったのは，以前から保有していたリスク資産（例：従業員持株会等の形で保有していた株式）の時価が上昇した結果であり，数量が大きく増えた（家計のリスク資産投資が広範化した）ためであるとはいいがたい，と指摘している。

　この点について，1999年に『貯蓄動向調査』が『家計調査年報』に統合されて以降，金融資産の世帯保有割合についてのデータが得られなくなったため，

112　第4章　ベイズ型コウホート分析法を用いた家計金融資産選択行動の日米比較

図4-14　日本の株式投資収益率（左目盛）と配当利回りおよび預金金利（右目盛）[14]

（単位：%）

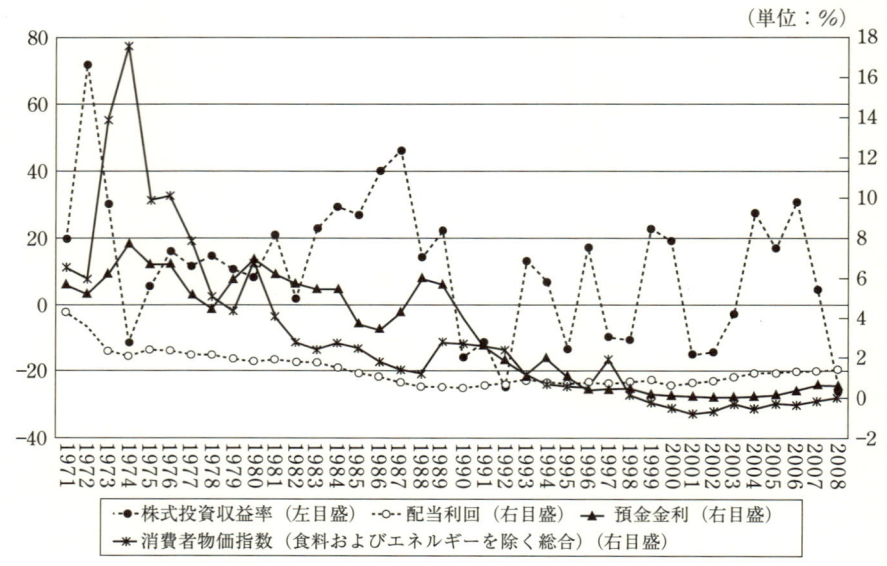

[グラフ：1971年～2008年の株式投資収益率（左目盛）、配当利回り、預金金利、消費者物価指数（食料およびエネルギーを除く総合）（右目盛）の推移]

出所：「投資収益率」「配当利回り」（財）日本証券経済研究所、財務省「預金金利（定期預金（自由金利分）新規受入平均金利（d）（全銀ベース））」、総務省統計局「消費者物価指数（CPI）」より筆者作成。

「証券投資に関する全国調査」（2009）による家計の株式保有比率の推移で検証を行った（図4-15）。1985年～1991年にかけての保有率は微増で、この間の株式の家計貯蓄残高シェアの上昇ほど劇的には増えてはいないことがわかる。しかし長期的に見て徐々に保有率は上昇のトレンドにあり、1985年以降2009年までの通期で10%の増加が見られる。

松浦（2005）は、1980年以降の投資期間5年、10年、15年の市場型運用による株式収益率（日本証券経済研究所）に基づいて投資期間ごとのリスク・プレミアムを計算した結果、2004年に株式を売却した場合、投資収益率は1.5%（投資期間5年）、1.0%（10年）、-1.8%（15年）となり、投資期間10年のケースでは1994年以降（1984年以降株式購入）、15年では1999年にマイナスとなることを示した。1980年代半ば以降に投資を開始した投資家にとっては不満足な結果

図4-15 家計の株式保有状況の推移[15]

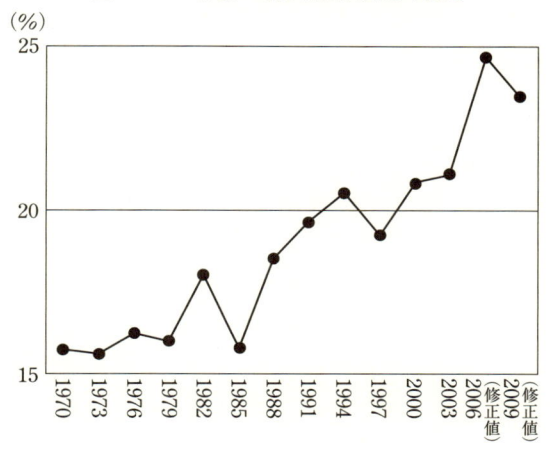

出所：日本証券業協会「平成21年度　証券投資に関する全国調査（個人調査）」より筆者作成。

であったが，一方で5年以内の短期的な投資では銀行預金金利よりも有利な結果になり，このことが投資家の行動を活性化させているとも考えられる。2003年以降の家計の高リスク資産のシェア増加傾向とも整合的である。

　こうした前提を元にすると，金融規制緩和のインパクトや投資環境変化などといった時代効果によってリスク性金融資産の選択は今後も拡大してゆくと予測できるものの，その変化の主たるプレイヤーはもともとリスク性資産を保有していた家計が中心となると考えることができる。その一方で，図4-14より保有率が漸進的に増加していることも示され，新たなプレイヤーの参加も認められた。「株式・株式投資信託」の保有金額に関するコウホート分析結果の結果（図4-11）は，時代効果と年齢効果が上昇傾向にある（時代がすすみ，年齢が高くなるにつれ保有額が大きくなる）一方，世代効果が下降傾向にある（新しい世代ほど保有額が小さくなる）ので，前者の時代効果・年齢効果の増加分が世代効果の下落分より大きければ，全体から見た保有額も増加していくことを示している。保有率についても，同様に時代とともにリスク性資産に対する制度

や利便性が変化し，高齢化が進むことで上昇していくが，その上昇幅は新しい世代が参加することで抑制されると考えられる。新しい世代ほどその人口シェアは小さくなる一方，高齢化は急速に進むため，年齢効果の拡大が世代効果の拡大より大きければ，リスク性資産市場も拡大していくと予測できる。

「債券・公社債投資信託」（図4-15）の時代効果と金融規制緩和について考察すると，販売チャネル拡大の影響は無視できない。1998年に銀行で投資信託の窓口販売が開始されたのを皮切りに2005年には郵便局での投資信託の窓口販売もスタートし，証券会社，銀行，郵便局と個人向け金融商品販売チャネルの3本柱が出そろった。金融商品の売買を行う消費者にとっては窓口サービスや利便性，収益率や手数料などの価格，サービス供給主体への信用力などによって自由に商品や購買先を選択できるようになった。異業種企業の金融分の参入も相次ぎ，販売チャネルの拡大によって消費者にとって取引コストが低減されたことも，時代効果に現れていると考えることができる。

3効果のうちでは世代効果が一番大きいことが確認された。「株式・株式投資信託」と同様に，出生年が1920～30年代のコウホートで相対的に高く，この世代が好んでリスク性商品を購入しているという結果であった。一方で，団塊の世代（1946～1950年出生）以降では，リスク性金融商品の購入は相対的に小さいものになっている。前述の投資市場環境といった時代的な影響に加え，1950～70年代初頭の家計が2000年以降と比してそれほどリスク回避的ではなかった理由として，1920～30年代生まれの世代層が好んでリスク性商品の選択を行い，株式の長期保持により経済成長に伴った高いキャピタルゲインを獲得してきた可能性がある。世代効果は，各世代が他の時代環境で育った世代と異なった行動をとることにより生じ，加齢変化や時代変化に対して不変の部分と考えられる。世代固有の特徴が刻印されるのは，その世代の人々が青年期になるまでであり，歴史上の一時点で独特な青年期を過ごすことにより，彼らのまっさらな意識に強い方向性を与えるという見方も考えられよう。斉藤（1998）によると，1920～30年出生世代のリスク愛好的行動の1つの解釈として，資産形成を始める青年期に第2次世界大戦の終戦を迎え，世界的に猛烈な供給不足と

インフレにさらされることとなり，資産の運用については自らの才覚で行う必要性に迫られたという背景があったことを示している。逆に団塊の世代以降がリスク回避的行動をとるのは，高度経済成長期を経て日本特有の年功序列型賃金が定着した頃に社会に出て資産形成を始めるようになったため，あえてリスクを冒して運用せずとも，加齢によって資産の積み増しが期待できたからであると見ている。終身雇用と年功賃金という日本的な雇用慣行を前提にすると，勤労者世帯がリスクを取って資産運用を行う必要性は乏しく，子供の教育費などライフステージに伴う出費の増加や将来のインフレについては，自らが意識的に準備せずとも昇給が解決してくれた。また，老後準備金についても，十分な額の退職一時金，確定給付の企業年金，物価にスライドする公的年金などを考え合わせれば，元本割れのリスクを取るよりも，その時々の貯蓄を減少させないことの方が合理的な判断であった。すなわち，家計が預貯金中心の金融商品構成になっていたのは，合理的な判断の結果と見ることができる。

終身雇用・年功賃金制度の変容の意味するところについては，松浦（2005）も，「コーホートによって異なり，その理由として，企業と勤労者（家計）の双方にとって，学卒時期によって終身雇用・年功賃金制度にコミットした程度にかなり相違があるからである」，と述べた。1980年代前半までに学卒＝就職した世代（おおむね1960年より前に生まれたコウホート）と企業の間では双方共に終身雇用・年功賃金制度に深くコミットした。しかし，1980年代後半以降に学校を卒業したコウホート，とりわけ1990年代以降の学卒者は，就職前後にこのシステムが徐々に崩れているのを見てきた世代ということになる。また，松浦は「年齢階級別失業率を見ると，高度成長期の1970年では，相対的に高かった15〜19歳と20〜24歳でも2.0％，その子ども世代の2004年の15〜19歳で11.7％，20〜24歳で9.0％である（1985〜1989年生まれ，1980〜1984年生まれのコーホート）。」と，世代の違いによる雇用機会の増減について触れ，近年の新卒の就職率の低下にも言及している。

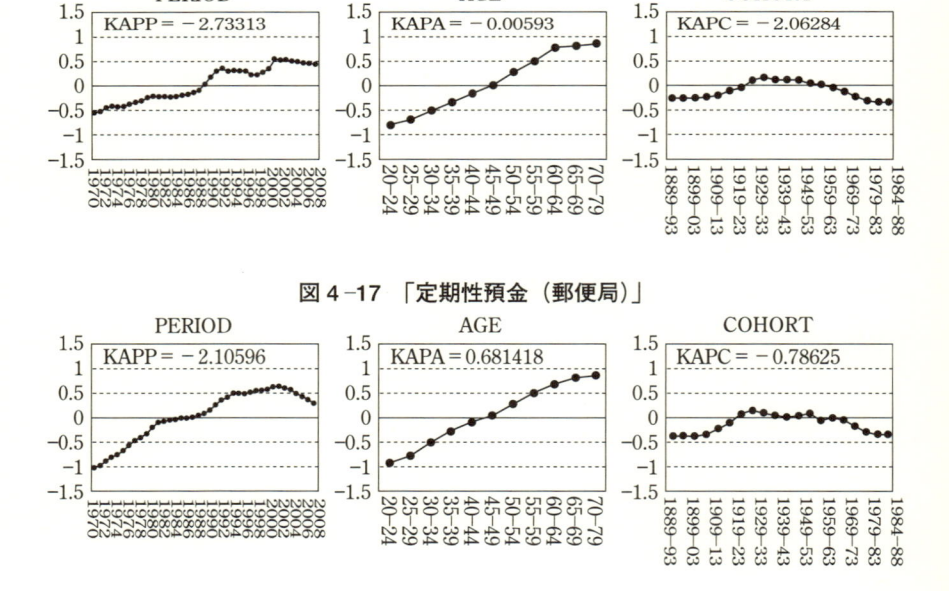

②年齢効果と金融商品選択

3効果を比較した際に年齢効果が第1に大きい金融商品は,「定期性預金(銀行および郵便局)」(図4-16)(図4-17),「生命保険」(図4-18),「金融機関外貯蓄(社内預金等)」(図4-19)など安全性重視の商品であった。「定期性預金」は年齢が高くなれば資産の積み増しがすすむが,「生命保険」,「金融機関外貯蓄(社内預金等)」は,55歳から64歳をピークにライフサイクルに呼応した増減が見られる。

郵便局の「定期性預金」(現在ではゆうちょ銀行の定期預金)については,時代効果と世代効果も有意であり,時代がすすみ世代が新しくなるにつれて逓減傾向を示している。郵政事業は2007年に「ゆうちょ銀行」として民営化されたが,定期性預金の残高は民営化以前より流出が続き,平成11年度末(1999年)には229兆円あったものが平成22年9月末(2010年)には118兆円と,10年間で100兆円超もの資産が流出している[16]。年齢効果の次にレンジの大きい時代効

図4-16 「定期性預金(銀行)」

PERIOD　KAPP = -2.73313
AGE　KAPA = -0.00593
COHORT　KAPC = -2.06284

図4-17 「定期性預金(郵便局)」

PERIOD　KAPP = -2.10596
AGE　KAPA = 0.681418
COHORT　KAPC = -0.78625

果のプロファイルについて見ると，1980年に郵便局の10年満期の定額預金が大量に預け入れられ，その後の10年間は増減なく横ばいで，さらに10年後の1990年になるとまた預金が増大しその後10年間横ばい状態が続いている。10年満期の定期預金の金利は，1980年4月には8.0％と高金利であったことが預金残高を増大させた。そしてこのときの貯金が満期を迎える1990〜91年度には，金利は依然5〜6％であったことに加え，郵貯預け入れ限度額が500万円から1000万円と段階的に引き上げられ，満期時に利息を含めた再預け入れが可能となったことで高い歩留まりを見せた。以降10年ごとに大量満期を繰り返しており，2000年には金利は0.2％まで下がったが，バブル崩壊後山一証券や長期信用銀行の破綻が相次いだこともあって郵便局の安定性が選好され，満期金の7割（約100兆円）が郵便局にとどまったとされる[17]。しかし，2010年〜2011年にかけて満期を迎える預金については，有効な流出防止策は見あたらない。定期預金は資産形成目的の預金であるが，民営化後のゆうちょ銀行にも1,000万円の

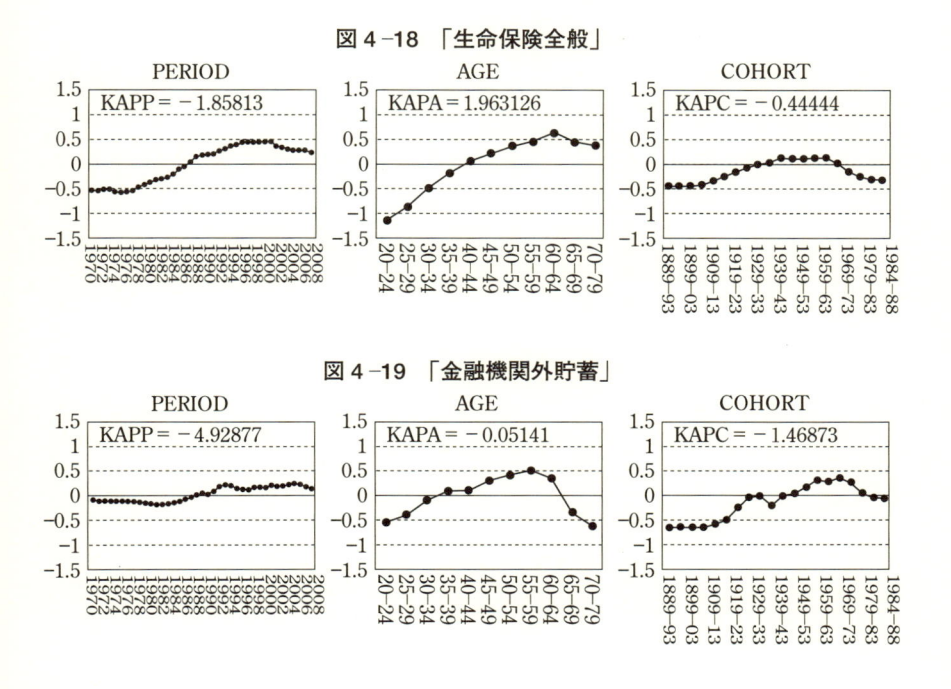

図4-18 「生命保険全般」

KAPP = −1.85813　KAPA = 1.963126　KAPC = −0.44444

図4-19 「金融機関外貯蓄」

KAPP = −4.92877　KAPA = −0.05141　KAPC = −1.46873

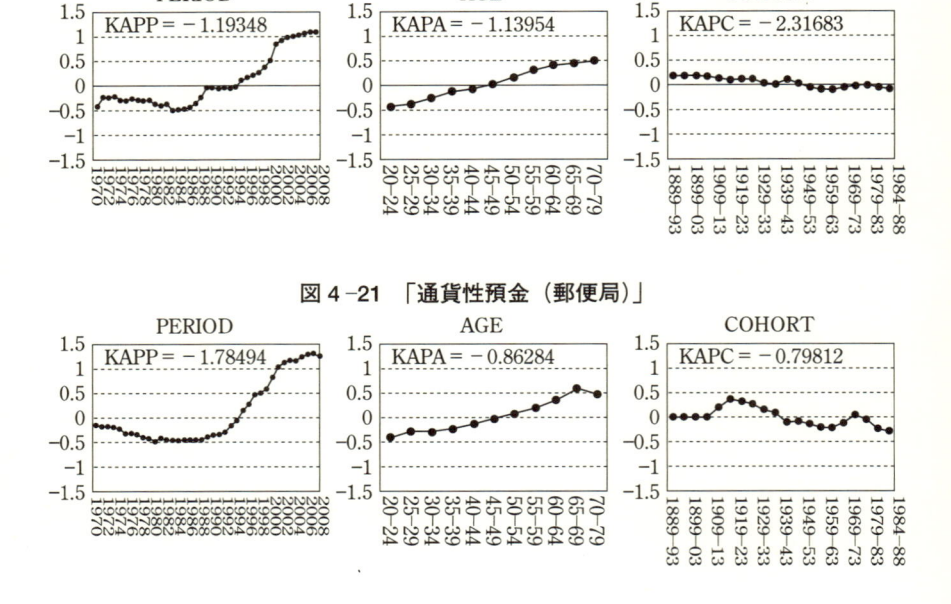

預入限度額は設定されたままである。さらに、新商品開発も規制されていることなどがマーケティング戦略に制約を生み、消費者を吸引できない一因となっていると考えられる。金融規制緩和後に民間の金融機関が顧客の資産状況の合わせて多様な金融商品のクロスセリングを行うようになってきていることと比較しても、ゆうちょ銀行の競争力の低下が懸念される。

保険に関しては第1章で見てきたように、長期の景気低迷、低金利により貯蓄型保険から掛け捨て型保険への移行が増えていることや、低価格保険料に対する需要が拡大していることから、時代効果や世代効果は低減傾向にある。生命保険市場は、高齢化社会の進行につれ今後も縮小してゆくと予測できる。

③時代効果と金融商品選択

3効果の中で時代効果が最も大きい金融商品は、「通貨性預金(「銀行」(図4-20)および「郵便局」(図4-21))であった。

図4-20 「通貨性預金(銀行)」

PERIOD　KAPP = −1.19348
AGE　KAPA = −1.13954
COHORT　KAPC = −2.31683

図4-21 「通貨性預金(郵便局)」

PERIOD　KAPP = −1.78494
AGE　KAPA = −0.86284
COHORT　KAPC = −0.79812

通貨性預金の時代効果は銀行・郵便局（ゆうちょ銀行）ともに増大傾向にある。図4-13で示したとおり，預金金利が消費者物価指数の変化率を上回る局面が続いており，日銀が市場金利の引き下げを行っていても物価下落率と合わせれば実質金利は必ずしも低いということにはならず，預金の流動性・安全性といった性質と実質金利の高さを考え合わせた消費者の選択結果が，通貨性預金偏好という時代効果に反映されているといえよう。

4-2 「貯蓄種類の選択基準」に関する分析

金融商品の選好[18]について見ると，86年以降では「安全性」を重視する割合が減り，「収益性」を重視する割合が増えていたが，91年以降は再び「安全性」を重視する割合が高くなっている。「安全性」を重視する世帯の増加は，「安全性」のうち「元本が保証されている」を挙げる世帯割合が増加したことに由来しており，損失に対する預金者の関心の高まりがうかがえる。逆に，「収益性」を重視する割合は低下傾向にある。1985年前後に収益性重視の占率が上っているのは「利回りがよい」を挙げるものが増加したためであり，リス

図4-22 貯蓄の選択基準

出所：『家計の金融行動に関する世論調査』（2009年）より筆者作成。

クを有する金融商品への投資が消極的であることを表している。「安全性」に次いで重視されている「流動性」においては，低金利局面で短期の金融商品に資金を待機させておこうという姿勢が見られる。これら貯蓄の選択基準については，従来，市場環境に応じた時代的変化にのみ論じられてきたが，年齢効果や世代効果も選好に影響を与えている可能性がある。

そこで，これら選択基準についても，ベイズ型コウホート分析法を用いて分析を行った。分析の結果，得られた時代・年齢・世代効果の推定値の変動幅はいずれも時代効果が一番大きいことが認められた（図4-23～28）。金融商品の選択基準には，その時代の金融状況が一番大きく影響することが示された。しかしその一方で，「収益性」のうち「利回りがよい」（図4-23），「流動性」のうち「預け入れや引き出しが自由にできる」（図4-28）には世代効果も見られ，1970年代出生以降の世代で大きくなっている。すなわち，1970年生以降の世代のマインドとしては利殖に消極的で，引き出しなどの利便性を重視した選択が

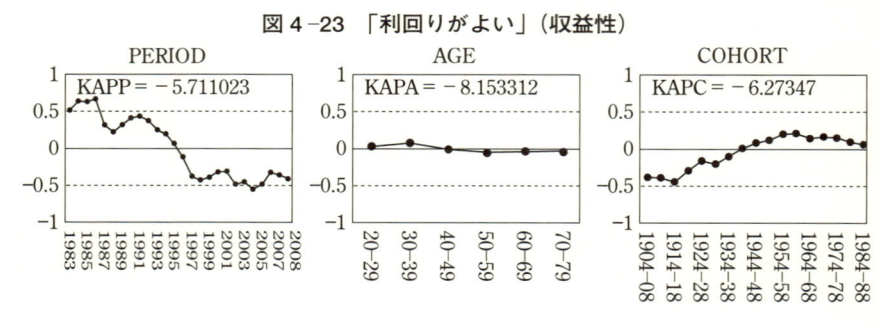

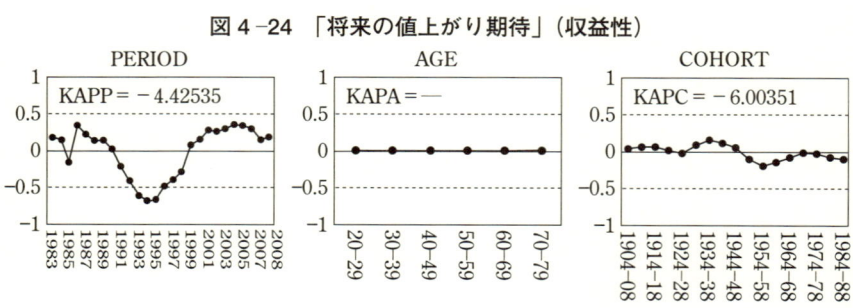

図4-23 「利回りがよい」（収益性）

PERIOD　KAPP = −5.711023
AGE　KAPA = −8.153312
COHORT　KAPC = −6.27347

図4-24 「将来の値上がり期待」（収益性）

PERIOD　KAPP = −4.42535
AGE　KAPA = —
COHORT　KAPC = −6.00351

4　日米家計の金融資産選択行動　　121

図4-25　「元本が保証されている」（安全性）

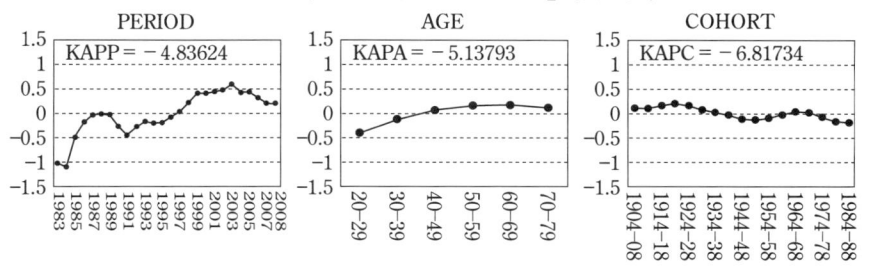

PERIOD　KAPP = −4.83624
AGE　KAPA = −5.13793
COHORT　KAPC = −6.81734

図4-26　「取扱金融機関が信用できて安心」（安全性）

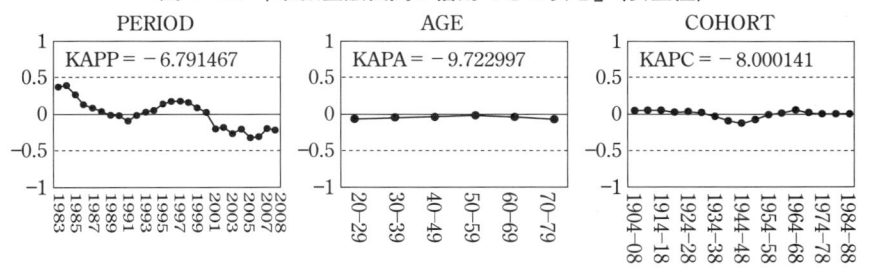

PERIOD　KAPP = −6.791467
AGE　KAPA = −9.722997
COHORT　KAPC = −8.000141

図4-27　「現金に換えやすい」（流動性）

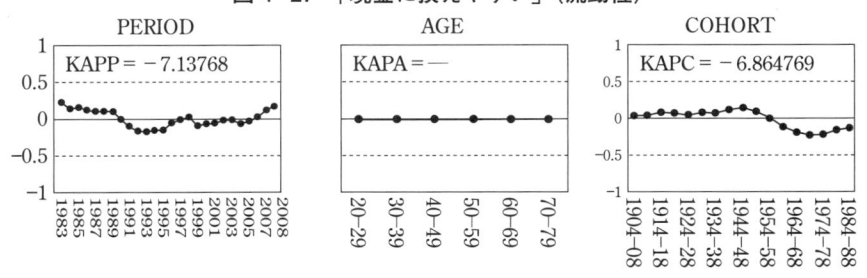

PERIOD　KAPP = −7.13768
AGE　KAPA = ―
COHORT　KAPC = −6.864769

図4-28　「預け入れや引き出しが自由にできる」（流動性）

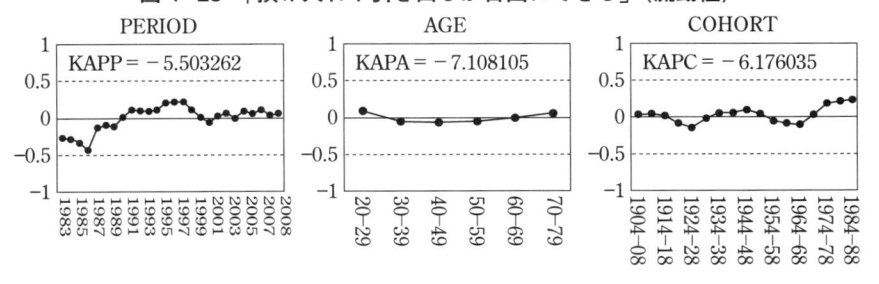

PERIOD　KAPP = −5.503262
AGE　KAPA = −7.108105
COHORT　KAPC = −6.176035

行われている。このことは,「株式・株式投資信託」(図4-11)のコウホート分析結果より,新しい世代ほど世代効果の値が小さくなっていたこととも整合的である。

4-3 米国家計の金融商品保有金額・保有率に関する分析

米国の家計の金融資産構成のデータを見ると,日本とは対照的に,いつの時代も安全資産である Transaction Account や Certificates of Deposit の割合が低く,リスク性資産である Stocks や Pooled Investment Funds の割合が高く購入されている(図4-29)。また,Retirement Account のシェアが増加傾向にあり,これは図4-8の貯蓄目的について「Retirement」の割合が高まっていることとも一致している。

Reich (2007) によれば,元来,株式を所有していた米国人は1970年でも16％にすぎず,ほとんどの人は地域の銀行に法定金利である5.25％で預金しているにすぎなかった。しかし70年代を通じて金融規制緩和が行われたことで,預金者は投資家になり株式を所有している世帯の割合は急上昇した。1974年に従業員退職所得保障法が可決されたことにより,年金組合や保険会社は社債や公債だけでなく株式も市場で運用できるようになった。翌1975年には証券取引委員会が証券会社に株の取引手数料を自由化するように命じ,Merrill Lynch などの証券会社が小切手も振り出せる資産管理サービスラップ口座を提供し始めた(Hammond & Knott, 1988)。1980年には商業銀行や貯蓄銀行が預金や融資の金利を自律的に決定できるようになった。このような金融市場環境の違いをふまえ,日本と米国の家計の金融商品選択行動を比較考察するために,米国の金融商品の保有率[19]と保有額についてベイズ型コウホート分析を行った。その結果,ほとんどの金融資産で年齢効果が他の2効果と相対的に比較して大きいことが示された。

リスク性資産のうち,Stocks(米)の家計全体の保有率は1989年の31.9％から2007年には51.2％に増加している。保有率(図4-30a)と保有額(図4-30b)に関するコウホート分析結果より3効果の相対的大きさを見ると,時代効果と

図4-29　米国の家計貯蓄残高シェア

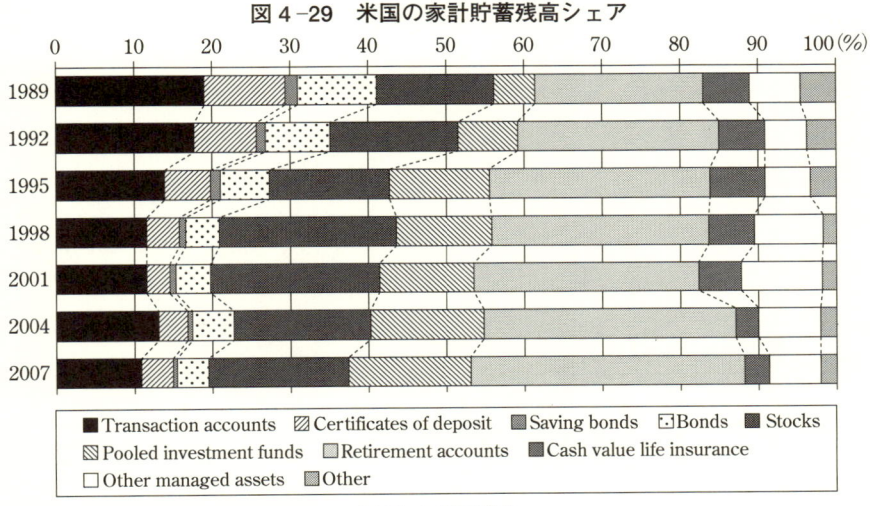

■ Transaction accounts　▨ Certificates of deposit　□ Saving bonds　⊡ Bonds　■ Stocks
▨ Pooled investment funds　□ Retirement accounts　■ Cash value life insurance
□ Other managed assets　▨ Other

出所：Survey of Consumer Finances (2007) より筆者作成。

年齢効果が大きい。時代効果を見ると，1989年～2001年まで保有率は漸増し続け，同年にITバブルが終焉した後も2007年までは米国経済は堅調に推移したことをうけて株式保有世帯増加のトレンドは続いていた。しかし，この後の米国経済は2008年のLehman Brothersの破綻により極度に悪化しており，このようなインパクトが時代効果にどのように表れるのか，次回調査（2011年公表）の統計データの発表が待たれる。米国において株式の保有率や保有額は，時代が進み新しい世代が加齢することによって金額・保有率ともに拡大してゆくと考えられる。

日本は図4-10に示したとおり，保有額では世代効果のレンジが大きく古いコウホートほどリスク性資産を選好していたが，米国は保有率・保有額とも世代効果は小さく，日本と相対的に比較してどの世代も一様に株式を所有していることがわかる。世代効果が逓減した1978年～82年出生世代はGeneration Yと呼ばれ，それ以前の世代と比べて米国株式市場の上昇をあまり経験していない。

中村（2009）は，Generation Yが社会に出た1999年9月末～2009年9月末の

表4-4　金融資産種類別保有額および保有率のコウホート分析結果（米国）

分析項目		PERIOD			AGE			COHORT		
		Min	Max	Range	Min	Max	Range	Min	Max	Range
INCOME		1995	2004	0.1486	65-74	45-54	0.7216	1913-1917	1943-1947	0.1975
NET WORTH		1992	2007	0.3586	25-34	55-64	2.3588	1913-1917	1943-1947	0.3403
ASSETS	Transaction Accounts	1989	2007	0.6873	25-34	65-74	0.8141	1978-1982	1943-1947	0.2979
		1992	2004	0.3739	25-34	55-64	1.6773	1948-1952	1913-1917	0.1447
	Certificates of Deposit	2004	1989	0.5697	25-34	65-74	1.8175			
				n.s.	25-34	65-74	1.2825			n.s.
	Saving Bonds	2007	1989	0.5106	25-34	35-44	0.6609	1968-1972	1953-1957	0.3349
		1992	2001	0.5616	25-34	65-74	1.8422			n.s.
	Bonds	2007	1989	0.5089			n.s.	1978-1982	1913-1917	4.9686
		1989	2007	1.1055	25-34	45-54	0.8131			
	Stocks	1995	2001	0.3586	25-34	55-64	0.6868			
		1989	2001	0.9057	25-34	65-74	1.8870	1943-1947	1913-1917	0.3404
	Pooled investment funds	1989	2001	0.9532	25-34	55-64	0.8606			
		1989	2007	1.3584	25-34	55-64	1.8397			n.s.
	Retirement Accounts	1989	2001	0.5342	65-74	45-54	1.4965			
		1989	2007	0.6994	25-34	55-64	1.8736	1913-1917	1943-1947	0.4926
	Life Insureance			n.s.	65-74	25-34	0.7101	1978-1982	1923-1927	2.3286
		1989	2001	0.8733			n.s.			
	Other Managed Assets	1989	2004	0.8277	25-34	65-74	0.6496	1978-1982	1938-1942	2.2467
		1992	2001	0.7790	25-34	55-64	0.7590			
	Other	2007	1989	0.3827			0.3994			
		1989	2007	0.2828	25-34	55-64	1.0810			
	Any Financial Asset	1989	2007	0.6982	25-34	55-64	0.7769	1978-1982	1943-1947	0.6177
		1992	2001	0.6767	25-34	55-64	2.1113	1923-1927	1943-1947	0.2482
	Primary Residence	1992	2004	0.1354	25-34	55-64	1.8426			
		1995	2007	0.6492	25-34	45-54	0.3401	1968-1972	1938-1942	0.1273
DEBT	Home-secured	1992	2007	0.2077	65-74	45-54	1.4533	1918-1922	1958-1962	0.7595
		1989	2007	0.6931	65-74	35-44	0.5323	1913-1917	1948-1952	0.2655
	Other Residential Property	2004	1992	0.2386	65-74	45-54	1.2579	1963-1967	1933-1937	0.3399
		1989	2007	1.0565			n.s.	1978-1982	1918-1922	1.3829
	Installment Loans	1998	1989	0.1960	65-74	25-34	2.1542	1923-1927	1943-1947	0.3190
		1992	2004	0.6780			n.s.			n.s.
	Other Lines of Credit	2004	1989	0.6090	65-74	35-44	2.0117			n.s.
		1998	2004	1.8889			n.s.	1978-1982	1928-1932	2.0190
	Credit Card Balances	1989	1995	0.2186	65-74	45-54	0.8480	1928-1932	1963-1967	0.7168
		1989	2007	0.8361	25-34	55-64	0.2206	1913-1917	1953-1957	0.3559
	Other Debt	2007	1995	0.2152	65-74	45-54	1.0504			n.s.
		1992	1998	1.0362			n.s.	1978-1982	1923-1927	1.7437
	Any Debt			n.s.	65-74	35-44	1.7167	1913-1917	1978-1982	0.7803
		1989	2007	0.7854	65-74	35-44	0.7757	1913-1917	1943-1947	0.2154

（注1）　INCOME, NET WORTHは"Median value（＄1000）"（保有額）を元に算出。
　　　　その他の資産は，上段は"% of families holding assets"（保有率），下段は"Median value（＄1000）"（保有額）を元にパラメータを算出した。表中にはパラメータのMin（最小値）およびMax（最大値）を示した暦年，世帯主年齢，コウホートを記載している。
（注2）　Rangeはそれぞれ時代，年齢，コウホートの各効果の変動幅（Max－Min）であり，アミカケ部分は3効果のうち，最も変動幅の大きい（影響の強い）ものを示す。
（注3）　Transaction Accounts（普通預金，当座預金），Certificates of Deposit（譲渡性預金），Stocks（ミューチュアル・ファンド，IRA，キーオー，年金プラン以外の直接世帯人員が保有する株券），Pooled investment funds（金融市場のミューチュアル・ファンド，IRA，キーオー），Retirement Accounts（IRA，キーオー，雇用主負担年金プラン，401（k）プランのように払い戻しがなされるもの），Other Managed Assets（信託，年金契約，投資口座の運用）．

4 日米家計の金融資産選択行動　125

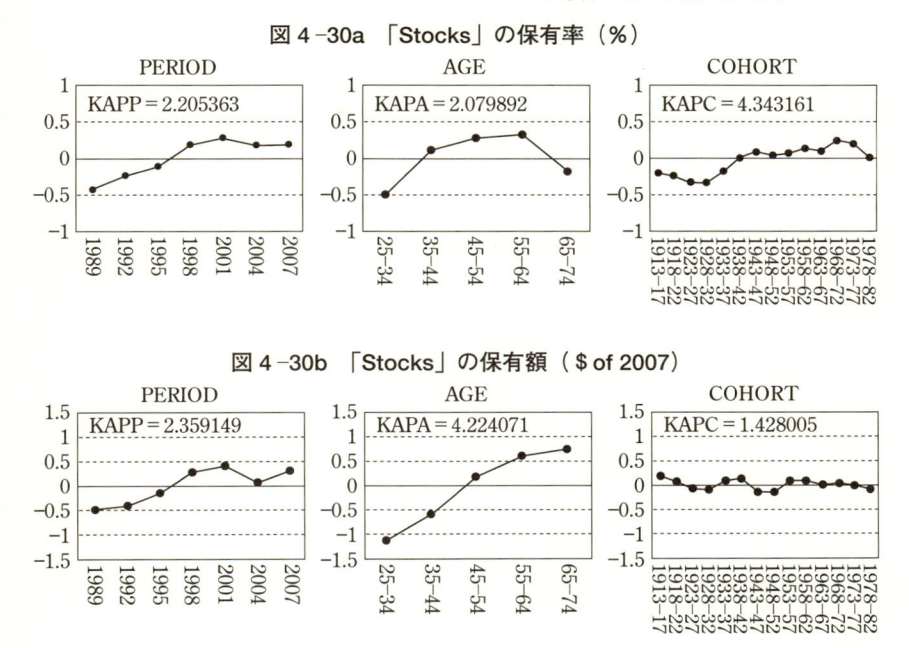

図4-30a 「Stocks」の保有率（%）

図4-30b 「Stocks」の保有額（$ of 2007）

S&P 500指数のパフォーマンスは年率1.8%の下落であったことを示し，この世代を投資に向かわせることを目的としたGeneration Y向けマーケティング戦略を紹介している。T. Row Priceは，株式市場が下落している際にS&P500へ毎月累積投資を行った投資家は30年後に飛躍的なパフォーマンスを得ることを過去のデータから示した。これによると，株式市場が暴落した1929年と1970年に積み立て投資を開始する場合と，株価が劇的に上昇した1950年と1979年に開始した場合で，30年間の投資パフォーマンスについて比較した結果，すべての投資パターンにおいて最初の10年間はパフォーマンスにそれほど差が生まれないが，30年間で見ると1929年～58年まで投資した場合は960%，1970年～1999年まで投資した場合は1753%という大きなリターンが生じた一方，1950年と1979年から30年間投資した場合では約400%弱のリターンであったことを示した。こうした分析を元に若い投資家（Generation Y）に，株式市場が

低迷している時期であっても長期的な視野をもって投資を行うことの重要性を訴求している。

また，投資信託運用会社の Monetta は，若者世代向けのヤング・インベスター・ファンド（YIF）を運用しているが，資産の半分ほどを ETF に投資し，残りは若者世代に広く認知されている Amazon, McDonald's, Google, Disney, Coca-Cola, Target などの銘柄に投資し，ホームページ[20]にはこれらおなじみの企業のロゴがポートフォリオ・コンポジションとしてカラフルに掲載されている。この他にも中村は，Generation Y 向けの投資商品や，経験の浅い投資家が自動積み立てを容易に計画することのできるオンライン上のプランニングツールなど，若い世代への市場拡大戦略を紹介している。たとえば，米国金融機関のモバイル・バンキングへの積極的に対応をとり上げ，iPhone のアプリで①口座残高の確認，②公共料金等の支払いの手続き，③資金移管，④グーグル・マップで表示する ATM 検索システム，⑤クレジットカードの利用照会といったサービスについて示した[21]。

Stocks の保有金額では年齢効果が大きく，その理由は加齢によって株式の保有期間が長くなるほどキャピタルゲインが得られるからである。

Transaction Accounts や Certificates of Deposit などの安全資産は保有率（図4-31a）（図4-32a）・保有額（図4-31b）（図4-32b）ともに年齢効果が大きく，時代効果については，Transaction Accounts は保有率・保有額ともに微増しているが，CD では保有額は時代効果，世代効果ともに有意差がなく，保有率の時代効果は小さくなっている。

この理由について消費者物価指数（食品・エネルギー除く）の変化率と Certificates of Deposit の預金金利の関係を見ると（図4-33），70年代には物価指数の変化率が預金金利を上回り実質金利がマイナスになる局面があった。1980年代には預金金利が引き上げられたが，90年以降は再び実質金利がマイナスとなる期間が現われ，預金の実質価値は下落した。図4-4で見てきたように「利回りがよい」，「将来の値上がり期待」を重視する割合の高い米国人にとっては，Transaction Account や Certificate of Deposit といった安全資産は魅

図4-31a 「Transaction Accounts」の保有率（％）

PERIOD　KAPP = −5.295032
AGE　KAPA = −4.143463
COHORT　KAPC = −6.596457

図4-31b 「Transaction Accounts」の保有額（$ of 2007）

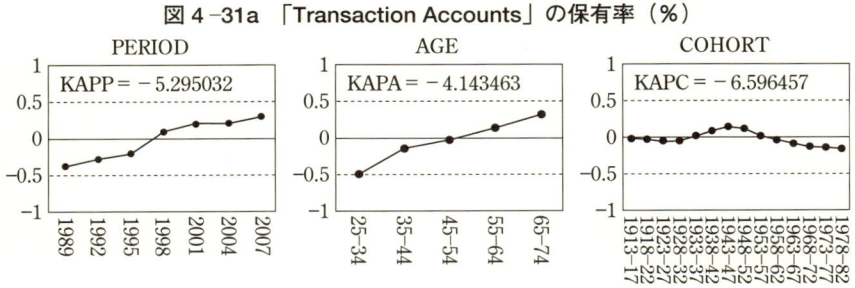

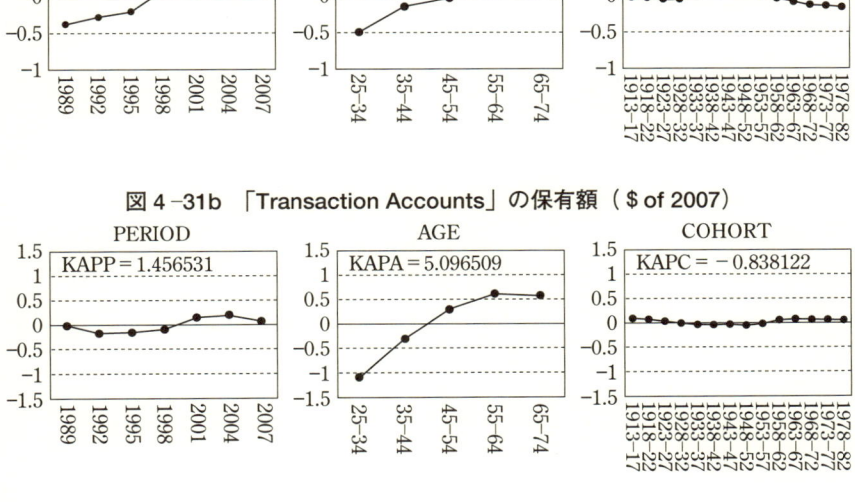

PERIOD　KAPP = 1.456531
AGE　KAPA = 5.096509
COHORT　KAPC = −0.838122

力ある金融商品とはいえない。このことが，リスク性資産への選好を高めていると考えられる。

米国では401（k）など確定拠出型の企業年金を通じて投資信託を購入しており，これは Retirement Account の項目に勘定される（図4-34a）（図4-34b）。米国の ICI（投資会社協会）の "2008 Profile of Mutual Fund Shareholders"[22] によると，新しい世代ほど401（k）確定拠出型企業年金を保持している（Generation Y（1977年以降出生）：71％，Generation X（1965年～1976）：76％，Baby Boomers（1946-1964出生）：69％，Silent Generation（1945年以前に出生）：32％）。逆に，伝統的な Individual Retirement Account（IRA）を保持している割合は古い世代ほど大きくなる（Generation Y：47％，Generation X：54％，Baby Boomers：68％，Silent Generation：74％）。しかし，おしなべて全世代が Retirement Account を保持していることになり，保有額・保有率とも世代効果は小さいものとなった。

図4-32a 「Certificates of Deposit」の保有率（%）

PERIOD: KAPP = -4.730951
AGE: KAPA = -2.14599
COHORT: KAPC = -

図4-32b 「Certificates of Deposit」の保有額（$ of 2007）

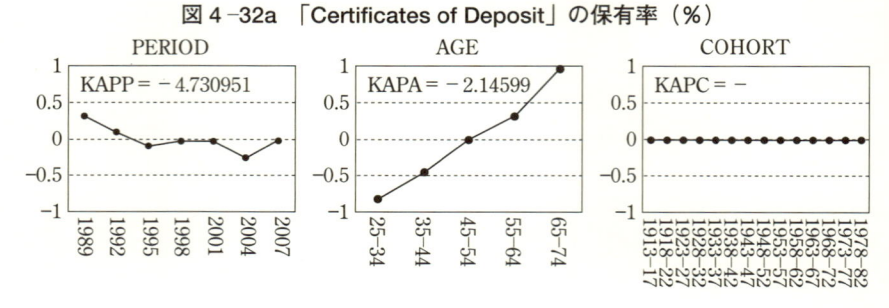

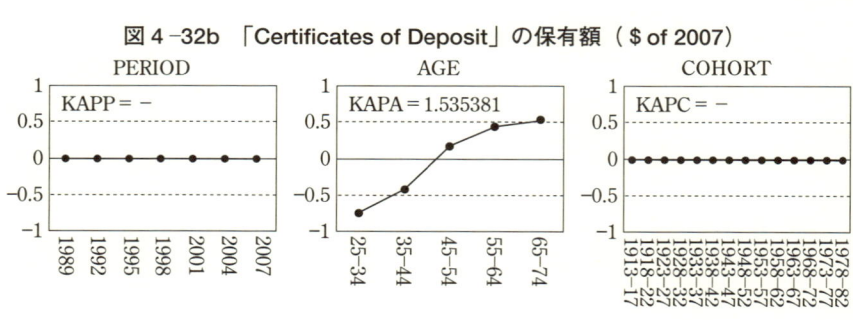

PERIOD: KAPP = -
AGE: KAPA = 1.535381
COHORT: KAPC = -

　年金としての投資信託の購入は世代によって購入チャネルが異なっている。企業を通じて投資信託を購入した割合は若い世代ほど大きい一方で，古い世代ほどフィナンシャル・プランナーなどのセールス，投信会社の直販，銀行・保険窓口，ディスカウント・ブローカーを通じての買付の割合が高くなる。すなわち，米国では同一のカテゴリーにあるリスク資産であっても，世代別の購入パターンが異なっていることが特徴として挙げられる。日本でも確定拠出型年金を採用する企業が増加するにつれ，投資信託の保有率や保有額がともに上昇してゆき，その購買チャネルや保有パターンも時代や世代によって異なっていくと予測できる。

　ところで，米国では2006年に401（k）の制度が改定され，企業の判断で対象者全員がいったん年金に自動的に加入させる制度が導入された。これにより自動的に年金制度をスタートさせ，年金の詳細な利用方法（運用方法等）については，その後に従業員が決められるようになった。改定の理由は，消費者が企

図4-33 米国の株式投資収益率・CD金利および消費者物価前年比

(単位：%)

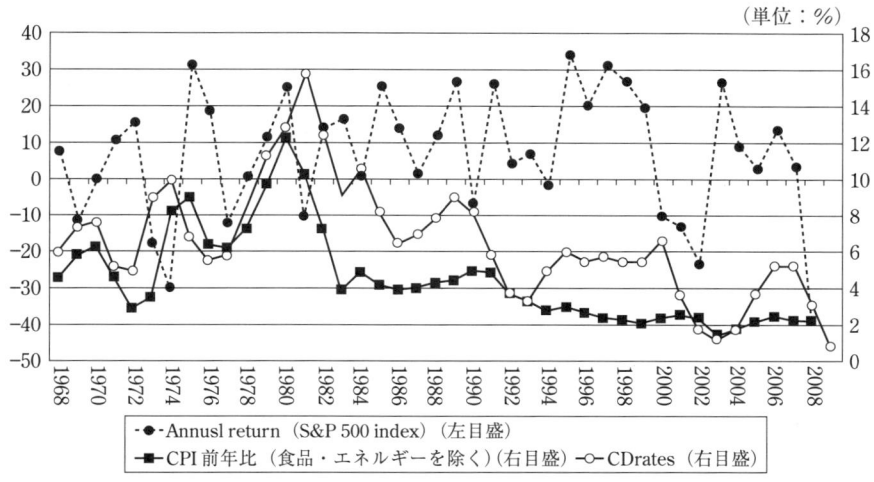

出所：The Standard HP "History of the S & P 500", Bureau of Labor Statistics "CPI Detailed Report", Federal Reserve "Federal Reserve's CD rates（secondary market）" より筆者作成。

業年金制度の加入を検討する際，事前に判断しなくてはならない条件や個別項目の中で提示される選択肢（資金の運用方法）の数が増えるにつれて，より複雑な意思決定プロセスを要求されるようになった結果，年金加入という意思決定そのものを逡巡・回避してしまうケースが多かったことにある（杉田，2010）。Iyengar et al.（2003）は，確定拠出型年金（401（k））の運用方法の選択肢の数と年金加入率の関係について80万人の従業員を対象に調査したところ，提案された401（k）プランの数が少ない方が，10個以上のプランを提案された場合よりも加入率が高いことが実証された。プランの選択肢が増えると，逆に加入率が減少してしまうことになり，情報過多によって選択困難が生じてしまうことを示している。日本においても確定拠出型年金のプランが提案された際，このような選択困難が起きている可能性がある。運用管理機関にとっては，金融リテラシーが低く運用方法の選択に自信がない消費者にでも，安心してプランを選べるような提案方法の工夫が必要である。

図4-34a 「Retirement Account」(年金基金準備金)の保有率(%)

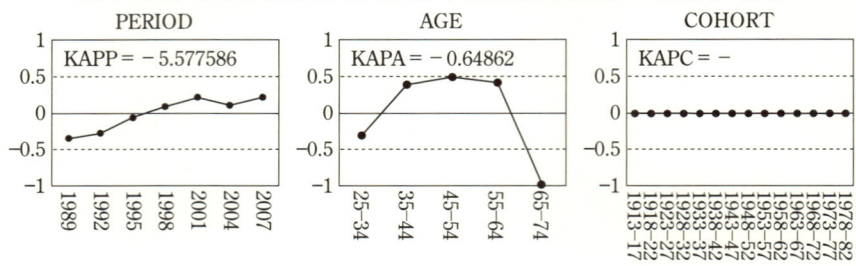

図4-34b 「Retirement Account」(年金基金準備金)の保有額($ of 2007)

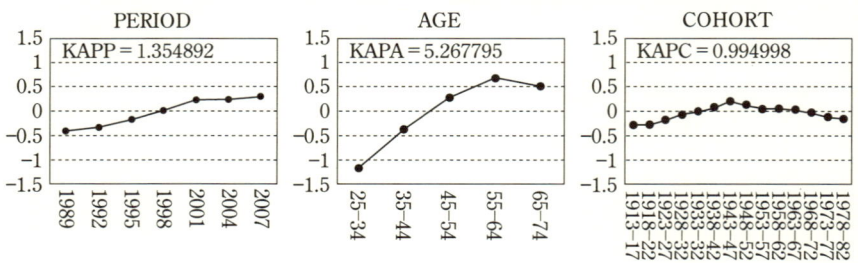

図4-35 投資信託の世代別購買チャネル(米国)

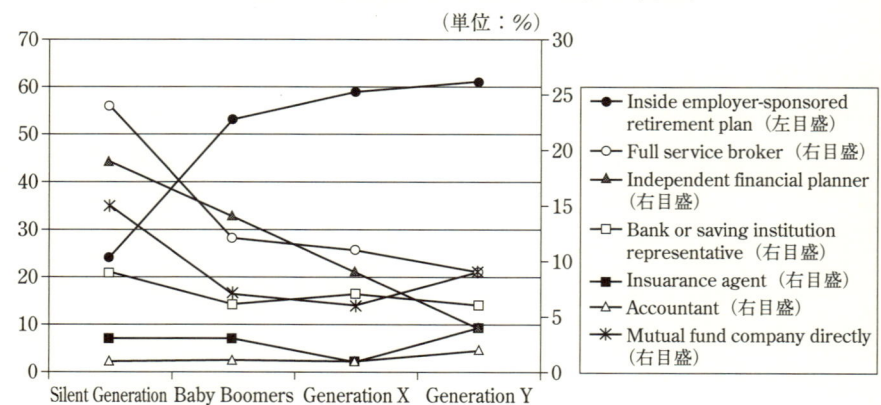

出所:ICI "2008 Profile of Mutual Fund Shareholders" より筆者作成。

5 小　結

　本章では，家計の金融商品保有金額と金融資産の選択基準，および金融資産選択の日米比較について，ベイズ型コウホート分析により，世帯主年齢をもとにしたライフステージ要因の影響（年齢効果），時代的な金融環境要因の影響（時代効果），世帯主の属する世代固有の特性要因の差（世代効果）を分離し，家計の金融商品選択行動に対する考察を行った。その結果以下のことが示された。(1)日本においては，株式・株式投資信託，債券・公社債投資信託等のリスク性金融商品は時代効果・年齢効果および世代効果の3効果が大きい。(2)定期性預金（銀行・郵便局），生命保険，金融機関外貯蓄（社内預金等）等の安全性重視の商品は年齢効果が大きい。(3)通貨性預金（銀行・郵便局）は時代効果が大きい。(4)金融商品の選択基準に関してはどの項目についても時代効果の影響が大きく，経済状況に呼応して重視する選択基準が異なる。また，1970年生以降の世代のマインドとしては運用に消極的で利便性を重視した選択が行われている。(5)金融資産選択行動に関しては日米で差異が見られ，米国ではリスク性金融商品の種類によってコウホート別の所持パターンも異なっている。

　今後は日本でも，新世代固有の価値観による行動原理（金融資産管理に対する危機意識の刷り込みとその程度，受身ではなく自らの才覚で情報収集し資産を分析・運用するといった行動），購買行動の時代的変化（金融商品の比較情報入手，購買チャネルの多様化，取引コストの軽減）が支配的になってゆくであろう。少子化や不祥事による公的年金や社会保障制度の根幹も揺らいでいる。預貯金のペイオフ実施および確定拠出型年金（401k）導入も，家計にとっては一種の脅威となる。今後，1970年出生以降の世代も，大正世代や昭和一桁世代と同様，自らリスクを享受する行動パターンが刷り込まれてゆく可能性がある。斎藤 (*ibid.*) も指摘するように，家計の貯蓄に対する意識や行動が変化するとすれば，金融制度改革という外的条件に加え，雇用慣行の変化によってもたらされた脅威による内的変化こそがその契機になるのではないか。このような内的変

化がまずは新規参入するコウホートの意識を変え,世代交代により社会が変化していくという間接的なシナリオも考えられる。

今後の課題として,年齢効果や世代効果も将来にわたって不変のものとはいえず,時系列データを継続して検証してゆく必要性がある。その典型的な例は晩婚化の影響である。各ライフステージが時代とともに緩やかに高年齢へシフトしていき,したがって年齢効果も緩やかに変化してくるはずである。こうした年齢と時代あるいは世代と時代の交互作用についても,今後考察してゆく必要があるだろう。

※※本章は,山下貴子・中村 隆「金融消費市場の長期展望」(『金融リテール改革』(千倉書房),2002年),山下貴子・中村 隆「家計の金融資産選択行動分析―ベイズ型コウホート分析の適用―」(流通科学大学リサーチレター No. 2, 2008年),および,山下貴子・中村 隆「家計の金融資産選択行動分析Ⅱ―ベイズ型コウホート分析を用いた日米比較―」(流通科学大学リサーチレター No. 10, 2010年)を元に再構成したものである。これらの論文は,統計数理研究所の中村 隆教授との共同研究の成果であり,コウホート分析結果は,中村の提案した分析方法(ベイズ型コウホートモデル)により中村が計算したものである。作成に当たり「平成11〜12年度科学研究費補助金 奨励研究 A(課題番号:11730055)」,「平成13〜14年度科学研究費補助金 奨励研究 A(課題番号:13730079)」の補助を得た。
　　また,第11回日本FP学会(2010年)の発表において,みずほ年金研究所の菅原周一氏,慶應義塾大学の駒井正晶先生から貴重なコメントをいただいた。心より御礼申し上げる。

（1）「平成19年版労働経済の分析」(厚生労働省)(http://wwwhakusyo.mhlw.go.jp/wpdocs/hpaa200701/b0035.html)。
（2）「所定内給与の増減要因分解」(厚生労働省)(http://wwwhakusyo.mhlw.go.jp/wpdocs/hpaa200701/f0010.html)。
（3）家森(2009)はこの調査結果について,「この質問が行われた時期(2001年)の日本の銀行がどんどん破綻し,株価が下落していく時期であり,欧米ではそのような金融の混乱は起こっていなかった。(日本人が)安全性を重視する回答が多いのは,目先の状況にかなり影響を受けていた可能性がある」としている。
（4）Table 705. Family Net Worth — Mean and Median Net Worth in Constant (2007) Dollars by Selected Characteristics of Families (http://www.census.gov/compendia/statab/cats/income_expenditures_poverty_wealth.html)。
（5）消費者の選好は,単にその時々の絶対所得の関数ではなく,むしろ過去の最高所得水準の関数であるという命題。これを消費者の「習慣形成」(habit formation) と呼ぶ。
（6）消費者選好の空間的相互依存性の定式化。個人の消費支出が空間的に接触する人々の

注　133

消費水準の加重平均値の関数である，という考え。同一水準の消費水準を持つ消費者の間でも，接触する近隣の人々が高所得者の場合と低所得者の場合では，その効用に著しい相違がある。

(7)　「子供が老後の面倒をみてくれるか否かにかかわらず，遺産を残すための努力をしたい」と回答した世帯の割合は，日本で16%，米国で40%であった。

(8)　ホリオカ他（2001）によれば，3つの理論モデルの詳細は以下の通りである。①ライフ・サイクル・モデル（life cycle model）：人々が利己的であり，子に対する愛情は抱いていないと仮定する。ライフ・サイクル・モデルが成り立っていれば，人々は遺産を全く残さないか，死期の不確実性から生じる意図せざる遺産（予想以上に早く亡くなった時に残る遺産）のみを残すか，利己的な遺産動機（老後の面倒をみてもらった見返りとして遺産を残す「戦略的遺産動機」または老後の生活費に対する援助の見返りとして遺産を残す「家庭内の暗黙的年金契約」）から生じる遺産のみを残すはずである。また，遺産の分配方法については，老後の面倒をみてくれた子供または老後の生活費に対する援助をしてくれた子供にすべての財産を残すはずである。②利他主義モデル（altruism model）：人々は自分の子供に対して（世代間の）利他主義（愛情）を抱いており，その世代間の利他主義から子供に遺産を残す。利他主義が成り立っていれば，人々は何の見返りもなくても遺産を残すはずであり，所得獲得能力の少ない子供，病弱な子供により多く残すはずである。③王朝モデル（dynasty model）：人々は家または家業の存続を望んでおり，その目的を達成するために遺産を残す。王朝モデルが成り立っていれば，人々は遺産を残すはずであり，家または家業を継いでくれた子供にすべての財産を残すはずである。

(9)　黒字率＝（可処分所得－消費支出）÷可処分所得。ここでは黒字率を貯蓄率とみなして考える。

(10)　「満足」の数値は「満足している 1.9%」「まあ満足している 18.4%」の割合の合計であり，「不満」の数値は「やや不満だ 35.6%」「不満だ 40.1%」の合計である。

(11)　「平成21年度 年次経済財政報告」（http://www5.cao.go.jp/j-j/wp/wp-je09/09b03030.html）より「（図3-3-17）年金の将来に対する信頼感と貯蓄率の関係」を参照。

(12)　ベイズ型コウホート分析法については【補遺】を参照されたい。

(13)　2001年に『貯蓄と消費に関する世論調査』より名称変更。

(14)　中川・片桐のデータに追加。株式投資収益率，配当利回りは㈶日本証券経済研究所『株式投資収益率 2005年』より，預金金利は，1999～2005年については『日銀経済月報』より「定期預金新規受入平均金利」の「総合」より，1988年～1998年のデータは『平成12年 貯蓄動向調査』「預貯金金利（定期預金（1年以上2年未満））」より，1970～1987年は『平成12年 貯蓄動向調査』「預貯金金利（定期預金（1年））」よりそれぞれ引用。

(15)　2003年までは世帯の保有率であったが，2006年・2009年は個人の保有率の調査になったため，家森（2009）を参考に修正値を算出した。すなわち，原数値（2006年 13.2%，2009年 12.5%）を元に，二人世帯を仮定し（日本の平均世帯人員数が2.56人（国立社会保障・人口問題研究所（2005年）），世帯の少なくとも一人が株式を持っている確率（＝1－(1－原数値)×(1－原数値)）を計算した。

(16)　「ゆうちょ銀行 中間期ディスクロージャー誌 2010」（http://www.jp-bank.japanpost.

jp/aboutus/financial/abt_fnc_disclo2010m.html）および「旧日本郵政公社 ディスクロージャー誌（2003年度）」(http://www.japanpost.jp/financial/past/disclosure/2004/pdf/bank/05.pdf）。

(17) 「浮動マネー」の大量発生で家計金融資産の分布図はどう変わるか」住友信託銀行調査月報 2010年8月号（http://www.sumitomotrust.co.jp/RES/research/PDF2/712_4.pdf）。

(18) 「安全性」「流動性」「収益性」の3基準を用い，それぞれに関する項目を以下のように分類している。
安全性：「元本が保証されているから」「取扱金融機関が信用できて安心だから」
流動性：「少額でも預け入れや引き出しが自由に出来るから」「現金に換えやすいから」
収益性：「利回りがよいから」「将来の値上がりが期待できるから」

(19) 各種金融商品を保有する世帯の割合。

(20) http://www.younginvestorfund.com/

(21) 日本においても，ネット専業銀行が順調に口座数を伸ばしている。イーバンク銀行（340万口座）は比較的若い世代の利用が中心で30代が4割を占めるが，投資信託，外貨預金など金融商品が豊富で，サッカーくじ「toto」の購入もできる。「じぶん銀行」も携帯だけで口座を開設でき，電子マネーにチャージしやすい「財布代わり」の機能を備えており，利用者層の3割が20代の若年層である（「携帯専門「じぶん銀」最速で100万口座開設へ 財布代わり ネット世代つかむ」フジサンケイビジネスアイ（2010年3月11日）。

(22) http://www.ici.org/pdf/rpt_profile01.pdf

【第4章 補遺】 ベイズ型コウホート分析法

1 コウホートとは

　コウホート（cohort）とは，語源的には「ローマ時代の軍団の単位」のことである。転じて，ある人生の契機をほぼ同時期に経験した人間集団を表す言葉となった。就職コウホート，結婚コウホート，出生コウホートなどとして使われる。何も冠さなければ出生コウホート（同時出生集団）を指す。"団塊の世代"といった使い方をするときの「世代」と同義であるが，生まれ年を特定して使われる。

2 コウホート表

　年齢階級×調査時点別の集計表をコウホート分析の立場からはコウホート表と呼ぶ。年齢階級幅と調査間隔が一致している場合を特に標準コウホート表と呼んでいる。
　表4-aは「貯蓄動向調査」から，世帯主年齢階級別に1世帯あたりの有価証券の購買額を，1979年～1996年の5年ごとの時代的変化を追ったものである。年齢階級が5歳幅，5年ごとの調査結果を示しているので，標準コウホート表の例となっている。
　表の左上隅の0.58という値は，1979年（昭和54年）の調査において，世帯主年齢が24歳以下の世帯の有価証券購買額を示している。世帯主年齢を20～24歳とみなせば，世帯主が昭和30～34年生まれのコウホートの世帯ということになる。このコウホートは5年後の1984年には5年ずつ歳をとるので，24～29歳の年齢層に調査対象として入ってくる[(1)]。この時点での購買額の値は2.87である。同様に以降5年ごとにこのコウホートは齢を重ね，表を斜め右下にたどってゆく。したがって，世帯主のコウホートが昭和30～34年生まれの世帯の（平均）有価証券購買額は，1979年の20歳代前半から15年後の1994年の30歳代後半まで0.58→2.87→9.07→8.71と変化していることになる。しかし，この変化がコウホートの加齢による購買額の変化だけを示しているのではないことは容易に想像がつく。
　Glenn（1977）は表4-bのような標準コウホート表を示し，どのような比較となっているのかを説明した。「同一コウホートの経時比較」には，各世代に与えるその時々の時勢の影響（時代効果）と加齢による変化（年齢効果）の2つが混在している。

【第4章 補遺】 ベイズ型コウホート分析法

表4-a　有価証券の購買額（全国全世帯）

（デフレート済，単位：10万円）

年齢階級	調査時点				コウホート
	1979年	1984年	1989年	1994年	
〜24歳	0.58	1.68	2.39	0.03	
25〜29歳	2.33	2.87	9.59	6.80	S45–S49
30〜34歳	3.94	4.38	9.07	5.24	S40–S44
35〜39歳	7.42	8.37	13.85	8.71	S35–S39
40〜44歳	7.92	10.96	20.53	9.38	S30–S34
45〜49歳	16.36	13.59	30.18	14.93	S25–S29
50〜54歳	23.80	21.58	31.90	27.06	S20–S24
55〜59歳	22.58	27.01	57.84	24.98	S15–S19
60〜64歳	28.86	34.89	59.80	35.59	S10–S14
65歳〜	25.82	34.61	121.73	52.44	S5–S9
					T14–S4
					T9–T13
					T4–T8
					M43–T3

表4-b　標準コウホート表

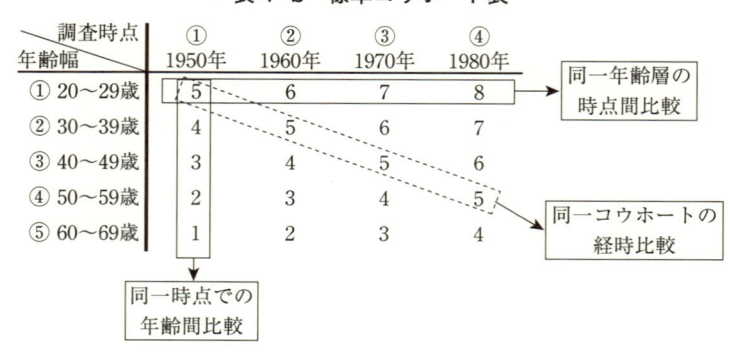

調査時点　　　　　年齢幅	① 1950年	② 1960年	③ 1970年	④ 1980年
① 20〜29歳	5	6	7	8
② 30〜39歳	4	5	6	7
③ 40〜49歳	3	4	5	6
④ 50〜59歳	2	3	4	5
⑤ 60〜69歳	1	2	3	4

→ 同一年齢層の時点間比較
→ 同一コウホートの経時比較
↓ 同一時点での年齢間比較

出所：Glenn（1977）（邦訳 p.101）。

「同一年齢層の時点間比較」には時代効果と世代の違い（コウホート効果）が，「同一時点での年齢間比較」には年齢効果とコウホート効果が混在している。

コウホート表の升目にある個々の値は，本来複合値であり，上のどのような比較も，時代・年齢・コウホートの単独の効果を取り出すことはできないのである。データの変動が，社会の成員の加齢によるものか，調査時点の時代背景によるものか，成員の属する誕生年次集団特有の世代性の違いによるものかを分離するためには，サンプリング等による誤差なども考慮する何らかの統計モデルを利用する必要がある。

3 年齢・時代・世代効果

コウホート分析の目的は，継続調査から得られる表4-aのようなコウホート表データから，年齢・時代・世代効果を分離することである。これら3つの効果について以下であらためて整理しておく。

第1は，加齢の影響〈年齢効果〉である。時代や世代に普遍的で，人の生理的な側面やライフステージと関連して変化する要因を指す。人が歳をとるにつれて年相応の意見や態度に変化することや，歳をとるにつれ脂っこい食べ物を敬遠するようになるというようなこと，定年退職後に現役時代の蓄えを取り崩して生活費に充てること，などの行動が，いつの時代にも世代を越えて見られるとすれば，それは年齢効果である。

年齢効果を顕在化させる要因として，ライフステージによる世帯人員数の増減（乳児，就学児，高齢者のいる家計），可処分所得の増減（年功序列型賃金，有業世帯人員数，退職後の年金生活），生活構造変化（社交，冠婚葬祭）などが考えられる。わが国は急速に高齢化社会が進展しており，その影響を測る上で年齢効果の持つ意味は重要である。

第2は，時勢の影響〈時代効果〉である。調査時点における社会環境の影響であり，特定の世代や年齢にかかわらず，消費者全体がある同じ方向に向けて変化してゆく影響を指している。たとえば，いわゆるバブル経済といった時勢が，年齢や世代を問わずその時代を生きるすべての人に影響を与え，社会全体を同じ方向に向けて変化させることが考えられる。

時代効果を顕在化させる要因として，所得水準と所得形態（所得変動，女性の社会進出），生活の空間・時間的構成，生活意識（経済的期待と見通し），経済情勢（物価，地価，為替変動など），交通・通信などのインフラ（インターネットの普及など），商業施設の変化（規制緩和，チャネルの多様化），購買状況要因（店舗，宣伝タイプ，商品陳列）

などが考えられる。

第3は，世代の持つ特徴の違い〈世代（コウホート）効果〉である。同じ時期に生まれ，共通の社会環境で育ってきた人間集団が固有の特徴を持つことを指す。これは加齢変化や時代変化に対しては不変の部分であり，異なる時代環境で育った人間集団がそれぞれ特徴のある行動をとりつづけることによってもたらされることになる。短期的には大きな変化はないが，長期的には世代交代により社会全体が変化する。たとえば，『平成14年度版 厚生労働白書』(2002) では，合計特殊出生率の低下は時代効果ではなく世代効果によるものと考えられている。

世代効果を顕在化させる要因として，所得水準と形態，学卒年次の経済状況と就職率，家族ライフサイクルの変化（少子化，晩婚化，女性の社会進出），生活諸習慣の変化（マスメディア接触パターン等），資産保有のパターン，集団・階層意識，学歴，生活目標・消費意識・購買態度，文化的風潮などが考えられる。

4　コウホート分析モデル

コウホート表データ（たとえば表4-aの有価証券の購買額の変動）は，年齢，時代，コウホートの3つの影響要因が混交しており，さらにサンプリング等の誤差も含んでいる。したがってコウホート分析は，次のような分解を目的とする統計的手法であるということができる。

　　⎡ある時代の　　⎤
　　｜ある年齢層を　｜ ＝ 〈年齢効果〉 ＋ 〈時代効果〉 ＋ 〈コウホート効果〉 ＋ 〈誤差〉
　　⎣特徴づける数量⎦
　　　　　　　　　　　　加齢による　　時勢による
　　　　　　　　　　　　変化の部分　　変化の部分　　　世代に固有の部分

うまく3つの効果が分離できれば，過去の消費構造変化が明らかになるばかりでなく，将来の動向に関して定性的・定量的な見通しをたてることも可能になってくる。現実の世界で，購買量（額）の変化が3つの要因のうちの1つだけで説明できるとは考えにくく，3つの要因がいずれも影響しているはずである。そこで，第 j 時代の第 i 年齢階級を特徴づける数量を

$$y_{ij}(\text{or} \log y_{ij}) = \beta^G + \beta_i^A + \beta_j^P + \sum_{k=1}^{K} c_{ij,k}\beta_k^C + \varepsilon_{ij}, \quad i=1,...,I; j=1,...,J;$$

のように分解する．ここで，β^G は総平均効果，β_i^A, β_j^P, β_k^C はそれぞれ年齢，時代，世代効果のパラメータであり，ε_{ij} は誤差項である．$c_{i,j,k}$ は，第 j 時代の第 i 年齢階級に対応するコウホート区分が世代効果の第 k 区分と重なる程度によって決まるウェイトであり，$c_{i,j,k} \geq 0$, $\sum_{k=1}^{K} c_{i,j,k} = 1$ である．3効果のパラメータは

$$\sum_{i=1}^{I} \beta_i^A = \sum_{j=1}^{J} \beta_j^P = \sum_{i=1}^{I}\sum_{j=1}^{J}\sum_{k=1}^{K} c_{i,j,k}\beta_k^C = 0.$$

のようにゼロ和制約を課して基準化する．I は年齢階級数，J は調査時点数，K はコウホート区分数である．

金融商品の保有率（その商品を"保有している"割合）を分析するためには，ベイズ型ロジット・コウホートモデルを用いた．このモデルは，第 j 調査時点の第 i 年齢階級の母集団における割合を π_{ij} とするとき，そのロジット変換 η_{ij} を，次のように分解するモデルである．

$$\eta_{ij} \equiv \log[\pi_{ij}/(1-\pi_{ij})] = \beta^G + \beta_i^A + \beta_j^P + \beta_k^C, \quad i=1,...,I; j=1,...,J; k=1,...,K.$$

5 識別問題

ところで，上のようなコウホート分析モデルには識別問題と呼ばれる困難がある．われわれが「今時の若い者は……」というときなど，年齢の違いと世代の違いを混同しやすいのと同じ問題が存在するからである．コウホート分析における識別問題とは，説明変数間に一次従属の関係があるために，データへの適合という面からパラメータの推定値を一意に決められない状況をいう．従来これら3効果を分離することは原理的に不可能であると指摘されてきた（Mason et al., 1973；Fienberg and Mason, 1979）．

6 パラメータの漸進的変化の条件

この問題を克服するために，中村（1982, 1986, 2005）は，3効果のパラメータの漸進的変化の条件という緩やかな付加条件を取り込み，赤池のベイズ型情報量規準 ABIC 最小化法（Akaike, 1980）によりモデル選択を行う方法を提案した．パラメータの漸進的変化の条件とは，識別問題を克服するための節約的説明の条件であり，隣り合うパラメータの変化をなるべく小さくするという以下の形で定式化される．

$$\frac{1}{\sigma_A^2}\sum_{i=1}^{I-1}(\beta_i^A-\beta_{i+1}^A)^2+\frac{1}{\sigma_P^2}\sum_{j=1}^{J-1}(\beta_j^P-\beta_{j+1}^P)^2+\frac{1}{\sigma_C^2}\sum_{k=1}^{K-1}(\beta_k^C-\beta_{k+1}^C)^2 \to \min.$$

ここで，σ_A^2, σ_P^2, σ_C^2 は超パラメータと呼ばれ，対応する効果パラメータの変動幅を制御するパラメータである。データの変動を同程度に説明できるならば，パラメータの変動幅は小さい方が解釈として自然で無理がないということもできる。

7 ベイズ型コウホート分析の特徴まとめ

① コウホート分析の識別問題を克服するために，節約的説明のできるパラメータの動き，すなわち，データの変動をパラメータの極力少ない変化で説明するという立場をとっている。
② それをパラメータの漸進的変化という比較的緩やかな条件として表現している。
③ そのような条件を取り込むためにベイズ型モデルとして定式化している。
④ 未知である超パラメータをABIC最小化法により決めることにより，最適モデルを自動的に選択する。

（1）ここでは，結婚などによる新たな世帯の参入については捨象している。また，同一対象世帯を継続して調査しているものでもない。

※この補遺の内容は，山下貴子・中村 隆（2002, 2008, 2010）の各論文中の，中村による方法論の説明部分を再構成したものである。読者の便のため，了解を得てここに再録した。

第5章　リーマン・ショック後の金融資産選択行動

1　金融のグローバル化とリーマン・ショック

　2008年9月15日，全米第4位の大手投資銀行だった Lehman Brothers 社が破綻したことが市場の混乱を引き起こし，株式もドルも大きく売られダウ平均株価は同日500ドル以上の下げを記録した。金融安定化法案が米国下院で否決された9月29日には777.68ドル安と史上最大の下落を記録することとなり，新聞やテレビは一斉に「100年に一度の金融危機」とあおり立てた。米国政府は Lehman Brothers のような巨大金融機関でさえ必ずしも支援が得られるものではないということを世界に知らしめたが，その一方で，直後に米国大手保険会社である AIG は救済するなど，一般消費者にとっては支援を決定する基準にあいまいさが残り，市場不安を増幅したといわれている。

　このリーマン・ショックを契機に起こった世界的な金融危機は日本にも波及し，ダウ平均が最安値を記録した2009年3月9日の翌日，日経平均株価も3月10日には終値で7,054.98円の最安値を記録した。日本銀行による「資金循環統計」によると，2008年末時点での家計部門の金融資産は前年に比べて5.7％減の1,433兆516億円で，資産構成は株式・出資金が40.2％減の87兆794億円，投資信託も33.4％減の47兆8,527億円になった。これらは株価の運用損を含んでいるため必ずしも家計のリスク選好度の低下を反映したとはいえないが，逆に現金・預金は0.9％増の791兆5,613億円になっており，リスク性資産から安全資産へ一定の資金シフトが起こったと考えることができる。第4章のベイズ型コウホート分析法を用いた結果で，株式・投資信託の時代効果が2008年には前年より小さくなっている一方，通貨性預金の時代効果は増大傾向にあることからも，この傾向は示唆される。日経新聞社の調査 (2010)[(1)] では，2008年秋以降の金

融危機がどのような意識変化をもたらしたか，株式や投資信託などリスク性資産に対する運用態度を聞いている。それによると，「株式や投資信託などリスク資産に対する運用態度は，30代では「増やした」という割合が多く，逆に60代では「売却した」という割合が多くなり，年齢が高くなるにつれリスク資産を吐き出し安全資産で運用する傾向が見られる」としている。

　本章では，リーマン・ショックのようなネガティブ・イベントが起こった状況下で，消費者はどのように金融商品を選択しているのかという点について明らかにすることを目的とした。第1章で見てきたように，金融規制緩和が進められ消費者を取り巻く環境は変化した一方で，金融市場のグローバル化によって他国の経済や政治の動きも瞬時にわが国に影響を与えるようになっている。しかし，大きな金融危機が起こった場合でも，消費者にとってその事象のとらえ方は一様ではない。客観的な情報を収集し理性的に判断できる能力のある消費者と，悲観的な感情を優先して事象をとらえる消費者では，それぞれの行動も異なってくるだろう。そこで，消費者をクラスタリングし，各々のクラスタの比較を通じて検証することにした。

　分析に使用したデータは2008年10月16日〜同年12月5日に実施された「日経NEEDS-RADAR金融行動調査」2008年度本調査で，調査期間がリーマン・ショック後の回答者の金融商品に対する考えを反映しているという前提の下で分析を行った。分析手法は，クラスタ分析を用いて消費者をセグメントに分け，その後，各々のセグメントごとの商品選択について検討を加えた。

　リーマン・ショックのような大きなネガティブ・イベントが起こるとき，マスコミが大きく報道することでより多くの人々が関心を持ち，経済的リスクの存在に気づかされるようになる。楠見 (2007) は，人は突発的なリスクの存在に気づくとそのリスクに対してイメージを作るとし，「重大性」，「未知性」，「感情性」，「制御可能性」の4つのイメージ形成要因を挙げた。そして，Slovic (1987) の観点を引用してそれぞれを説明している。第1の「重大性」については，リスクのイメージの第1次元としてマスメディアの報道内容の影響が大きく，被害の大きさや制御の難しさに関するマスメディアの報道が恐怖

のイメージを抱かせる，としている。第2の「未知性」については，リスクが新しく発生原因や被害が未知であるといったイメージを指す。大手の金融機関の倒産というリスクに対する未知性のイメージは大きいものと考えられた。第3の「感情性」は，そのリスク対象についてわれわれが抱くイメージが肯定的感情であるか，否定的感情であるか，という観点である。ある対象のリスクを判断する場合に，その対象に関する感情的な反応を利用して判断や決定を行っている（Alhakami & Slovic, 1994）。Finucane *et al.* (2000) によれば，感情や気分を利用してよりアクセスしにくい次元（属性）の評価を行うヒューリスティクであるとしている（図5-1）。ある事象に関する情報について肯定的な感情でとらえると，ベネフィットが大きく，リスクが小さいと判断される。逆に否定的な感情で情報をとらえると，リスクが大きいと判断される。そして，リスク判断において感情ヒューリスティクスを利用する傾向は強固であることを示した。

この考えに従うと，否定的感情に基づいてそのリスクが認知された場合に，感情的評価と一致するようにリスクが判断されたということになる。リーマン・ショック当時，社員が高額な報酬を受け取っていた金融機関に対して米国政府や中央銀行が公的支援を行うということに米国国民が強い反感を示していた[2]。客観的な情報の不足から，事象を不快感情でとらえるように誘導され，

図5-1　感情ヒューリスティクス・モデル

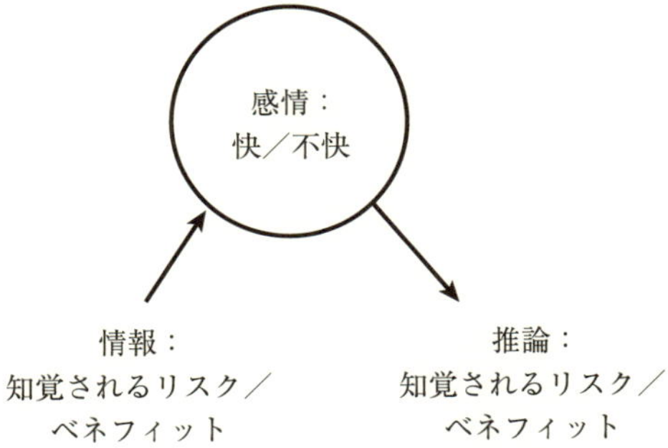

出所：Finucane *et al.* (2000) p.9 に加筆修正。

ベネフィットは小さく，リスクは過大に認知された可能性がある。

　第4はリスク事象の制御可能性の観点である。リーマン・ショックのような金融危機の発生は，全く偶然に支配されると思うか，自分の努力で予防することができると思うか，という，その事象に対する「運」と「リスクヘッジ能力」の操作や制御可能性の度合い（確率計算が可能なリスクであるのか，確率計算が不可能な真の不確実性であるのかという判断）（酒井，2010）を見積もることを指す。突発的なネガティブ・イベントの後について考えると，リスクの生起確率と損益の大きさの見積もりは主観的なものとなる。多くの人々は，複雑な情報に対して瞬時に大まかな認知処理を行う（Tversky et al., 1974）。「修正（adjustment）とアンカリング（anchoring）」というヒューリスティクスでは，人はある特定の日のダウ平均株価を最初の妥当な初期値（anchor）とみなし，修正を施しながら推定する。しかし，強くこの初期値に支配されると，他の客観的な情報に基づく修正を十分に行えなくなるというバイアスがかかってしまう。リーマン・ショック時には，目前の株価水準を初期値としてこれにとらわれ，他のファンダメンタルな情報を無視して修正を怠った結果，これを下回る損失リスクを過大に認識した可能性がある。また，「利用可能性（availability）」ヒューリスティクスでは，基本的な発生確率を無視して記憶に残る特性に大きく頼って判断する。リーマン・ショックのように，その混乱した場面のイメージが鮮烈なものや具体的なものは利用可能性が高くなり，このヒューリスティクスによる判断は，銀行破綻リスクの生起確率が過大評価されやすくなってしまう。

　リーマン・ショックのような事象をどの程度のリスクととらえるかは消費者によって異なる。リスクを過大に評価する人は悲観的になり，以降のリスク性資産の選択を忌避するであろうし，株価が底値を打ったと判断してこれをチャンスととらえる人は，リスク性資産を買い足すであろう。このような行動様式の違いを知るためには，何らかの基準によって消費者をセグメンテーションし，そのグループごとの差異を分析する必要がある。次節では金融マーケティングに有効なセグメンテーションについて考察する。

2　消費者のセグメンテーション

　従来，金融機関では富裕層・中間層・マス層などのように金融資産残高やライフステージなどの属性によって消費者を細分化してきた。しかし，それぞれの消費者ニーズに適合する商品やサービス，取引チャネルを提供するためには，消費者の態度やリテラシー，行動パターンを軸としたセグメンテーションを考慮する必要がある。

　Kamakura *et al.* (1991) は，金融商品へのニーズはピラミッド型のヒエラルキーを構成しているとした。一番底辺にあるニーズは現金へのアクセスのしやすさであり，高い流動性と低いリスクを持つ商品が選択されるが，徐々にピラミッドの頂点に上っていくにつれ，より多くのリターンを求めてリスクのある商品が選ばれたり，長期的な運用を考慮に入れた流動性の低い商品が選ばれていくようになる。上位のニーズを満たす金融商品は複雑さやリスクが増すため，消費者の「成熟」(Financial maturity) が必要とされる，としている。井上 (2009) は知識や関与，知覚リスクといったサイコグラフィック変数を元に生命保険商品の選択に関して8つのセグメントを作成した。井上他 (2009) では，生命保険加入に際して積極的に情報探索を行うかどうかといった加入プロセスの主体性の程度を元に消費者を「真性能動的顧客」「疑似能動的顧客」「受動的顧客」の3つに分類している。栗林 (2003) は，金融商品の購入プロセスにおいて金融業態・機関・商品選択をどのような順序で選択してゆくのか，という消費者行動の差異を元にセグメンテーションを作成している。里村他 (2002) は，銀行の顧客の金融チャネルの利用実態（ATM・窓口・センター）と，金融商品への興味の程度や保有資産額等をたずねるアンケートを組み合わせて7つのセグメントを作成し，各セグメントのストック選好について分析を行った。

　金融マーケティングにおいては，デモグラフィック要因に加え，サイコグラフィック要因を元にしたセグメンテーションが有効であるとされている

(Wills, 1985)。たとえば，Midland Bank（現在はHSBC傘下）は，消費者の態度を元に「自信」と「銀行への信頼」という2次元に分け，「新参者（New Bankers）」，「伝統者（Traditionalists）」，「最小主義者（Minimalists）」，「機会行動主義者（Opportunists）」という4セグメントを作成した（Harrison, 2000）。「新参者」は自信は低く，銀行への信頼は高い。この「新参者」は時間を経て「伝統者」（銀行のフルサービスを受けている人）もしくは「最小主義者」（銀行の利用頻度が低い人）に統合されていく。「機会行動主義者」は高い自信を持ち，よりよい条件を求めて金融機関を移動する人を指し，Midland Bankはそれぞれをターゲットにした3種類のマルチ・サービス口座を提供していた。

この他にもHarrison（1994, 1997）は，「知覚知識（Perceived knowledge：知識があると知覚される程度）」と「関与の度合い（Level of involvement）」の2次元から4つのセグメントも作成している。図5-2は，Harrison（1997）による知覚知識を元にしたセグメンテーションである。

「金融困惑者」と「無関心な最小主義者」は，自分自身の金融に対する知識が少ないと自覚し，将来展望についても短期的な計画しか立てず，金融機関の利用も少ない。「用心深い投資家」と「積極運用者」は，知識と投資哲学を持っており，金融商品にも関心が高く将来展望も長期的である。この2つのセグメントの違いは，「用心深い投資家」はリスク回避的であることに対し，「積極運用者」はリスク耐性が高いことである。

図5-2　知覚知識と成熟度を用いたセグメンテーション

	金融成熟度 低	金融成熟度 高
知覚知識 低	金融困惑者 (Financially confused)	無関心な最小主義者 (Apathetic minimalists)
知覚知識 高	用心深い投資家 (Cautious investor)	積極運用者 (Capital accumulator)

出所：Harrison (1997).

山本（2002）は，金融機関に関する意見や行動を元に「現状維持」，「革新指向者」，「高不安」，「低関心」の4つのセグメントを作成し，利用金融機関，取引意向，情報収集の各行動の差異について検討を行った。そしてそれぞれのセグメントに向けてのマーケティング・ミックスを提案している。これらの中では「革新指向者」はある程度のリスクを許容し，インターネットなどの新たなチャネルの利用意向が高いとされている。田村（2002）は，銀行利用パターンについて「資産運用」，「電子決済」の2因子を抽出し，「資産運用型」，「電子財布型」，「電子・資産運用型」，「低利用型」という4つのタイプを作成した。これらのタイプと年齢の関係を調べたところ，50歳を基準に「電子財布型」から「資産運用型」が増えるなど年齢によって銀行利用パターンが変化することを示した。

栗林（2001）は，日経 NEEDS-RADAR 金融行動調査のデータを用いて「資産運用関与度」と「資産運用品質判断力」の2つの次元から4つのセグメントを作成した（図5-3）。「関与」の指標については金融意識に関する質問項目の因子分析から抽出された1因子を用いている。ただし「品質判断力」については①金融資産総額，②ポートフォリオ（保有する金融商品の数），③取扱商品を認知している金融機関の数，の3要素から合成変数を作成しており，これは結局のところ，金融資産残高を基準にしたデモグラフィックな区分にあたるため，サイコグラフィック要因×デモグラフィック要因の2軸を用いてセグメントを作成している点に留意する必要がある。栗林は，それぞれのセグメントごとに回答者の属性を比較し，その特徴を以下のように示している。Ⅰ．は平均世帯年収が一番高く，男性比率と大卒の割合も高い。子育てを終えつつあり老後に向けた資産形成を始めている。Ⅱ．は30歳代が中心で平均年齢が最も若く子育て費用がかかる層が中心であり，資産運用への関心はあっても実際に行う余力がない，Ⅲ．は年齢やライフステージはⅡに似ているが，大卒者の割合が最も低く平均世帯年収も一番低いため，資産運用の余地が少ない。Ⅳ．は，平均年齢が最も高く50歳代以降が中心で，世帯年収は二番目に高い。Ⅰと似た構成になっている。金融商品の種類別構成比で見ると，銀行預金・郵便貯金・

図5-3 資産運用への「関与」と「品質判断能力」に基づくセグメント

	資産運用品質判断力	
	低	高
資産運用関与度 高	II. 高関与・低判断力層：(27.3%)	I. 高関与・高判断力層：(19.4%)
資産運用関与度 低	III. 低関与・低判断力層：(42.6%)	IV. 低関与・高判断力層：(10.8%)

(注) カッコ内はシェア。
出所：栗林 (2001)。

信託貯蓄などの元本保証型の低リスク商品の割合が多いのは，III. 低関与・低判断力層→II. 高関与・低判断力層→IV. 低関与・高判断力層→I. 高関与・高判断力層，の順で，株式・投資信託などのリスク性商品はその逆となっていた。

栗林他（2008）は他にも，金融リテラシーを「自ら金融商品・金融取引についての情報・知識を，その背景まで含めて取得・蓄積し，理解・判断の上，適切に活用する能力」と定義した上で，消費者を4つのリテラシー・タイプに分類し，各々のタイプ別に生命保険の選択行動の比較を行っている。先行研究の多くは，金融リテラシーの測定方法として，回答者自身による自己評価（知覚知識）を用いているが，この研究の特徴は，自己評価に加えて金融知識に関する簡単なクイズの回答率を，金融リテラシーの客観指標として採用していることにある。そして「高知識一致」，「自信」，「低知識一致」，「謙虚」の4つのタイプに分類している。その結果，金融リテラシーの客観指標の水準によって金融意識や行動に差異があることを実証した。

そこで本研究では，先行研究で示されたようなサイコグラフィック変数を用いた消費者セグメント作成の有効性に立脚し，2008年と2007年に実施された「日経 NEEDS-RADAR 金融行動調査」のデータのうち貯蓄・投資商品に対する態度に関する尺度を用いて消費者のセグメントを作成することにした。そ

して，各セグメントのデモグラフィックや金融商品選択態度を比較し，リーマン・ショック後の金融商品選択行動について考察を行った．

3　使用データと分析方法

本研究では「日経 NEEDS-RADAR 金融行動調査」を用いて分析を行った．データの概要については以下の通りである．

① 2008年本調査
　調査地域：東京駅を中心とする首都圏　40km 圏
　調査対象者：上記地域に居住する25歳～74歳の男女個人　8,490人
　有効回収数：2,585人（30.4％）
　調査期間：2008年10月16日～同年12月5日
② 2007年本調査
　調査地域：東京駅を中心とする首都圏　40km 圏
　調査対象者：上記地域に居住する25歳～74歳の男女個人　8,660人
　有効回収数：2,563人（28.9％）
　調査期間：2007年10月18日～同年12月3日

2つの調査を比べると，質問項目の順番や選択肢に若干の差異があるため，比較を行う際には基本的に2007年本調査のデータを2008年本調査のフォーマットに合わせて修正を施した後，分析をすすめた．

4　金融行動のクラスタリング

4-1　クラスタの分類

まず，貯蓄や投資など金融商品全般に対する考え方についてたずねた22の質

問項目について因子分析を行った（主因子法・バリマックス回転）。この中から分析を繰り返し検討し，最終的に18の質問項目を用いて表5-1のような3つの因子を抽出した。

第1因子は「金融商品について他人より詳しい方だ」，「金融商品の専門用語を理解できる」，「金融商品の購入タイミングについて経済動向などをにらんだ上で判断できる方だ」，「資産運用について関心がある」，「多少のリスクがあっても，収益性の高い貯蓄・投資商品を利用したい」などの項目で因子負荷量が高い。金融商品について関与や判断力が高く，新聞や雑誌などから自ら情報を集めようとする積極的な態度も示しており，「金融リテラシー」因子と命名した。

第2因子は，「将来的な人生設計や老後の備えを含め，資金計画について専門家に相談してみたい」，「貯蓄や投資，保険などの金融商品の仕組みや利用方法について，もっとよく知りたいと思う」，「資産運用はじっくり人と相談しながら考えたい」といった項目に因子負荷量が高く，金融コンサルタントやフィナンシャルプランナーなど専門家の持つ知識を利用したい／頼りにしたいとする「コンサルティング情報希求」因子と命名した。

第3因子は，「よい商品・サービスがあれば外資系金融機関でも取引を考えたい」，「よい商品・サービスがあれば新規参入した金融機関でも取引を考えたい」といった項目に因子負荷量が高く，外資系や新規参入の金融機関の利用に抵抗感が薄い「機会主義的行動」因子と命名した。

これら求めた3つの因子のうち，第1因子（「金融リテラシー」）と第2因子（「コンサルティング情報希求」）の得点を用いて，Ward法によるクラスタ分析を行い，回答者を4つのクラスタに分類した。その結果，第1クラスタには542名，第2クラスタには693名，第3クラスタには821名，第4クラスタには296名に分けられ（表5-2），χ^2検定を行ったところ有意な人数比率の偏りが見られた（$\chi^2=259.68$, $df=3$, $p<0.001$）。クラスタの散布図を（図5-4）に示す。

次に，得られた4つのクラスタを独立変数，「金融リテラシー」と「コンサルティング情報希求」を従属変数にした分散分析を行い「金融リテラシー」・「コンサルティング情報希求」ともに有意な差を得た（「金融リテラシー」：F

表5-1 金融意識に関する因子分析結果[3]

	I 金融リテラシー	II コンサルティング／情報希求	III 機会主義的行動	Cronbach's α
・金融商品については，他人より詳しい方だ	.849	.029	.188	
・金融商品の専門用語を理解できる	.801	.029	.151	
・金融商品の購入タイミングについて，経済動向等をにらんだ上で判断できる方だ	.697	.087	.152	
・新聞・雑誌の記事や広告などで貯蓄や投資の情報を積極的に得る方である	.692	.219	.182	0.889
・金融商品や金融機関について，人からよく聞かれることがある	.626	.110	.077	
・よい金融商品・サービスがあれば積極的に利用を考える方である	.578	.289	.318	
・資産運用について関心がある	.558	.417	.322	
・多少のリスクがあっても，収益性の高い貯蓄・投資商品を利用したい	.545	.160	.380	
・資産運用についていろいろ知識を身につけるのはおっくうだ	−.454	.069	.085	
・将来的な人生設計や老後の備えを含め，資金計画について専門家に相談してみたい	.115	.757	.162	
・貯蓄や投資，保険などの金融商品の仕組みや利用方法について，もっとよく知りたいと思う	.268	.698	.186	
・資産運用はじっくり人と相談しながら考えたい	−.050	.674	.058	0.777
・ある程度以上の資産ができたら，資産の総合的な運用や管理は専門家に委託したい	.026	.508	.237	
・金融機関からの商品やサービスに関する情報提供が不足していると思う	.133	.477	.053	
・将来を考えると，預貯金などのリスクのない運用だけでは不安だ	.256	.371	.185	
・よい商品・サービスがあれば外資系金融機関でも取引を考えたい	.250	.249	.748	
・よい商品・サービスがあれば新規参入した金融機関でも取引を考えたい	.203	.207	.734	0.721
・資産運用で利用する金融機関は，電話やインターネットなどで取引ができれば，支店が近くになくてもかまわない	.258	.166	.367	
固有値	6.569	2.327	1.209	
累積寄与率（％）	36.5	49.4	56.1	

（注）アミカケ部分は，各因子に対して回転後の因子負荷量が相対的に高い項目を示す。

表5-2 クラスタ人数分布

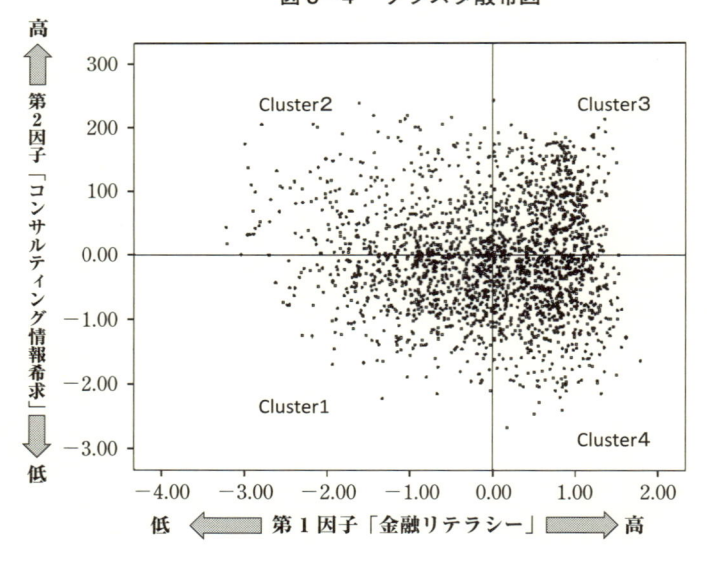

		n	%
Cluster1	低金融リテラシー／低コンサル情報希求	542	23.0
Cluster2	低金融リテラシー／高コンサル情報希求	693	29.5
Cluster3	高金融リテラシー／高コンサル情報希求	821	34.9
Cluster4	高金融リテラシー／低コンサル情報希求	296	12.6
合計		2352	100.0

図5-4 クラスタ散布図

$(2352,3)=2620.75$,「コンサルティング情報希求」：$F(2352,3)=345.57$，ともに$p<0.001$）。続いて多重比較を行ったところ，すべてのペアに有意差があり「金融リテラシー」については第4クラスタ＞第3クラスタ＞第1クラスタ＞第2クラスタ，「コンサルティング情報希求」については第2クラスタ＞第3クラスタ＞第4クラスタ＞第1クラスタという結果となった。

第1クラスタは，「金融リテラシー」・「コンサルティング情報希求」ともに

低いため「低金融リテラシー／低コンサル情報希求」群，第2クラスタは「金融リテラシー」は低いが「コンサルティング情報希求」は高いため「低リテラシー／高コンサル情報希求」群とした。第3クラスタは，「金融リテラシー」・「コンサルティング情報希求」ともに高いので「高金融リテラシー／高コンサル情報希求」群とし，第4クラスタは「金融リテラシー」は高いが「コンサルティング情報希求」は低いため「高金融リテラシー／低コンサル情報希求」群とした。

4-2 各クラスタのプロファイル

次に，各クラスタのデモグラフィックを比較した。

①年　　齢

「年齢」を従属変数，4クラスタを独立変数とした分散分析を行うと，平均年齢に有意差が見られた（$F(2352,3)=43.80, p<0.001$）。TukeyのHSD法（5％水準）による多重比較を行うと，表5-3のようになり，「コンサルティング情報希求」の低いクラスタ（第1・第4クラスタ）が他の2つのクラスタより平均年齢が高いという結果になった。「金融リテラシー」の高いクラスタと低いクラスタの平均年齢が同じ等質サブグループになったことから，金融リテラ

表5-3　クラスタ別平均年齢の多重比較

			$\alpha=0.05$のサブグループ		
			1	2	3
CL 2	低リテラシー／高コンサル希求	平均（歳）	43.66		
		SD	12.96		
CL 3	高リテラシー／高コンサル希求	平均（歳）		48.41	
		SD		14.16	
CL 4	高リテラシー／低コンサル希求	平均（歳）			50.72
		SD			13.64
CL 1	低リテラシー／低コンサル希求	平均（歳）			52.24
		SD			14.42

図5-5 クラスタ別年齢構成比

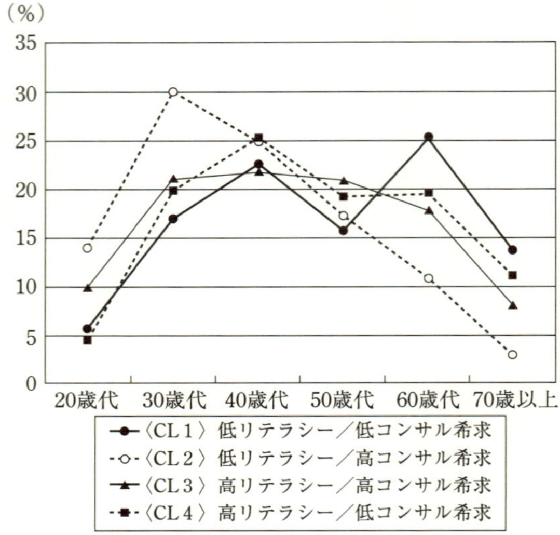

(グラフ：縦軸 %、横軸 20歳代・30歳代・40歳代・50歳代・60歳代・70歳以上)

- ─●─ 〈CL1〉低リテラシー／低コンサル希求
- ‐○‐ 〈CL2〉低リテラシー／高コンサル希求
- ─▲─ 〈CL3〉高リテラシー／高コンサル希求
- ‐■‐ 〈CL4〉高リテラシー／低コンサル希求

シーは加齢によって蓄積されるものではないことが示唆される。

② 世 帯 年 収

つぎに「過去1年間の定常的な収入（税込）」を従属変数、4クラスタを独立変数とした分散分析を行うと、平均収入に有意差が見られた（$F(2288,3)=36.24, p<0.001$）。多重比較を行うと、表5-4のようになり、「金融リテラシー」の高いクラスタ（第3・第4クラスタ）が平均収入が高い。

③ ライフステージ

クラスタごとのライフステージの割合について χ^2 検定を行ったところ有意な人数比率の偏りが見られた（$\chi^2=111.05, df=27, p<0.001$）。クラスタ別のライフステージ分布を図5-7に示す。

第1子誕生〜就学までのライフステージにおいて第2クラスタ（低リテラシー／高コンサル希求）の割合が高くなっており、金融知識の少ない消費者は子

表 5-4　クラスタ別平均世帯年収の多重比較

			α=0.05のサブグループ		
			1	2	3
CL1	低リテラシー／低コンサル希求	平均（10万円）	52.87		
		SD	37.25		
CL2	低リテラシー／高コンサル希求	平均（10万円）	57.32		
		SD	36.77		
CL3	高リテラシー／高コンサル希求	平均（10万円）		67.41	
		SD		40.80	
CL4	高リテラシー／低コンサル希求	平均（10万円）			79.34
		SD			44.78

図 5-6　クラスタ別世帯年収構成比[(4)]

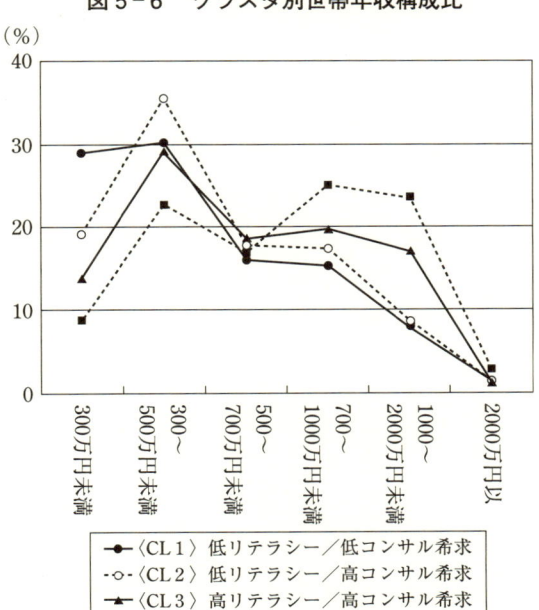

図５−７　クラスタ別ライフステージの分布

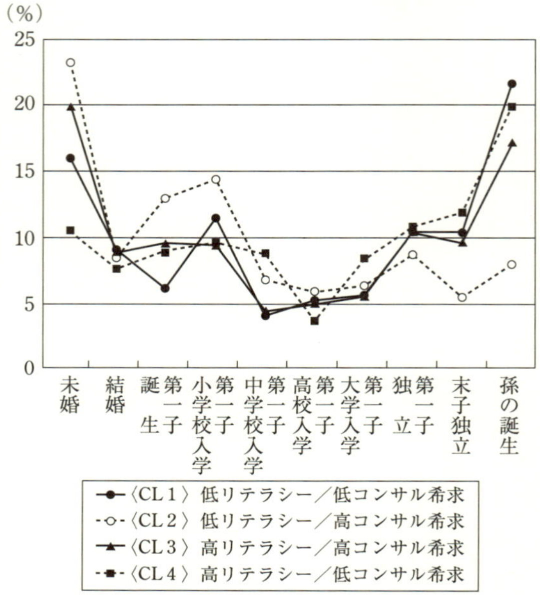
(%)
25
20
15
10
5
0
未婚
結婚
第一子誕生
第一子小学校入学
第一子中学校入学
第一子高校入学
第一子大学入学
第一子独立
末子独立
孫の誕生
〈CL１〉低リテラシー／低コンサル希求
〈CL２〉低リテラシー／高コンサル希求
〈CL３〉高リテラシー／高コンサル希求
〈CL４〉高リテラシー／低コンサル希求

供の誕生をきっかけにコンサルティングへの要望が高まると考えられる。

④就業率と性差

クラスタごとの就業率について χ^2 検定を行ったところ有意な偏りが見られた（$\chi^2=21.15$, $df=3$, $p<0.001$）。第１クラスタ（低リテラシー／低コンサル希求）群の就業率が他と比して低い傾向にある（表５-５）。また，性別についても χ^2 検定を行ったところ有意な偏りが見られた（$\chi^2=85.71$, $df=3$, $p<0.001$）。第２クラスタ（低リテラシー／高コンサル希求）には有職女性比率が高い。

総務省(5)によると，全従業者に占める女性雇用者の割合は1975年には32.0%であったものが2007年には41.3%と増加し，共働きの世帯数(6)も1997年に専業主婦のいる片働き世帯数を逆転，その後も増え続け片働き世帯数との差は広がっている。住友信託銀行の試算（2008）(7)によると，30〜40代女性の金融資産

表5-5　クラスタ別就業率と性別の構成比

	男性		女性	
	有職	無職	有職	無職
〈CL1〉低リテラシー／低コンサル希求	42.8%	14.6%	22.9%	19.7%
調整済み残差	−2.7	3.1	−1.5	2.9
〈CL2〉低リテラシー／高コンサル希求	40.8%	6.2%	35.4%	17.6%
調整済み残差	−4.4	−4.8	7.2	1.6
〈CL3〉高リテラシー／高コンサル希求	51.8%	11.5%	23.5%	13.2%
調整済み残差	2.8	0.6	−1.6	−2.5
〈CL4〉高リテラシー／低コンサル希求	62.8%	13.9%	12.2%	11.1%
調整済み残差	5.5	1.7	−5.6	−2.3
全体平均	47.9%	10.9%	25.4%	15.8%

保有額は70兆円強で，男性も合わせた30～40代の金融資産保有総額の5割弱にあたるとしている。女性の労働力の上昇は趨勢的であることをふまえても，女性の保有する金融資産市場は拡大していくと考えられる。金融機関が，女性専用商品を開発したり女性向け投資セミナーを開催するのも，女性を顧客として意識し，重視し始めたことの表れといえる。同調査によると，女性専用の住宅ローンや投資信託，会員制の女性クラブなど，何らかの形で女性向けの商品・サービスを提供している金融機関は，メガバンクの3/4，地銀，第2地銀の1/3に上り，複数の商品・サービスを持つ金融機関も，メガでは5割，第2地銀では1割強見られる，としている。

4-3　各クラスタの金融意識

①税込み年収の増減

「お宅の税込み年収は前年（2007年）に比べて増えましたか」という設問に対する回答割合について χ^2 検定を行ったところ有意な偏りが見られた（$\chi^2=38.38$, $df=12$, $p<0.001$）。クラスタ別「税込み年収」の増減を（表5-6）に示す。第1クラスタ「低リテラシー／低コンサル希求」群は「やや減った」に「減った」割合を加えると40.1%になり，他の3群は32%前後であることと比して高くなっている（表5-6）。逆に，「増えた」＋「やや増えた」割合は12.7

表5-6　クラスタ別「税込み年収」の増減

	増えた	やや増えた	ほとんど変わらない	やや減った	減った	やや減った+減った
〈CL1〉低リテラシー／低コンサル希求	3.6%	9.2%	47.2%	22.7%	17.4%	40.1%
調整済み残差	-2.5	-4.0	0.5	2.3	2.3	
〈CL2〉低リテラシー／高コンサル希求	6.0%	16.4%	46.6%	15.4%	15.7%	31.1%
調整済み残差	0.3	1.6	0.3	-3.0	1.2	
〈CL3〉高リテラシー／高コンサル希求	7.0%	15.6%	45.8%	19.7%	11.9%	31.6%
調整済み残差	1.9	1.0	-0.2	0.5	-2.5	
〈CL4〉高リテラシー／低コンサル希求	5.8%	17.1%	44.2%	20.2%	12.7%	32.9%
調整済み残差	0.1	1.3	-0.7	0.5	-0.9	
全体平均	5.8%	14.6%	46.2%	19.1%	14.4%	

表5-7　クラスタ別「家計の余裕」の程度

	かなり余裕がある	ある程度余裕がある	あまり余裕がない	全く余裕がない
〈CL1〉低リテラシー／低コンサル希求	1.7%	21.9%	46.7%	29.7%
調整済み残差	0.4	-4.9	0.1	5.3
〈CL2〉低リテラシー／高コンサル希求	0.4%	23.5%	47.2%	28.8%
調整済み残差	-2.7	-4.7	0.5	5.5
〈CL3〉高リテラシー／高コンサル希求	1.3%	35.8%	50.2%	12.6%
調整済み残差	-0.4	4.2	2.6	-7.7
〈CL4〉高リテラシー／低コンサル希求	4.1%	47.3%	34.4%	14.3%
調整済み残差	3.9	6.7	-4.5	-3.2
全体平均	1.5%	30.4%	46.5%	21.6%

％にすぎず，他の3群が22％前後であることと比して低い。

②家計の余裕

　「この1年間を振り返ってみて，お宅の暮らし向きは経済的にどの程度余裕があると思いますか」という設問に対する回答割合について χ^2 検定を行ったところ有意な偏りが見られた（$\chi^2=160.24$, $df=9$, $p<0.001$）。「低リテラシー」の第1・第2クラスタは，「全く余裕がない」と回答した割合が30％弱あり，他の2群と比して2倍になっている（表5-7）。

③リスク性商品への意識

　リスク性商品への意識について「この1年を振り返ってみて，お宅では投資信託や株式，リスクがあっても高収益が期待できる商品を利用したい（利用を増やしたい）という気持ちは強まりましたか」という設問に対する回答を見ると（図5-8），リーマン・ショック後の2008年調査では2007年調査と比して「ほとんど変わらない」が減少するとともに「弱まった」が大きく増加した。回答割合について χ^2 検定を行い，有意な偏りが示された（$\chi^2=256.39$, $df=4$, $p<0.001$）。

　どのクラスタが利用意向を変化させたのかを調べるため2008年の回答割合について χ^2 検定を行ったところ，有意な偏りが見られた（$\chi^2=144.38$, $df=12$, $p<0.001$）。「高リテラシー」群である第3・第4クラスタのリスク性資産への投資意向は「（リスク性資産への投資意向が）「強まった」＋「やや強まった」」の割合がそれぞれ17.5％と24.0％と，「低リテラシー」群（第1・第2クラスタでそれぞれ5.3％と8.8％）と比較してかなり高い（表5-8）。調査実施時期と「この1年を振り返って（利用意向は高まったか）」と期間を区切ったワーディング

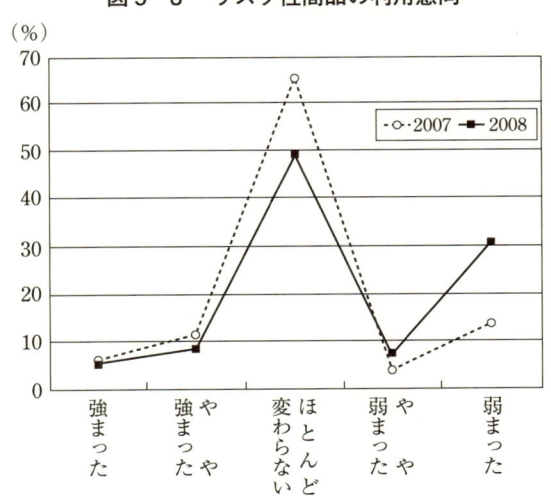

図5-8　リスク性商品の利用意向[8]

表5-8 リスク性商品の利用意向構成比（1）

「この一年を振り返って，リスクがあっても高収益が期待できる商品を利用したいという気持ちが強まったか」

	強まった	やや強まった	ほとんど変わらない	やや弱まった	弱まった	「強まった」+「やや強まった」
〈CL1〉低リテラシー／低コンサル希求	2.2%	3.1%	55.5%	3.7%	35.4%	5.3%
調整済み残差	-3.5	-4.5	3.2	-3.4	2.7	
〈CL2〉低リテラシー／高コンサル希求	2.1%	6.7%	53.4%	4.5%	33.4%	8.8%
調整済み残差	-4.4	-1.3	2.6	-3.3	1.9	
〈CL3〉高リテラシー／高コンサル希求	7.0%	10.5%	45.3%	10.9%	26.3%	17.5%
調整済み残差	2.9	3.5	-2.8	5.1	-3.3	
〈CL4〉高リテラシー／低コンサル希求	12.7%	11.3%	39.4%	9.2%	27.4%	24.0%
調整済み残差	6.2	2.4	-3.6	1.4	-1.3	
全体平均	5.2%	7.8%	49.2%	7.2%	30.6%	13.0%

を設問に用いていることをふまえると，第3・第4クラスタは，リーマン・ショックをチャンスととらえ，積極的に機会を活用しようとしている姿がうかがえる。逆に第1・第2クラスタは「弱まった」と回答した割合が第3・第4クラスタに比して有意に高い。このことからも金融リテラシーの低いクラスタは，リーマン・ショックによる損失リスクを大きく評価するようなフレーミングを行ったと考えられる。

次に，長期的な資産運用について「投資信託や株式，外貨預金など，リスクがあっても高収益が期待できる金融商品をある程度組み入れたいと思うか」という質問の回答割合を見ると（表5-9），有意な差が見られた（$\chi^2=554.2, df=9, p<0.001$）。第4クラスタ（「高リテラシー／低コンサル希求」）の，リスク性資産の組み入れ意向を持つ割合が6割以上と高くなっている。逆に「そう思わない」と回答した割合は，第1クラスタで69.7%，第2クラスタで47.4%と大きい割合を示した。これら金融リテラシーの低いクラスタのリスク性資産の回避意向は，第3・第4クラスタの2～3倍の割合になる。

上記の質問でリスク性資産の組み入れ意向を持っている（「そう思う」と「ど

表5-9 リスク性商品の利用意向構成比（２）

「リスクがあっても高収益が期待できる金融商品をある程度組み入れたいと思うか」

	そう思う	どちらかといえばそう思う	どちらかといえばそうは思わない	そう思わない	「そう思う」＋「どちらかといえばそう思う」
〈CL1〉低リテラシー／低コンサル希求	2.7%	6.9%	20.6%	69.7%	9.6%
調整済み残差	－6.8	－7.3	－5.8	15.4	
〈CL2〉低リテラシー／高コンサル希求	3.1%	12.7%	36.8%	47.4%	15.8%
調整済み残差	－7.7	－4.0	3.9	4.3	
〈CL3〉高リテラシー／高コンサル希求	14.6%	24.3%	38.0%	23.1%	38.9%
調整済み残差	4.3	6.2	5.4	－12.6	
〈CL4〉高リテラシー／低コンサル希求	32.4%	29.4%	16.4%	21.8%	61.8%
調整済み残差	12.8	5.6	－5.8	－7.0	
全体平均	10.8%	17.6%	31.0%	40.6%	28.4%

ちらかといえばそう思う」）と答えた回答者に対し「金融資産（不動産を除く）の何％くらいまでならリスクのある商品を組み入れてもいいと思うか」たずね，4つのクラスタを独立変数，「組み入れたい割合（％）」を従属変数にした分散分析を行ったところ，有意な差を得た（$F(628,3)=12.79, p<0.001$）。多重比較を行うと（表5-10），第1～3クラスタ群が2割程度までしかリスク性商品の組み入れを希望していないことに対し，第4クラスタ（「高リテラシー／低コンサル希求」）は，3割以上のリスク性商品の組み入れ意向を持っている。

こうしたリスク性資産の運用主体について，「自分で運用する」か「専門家（投資会社など）が運用する商品を利用したい」をクラスタ別に比較したところ，有意差が見られた（$\chi^2=36.6, df=3, p<0.001$）。第4クラスタ（「高リテラシー／低コンサル希求」）群は，8割近くが「主に自分で運用する」と回答している。逆に，第2クラスタ（「低リテラシー／高コンサル希求」）群は5割以上が「専門家が運用する商品を利用する」と回答した（表5-11）。

どのようなリスク性商品を利用したいかクラスタ別に比較したところ，ここにも有意差が見られた（$\chi^2=43.6, df=6, p<0.001$）。第4クラスタ（「高リテラシ

表5-10　リスク性商品の組み入れ希望割合の多重比較

「金融資産の何%くらいまでならリスクのある商品を組み入れてもいいと思うか」

	α=0.05のサブグループ	
	1	2
〈CL2〉低リテラシー／高コンサル希求	22.2%	
〈CL1〉低リテラシー／低コンサル希求	23.9%	
〈CL3〉高リテラシー／高コンサル希求	26.5%	
〈CL4〉高リテラシー／低コンサル希求		34.0%

表5-11　リスク性資産の運用主体

	主に自分で運用する	主に専門家が運用する
〈CL1〉低リテラシー／低コンサル希求	61.7%	38.3%
調整済み残差	－0.1	0.1
〈CL2〉低リテラシー／高コンサル希求	46.2%	53.8%
調整済み残差	－3.8	3.8
〈CL3〉高リテラシー／高コンサル希求	58.5%	41.5%
調整済み残差	－2.1	2.1
〈CL4〉高リテラシー／低コンサル希求	79.6%	20.4%
調整済み残差	5.5	－5.5
全体平均	62.6%	37.4%

ー／低コンサル希求」）群は，「元本割れリスクは大きくても，有益性の高そうな商品（ハイリスク・ハイリターン）」を選ぶ割合が他のクラスタよりも大きく，「収益性は低くても，元本割れの少ない商品（ローリスク・ローリターン）」を選ぶ割合は他のクラスタよりも小さかった。逆に，第1クラスタ（「低リテラシー／低コンサル希求」）群は，「ローリスク・ローリターン」を選ぶ割合が他のクラスタより大きい（表5-12）。

　リスク性商品の利用の仕方について，「価格の変動にかかわらず，ある程度の期間は利用する」か「価格の変動によって，短期間でも売却することを考え

表 5-12　利用したいリスク性商品

	ローリスク・ローリターン	ミドルリスク・ミドルリターン	ハイリスク・ハイリターン
〈CL1〉低リテラシー／低コンサル希求	44.7%	40.4%	14.9%
調整済み残差	3.1	−3.1	0.6
〈CL2〉低リテラシー／高コンサル希求	37.1%	58.1%	4.8%
調整済み残差	2.9	−0.9	−2.6
〈CL3〉高リテラシー／高コンサル希求	27.5%	62.0%	10.5%
調整済み残差	0.9	0.1	−1.3
〈CL4〉高リテラシー／低コンサル希求	11.7%	69.4%	18.9%
調整済み残差	−5.1	2.5	3.2
全体平均	25.9%	61.9%	12.2%

表 5-13　リスク性資産の利用期間

	価格の変動にかかわらず，ある程度の期間は利用する	価格の変動によって，短期間でも売却することを考える
〈CL2〉低リテラシー／低コンサル希求	72.3%	27.7%
〈CL1〉低リテラシー／高コンサル希求	64.2%	35.8%
〈CL3〉高リテラシー／高コンサル希求	64.2%	35.8%
〈CL4〉高リテラシー／低コンサル希求	55.6%	44.4%
全体平均	62.4%	37.6%

る」か，各々の割合をクラスタ別に比較したところ有意差は見られなかった（$\chi^2=6.15$, $df=3$, n.s.）（表5-13）。

最後に「今後の長期的な資産運用に対する考え方」についてクラスタ別に回答割合を比較したところ，有意差が見られた（$\chi^2=194.5$, $df=6$, $p<0.001$）。第4クラスタ（「高リテラシー／低コンサル希求」）群は「積極的に増やすことが大事」と回答した割合が他のクラスタと比して大きく，能動的な資産運用をしようとする態度が見られる（表5-14）。逆に，第1クラスタ（「低リテラシー／低コンサル希求」）群は「減らさないことが大事」と回答した割合が他のクラスタ

表5-14 今後の長期的な資産運用に対する考え方

	積極的に増やすことが大事	こつこつためることが大事	減らさないことが大事
〈CL1〉低リテラシー／低コンサル希求	2.7%	54.5%	42.9%
調整済み残差	-7.0	-3.0	8.0
〈CL2〉低リテラシー／高コンサル希求	5.9%	70.0%	24.2%
調整済み残差	-5.1	6.3	-3.3
〈CL3〉高リテラシー／高コンサル希求	15.1%	59.7%	25.1%
調整済み残差	4.7	-0.3	-2.9
〈CL4〉高リテラシー／低コンサル希求	26.7%	47.9%	25.3%
調整済み残差	9.2	-4.5	-1.4
全体平均	11.0%	60.1%	28.9%

より大きく,資産運用に対して消極的な態度であるといえる。また,第2クラスタ(「低リテラシー／高コンサル希求」)群は「こつこつためることが大事」という割合が他のクラスタより大きく,資産運用に対する態度は中間的である。

④金融資産残高の比較

次に金融資産残高のクラスタ別比較を行うため,まず,金融資産残高の金額データに対してクラスタ別の平均を求めた(表5-15)。

等分散性が確認された「貯蓄預金」,「外貨建て貯蓄・投資商品」,「社内貯蓄・財形貯蓄」,「投資信託」,「MMF, MRF, 中期国債ファンド」,「生命保険死亡保障(配偶者)」,「医療保険・がん保険の入院給付金(世帯主)」,「定額個人年金(世帯主)」,「老後に必要な資金額」について,各々の金融資産を従属変数,4クラスタを独立変数とした分散分析を行うと,「医療保険・がん保険の入院給付金(世帯主)」($F(1248,3)=4.73, p<0.001$),「老後に必要な資金額」($F(2234,3)=9.60, p<0.001$),に有意差が見られた[9]。等分散が確認されなかった残りの金融資産についてクラスカル・ウォリスの検定を行ったところ,「普通預金」,「定期預金」,「様式時価総額」,「生命保険死亡保障世帯主」などの金融資産に有意差が見られた[10]。

4 金融行動のクラスタリング

表5-15 クラスタ別金融資産残高

		⟨CL1⟩ 低リテラシー・低コンサル希求	⟨CL2⟩ 低リテラシー・高コンサル希求	⟨CL3⟩ 高リテラシー・高コンサル希求	⟨CL4⟩ 高リテラシー・低コンサル希求	全体			⟨CL1⟩ 低リテラシー・低コンサル希求	⟨CL2⟩ 低リテラシー・高コンサル希求	⟨CL3⟩ 高リテラシー・高コンサル希求	⟨CL4⟩ 高リテラシー・低コンサル希求	全体
普通預金 (10万円)	n	472	624	753	271	2120	生命保険死亡保障 (世帯主) (10万円)	n	374	531	629	234	1768
	MEAN	45.3	28.7	41.4	49.6	39.6		MEAN	157.6	187.7	198.1	223.5	189.8
	SD	80.3	49.6	71.2	80.6	69.6		SD	131.1	138.2	143.9	150.5	141.7
定期預金 (10万円)	n	172	220	329	144	865	生命保険死亡保障 (配偶者) (10万円)	n	251	334	443	177	1205
	MEAN	96.4	56.4	89.0	105.7	84.9		MEAN	101.2	98.8	106.9	109.0	103.8
	SD	99.4	71.0	99.6	125.9	99.7		SD	97.5	85.5	90.5	82.2	89.5
貯蓄預金 (10万円)	n	75	120	185	75	455	医療保険・がん保険の入院給付金 (世帯主) (100円)	n	254	368	451	179	1252
	MEAN	33.9	28.7	38.7	34.5	34.6		MEAN	88.7	89.2	93.0	102.5	92.4
	SD	35.1	53.6	56.8	63.4	54.2		SD	45.2	42.2	40.3	45.3	42.8
ビッグなど信託貯蓄残高 (10万円)	n	18	10	27	11	66	医療保険・がん保険の入院給付金 (配偶者) (100円)	n	130	191	257	105	683
	MEAN	35.8	45.9	61.8	54.9	51.1		MEAN	79.8	75.5	74.6	81.7	76.9
	SD	24.3	44.7	57.5	44.3	46.6		SD	44.6	41.3	38.7	43.8	41.4
外貨建て貯蓄・投資商品 (10万円)	n	34	39	151	89	313	定額個人年金 年間受取金額 (世帯主) (万円)	n	67	109	150	60	386
	MEAN	31.9	35.7	43.9	42.6	41.2		MEAN	122.4	139.7	130.5	155.0	135.5
	SD	37.2	67.0	67.6	57.6	62.0		SD	117.4	135.4	123.4	144.4	129.2
社内貯蓄、財形貯蓄 (10万円)	n	46	119	137	69	371	定額個人年金 年間受取額 (配偶者) (万円)	n	33	32	80	32	177
	MEAN	25.1	24.8	27.9	34.3	27.8		MEAN	109.9	100.0	85.3	122.7	99.3
	SD	26.6	27.2	33.6	56.4	36.5		SD	107.3	111.8	69.1	131.7	98.5
円建て債券 (10万円)	n	44	31	95	67	237	変額年金・外貨建て年金払い込み保険料総額 (10万円)	n	11	13	36	14	74
	MEAN	42.6	35.7	61.5	69.8	57.0		MEAN	70.1	42.9	34.7	80.7	50.1
	SD	31.3	21.0	86.5	98.3	77.9		SD	55.8	42.1	36.3	68.2	50.4
株式時価総額 (10万円)	n	91	94	291	166	642	定年退職金の受取額 (万円)	n	194	219	382	164	959
	MEAN	38.2	33.0	47.7	76.3	51.6		MEAN	157.6	129.0	180.7	209.1	169.1
	SD	54.4	63.9	79.4	103.9	83.0		SD	110.4	115.3	123.6	130.6	123.2
投資信託 (10万円)	n	31	41	144	93	309	老後に必要な資金 (10万円)	n	502	665	787	284	2238
	MEAN	40.4	46.4	60.0	61.1	56.5		MEAN	38.4	40.2	42.8	46.7	41.5
	SD	37.6	68.0	76.5	89.7	76.9		SD	23.6	21.5	23.0	24.3	23.0
MMF, MRF, 中期国債ファンド (10万円)	n	17	14	76	68	175	退職・引退時に準備しておきたい目標額 (100万円)	n	480	639	777	281	2177
	MEAN	30.0	16.1	18.1	25.4	21.9		MEAN	20.9	24.3	31.3	38.0	27.8
	SD	35.9	14.9	31.2	55.5	42.0		SD	18.4	18.1	21.4	27.8	21.6
貯蓄・投資総額 (10万円)	n	487	638	761	280	2166	クレジットカード平均利用額 (千円)	n	412	588	733	270	2003
	MEAN	101.0	64.2	132.3	198.1	113.7		MEAN	32.9	38.5	46.7	55.5	42.6
	SD	154.5	109.5	188.2	233.9	173.7		SD	40.4	42.9	48.7	54.2	46.8

4-4 金融機関へのニーズ

次に，各クラスタごとに貯蓄や資産運用で利用する記入機関へのニーズについて比較・検討するため，「今後利用する金融機関に今以上充実してもらいたいこと」を①日常利用する金融機関，②貯蓄で利用する金融機関，③資産運用で利用する金融機関に分けて，各々5つまで選択するマルチプル・アンサーで回答を得ている（表5-16）。

①日常利用する金融機関へのニーズ

全体では「手数料の値下げ」（65％）を選んだ割合が最も高く，以下「営業時間（休日）」（54％），「営業時間（平日夜間）」（43％），「金利，配当利回り」（42％），「対応の親切さ」（38％），「支店の立地」（35％）と続く。

各クラスタ別に χ^2 検定を行い，有意差のあった項目については調整済み残差を参照することで[11]各クラスタの特徴をとらえた（【第5章補遺（表a）】），（図5-9）。

第1クラスタ（低リテラシー／低コンサル希求）は，日常利用する金融機関へのニーズとして「その金融機関のイメージ」を選択する割合が他のクラスタより高く，長期取引（「一定の取引をしていると金利・手数料が優遇される」），「パソコンによる取引サービス」，「情報提供サービス」，「営業時間（平日夜間）」へのニーズが低い。

第2クラスタ（低リテラシー／高コンサル希求）は，「営業時間（平日夜間，休日とも）」に対するニーズが高く，「商品・サービスの品揃え」，「一定の取引をしていると金利・手数料が優遇される」といった項目へのニーズが低い。

第3クラスタ（高リテラシー／高コンサル希求）は，「一定の取引をしていると金利・手数料が優遇される」，「パソコンによる取引サービス」，「情報提供サービス」へのニーズが高い。

第4クラスタ（高リテラシー／低コンサル希求）は，「職員の商品・業務知識」，「商品・サービスの品揃え」，「一定の取引をしていると金利・手数料が優

表5-16 金融機関へのニーズ（全体）

(単位：%)

	日常利用	貯蓄で利用	資産運用で利用
手数料の値下げ	65.0	32.1	32.9
営業時間（休日）	54.5	19.6	15.0
営業時間（平日の夜間）	43.1	15.1	10.3
金利，配当利回り	41.9	80.2	61.6
対応の親切さ	37.5	34.9	35.2
支店の立地	34.9	19.6	12.1
業務処理の迅速さ	31.1	19.9	17.6
支店の数	23.5	9.7	5.5
一定の取引をしていると金利・手数料などが優遇されるサービス	20.2	31.9	22.6
セキュリティ対策	18.8	21.5	19.1
パソコンによる取引サービス	14.8	16.2	18.1
説明のわかりやすさ	13.0	28.0	46.1
景品・懸賞品	8.9	14.2	5.6
商品・サービスの品揃え	8.4	27.1	30.1
情報提供サービス	8.0	21.1	30.3
通帳やカードのデザイン	6.4	2.5	0.6
相談能力	6.0	15.4	34.7
職員の商品・業務知識	5.4	15.5	28.1
携帯電話のネット機能による取引サービス	4.1	3.7	4.5
その金融機関のイメージ	4.0	4.7	4.8
電話による取引サービス	2.6	3.8	4.2
経営情報の公開姿勢	2.6	7.1	10.8
個室などの相談スペース	1.1	2.4	6.9

(注) アミカケ部分は30%以上の回答割合が得られたもの。

図 5-9 「日常利用」のニーズ（重視する点）

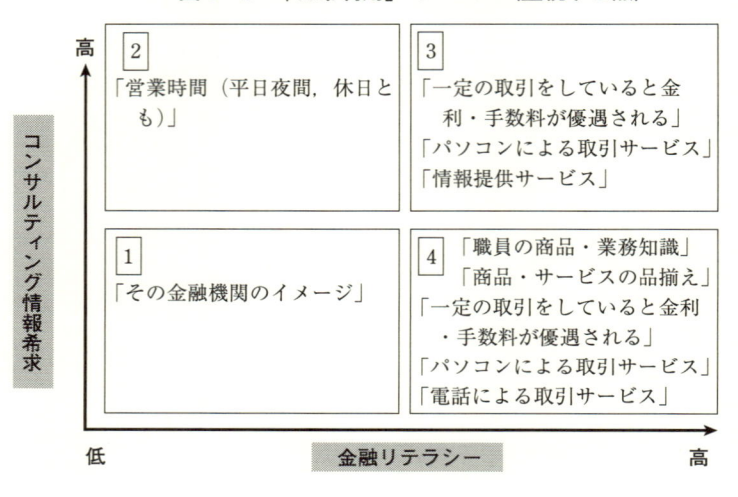

```
     高↑
        ┌─────────────────┬─────────────────────┐
        │ 2               │ 3                   │
        │「営業時間（平日夜間，│「一定の取引をしていると金│
        │ 休日とも）」      │ 利・手数料が優遇される」 │
   コ   │                 │「パソコンによる取引サービス」│
   ン   │                 │「情報提供サービス」    │
   サ   ├─────────────────┼─────────────────────┤
   ル   │ 1               │ 4 「職員の商品・業務知識」│
   テ   │「その金融機関のイメージ」│「商品・サービスの品揃え」│
   ィ   │                 │「一定の取引をしていると金利│
   ン   │                 │ ・手数料が優遇される」  │
   グ   │                 │「パソコンによる取引サービス」│
   情   │                 │「電話による取引サービス」│
   報   └─────────────────┴─────────────────────┘
   希  低          金融リテラシー          高
   求
```

遇される」，「パソコンによる取引サービス」，「電話による取引サービス」などのニーズが他のクラスタより高い。逆に「金利・配当利回り」，「営業時間（休日）」，「説明のわかりやすさ」，「通帳やカードのデザイン」へのニーズが低い。

②貯蓄で利用する金融機関へのニーズ

　全体では「金利・配当利回り」（80％）を選んだ割合が圧倒的に高く，以下「対応の親切さ」（35％），「一定の取引をしていると金利・手数料が優遇される」，「手数料の値下げ」（32％）と続く（【第 5 章補遺（表 b）】，（図 5-10））。

　クラスタ別に見ると（図 5-10），第 1 クラスタ（低リテラシー／低コンサル希求）は，貯蓄で利用する金融機関へのニーズとして「対応の親切さ」を選択する割合が他のクラスタより高く，長期取引（「一定の取引をしていると金利・手数料が優遇される」），「パソコンによる取引サービス」，「商品・サービスの品揃え」へのニーズが低い。第 2 クラスタ（低リテラシー／高コンサル希求）は，「金利・配当利回り」，「説明のわかりやすさ」に対するニーズが高い。

　第 3 クラスタ（高リテラシー／高コンサル希求）は，「個室などの相談スペー

図5-10　「貯蓄に利用」のニーズ（重視する点）

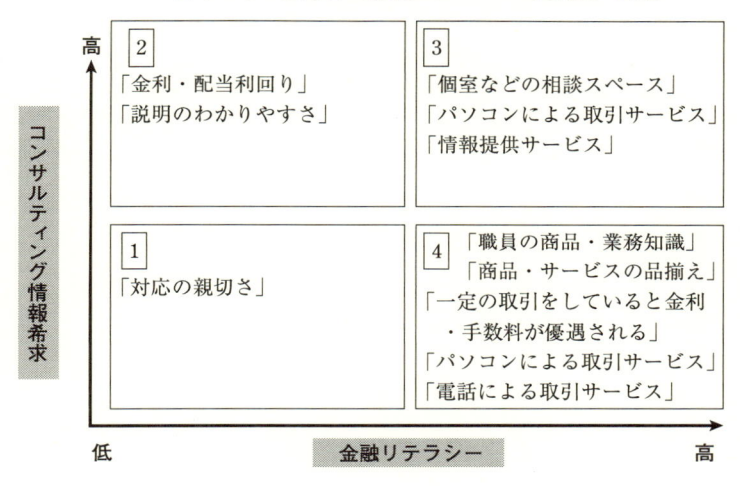

```
高 ↑
     ┌─────────────────┬─────────────────────┐
     │ 2               │ 3                   │
     │「金利・配当利回り」│「個室などの相談スペース」│
コ   │「説明のわかりやすさ」│「パソコンによる取引サービス」│
ン   │                 │「情報提供サービス」    │
サ   ├─────────────────┼─────────────────────┤
ル   │ 1               │ 4                   │
テ   │「対応の親切さ」   │「職員の商品・業務知識」│
ィ   │                 │「商品・サービスの品揃え」│
ン   │                 │「一定の取引をしていると金利│
グ   │                 │　・手数料が優遇される」│
情   │                 │「パソコンによる取引サービス」│
報   │                 │「電話による取引サービス」│
希   └─────────────────┴─────────────────────┘─→
求  低         　　　　金融リテラシー　　　　　  高
```

ス」,「パソコンによる取引サービス」,「情報提供サービス」へのニーズが高く, 第4クラスタ（高リテラシー／低コンサル希求）は,「一定の取引をしていると金利・手数料が優遇される」,「職員の商品・業務知識」,「パソコンによる取引サービス」,「電話による取引サービス」などのニーズが他のクラスタより高い。逆に「説明のわかりやすさ」,「対応の親切さ」,「支店の数」へのニーズが低い。

③資産運用で利用する金融機関へのニーズ

　全体では「金利・配当利回り」（62％）を選んだ割合が高く, 以下「説明のわかりやすさ」（46％）,「対応の親切さ」「相談能力」（35％）と続く（【第5章補遺（表c）】,（図5-11））。

　クラスタ別に見ると（図5-11）, 第1クラスタ（低リテラシー／低コンサル希求）は, 資産運用で利用する金融機関へのニーズとして「支店の立地」を選択する割合が他のクラスタより高く,「パソコンによる取引サービス」へのニーズが低い。第2クラスタ（低リテラシー／高コンサル希求）は,「金利・配当利回り」,「説明のわかりやすさ」,「相談能力」,「対応の親切さ」に対するニーズ

図 5-11 「資産運用で利用」のニーズ（重視する点）

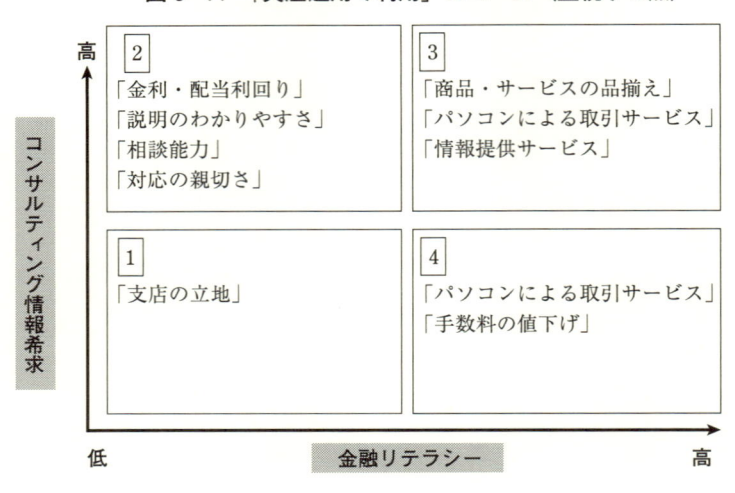

コンサルティング情報希求（縦軸：低→高）／金融リテラシー（横軸：低→高）

- ②（左上）
  - 「金利・配当利回り」
  - 「説明のわかりやすさ」
  - 「相談能力」
  - 「対応の親切さ」
- ③（右上）
  - 「商品・サービスの品揃え」
  - 「パソコンによる取引サービス」
  - 「情報提供サービス」
- ①（左下）
  - 「支店の立地」
- ④（右下）
  - 「パソコンによる取引サービス」
  - 「手数料の値下げ」

が高く，「手数料の値下げ」へのニーズは低い。

　第3クラスタ（高リテラシー／高コンサル希求）は，「商品・サービスの品揃え」，「パソコンによる取引サービス」，「情報提供サービス」へのニーズが高く，第4クラスタ（高リテラシー／低コンサル希求）は，「手数料の値下げ」，「パソコンによる取引サービス」などのニーズが他のクラスタより高く，「金利・配当利回り」，「説明のわかりやすさ」へのニーズが低い。

4-5　金融商品・金融機関に関する情報源

　金融商品や金融機関を選択する際にどのような情報源を活用しているのか。「金融商品の検討にあたって今後積極的に活用したいと思う情報源」「金融機関の検討にあたって今後積極的に活用したいと思う情報源」についてクラスタ別に比較を行った（【第5章補遺（表d）（表e）】）。

　クラスタ別の情報収集行動は，金融商品・機関ともに同じような傾向が見られた（図5-12）。第1クラスタ（低リテラシー／低コンサル希求）は，どの情報源の重視度も他のクラスタに比べて一様に低く，「特にない」と答えた割合も

図5-12 金融商品・金融機関に関する情報源

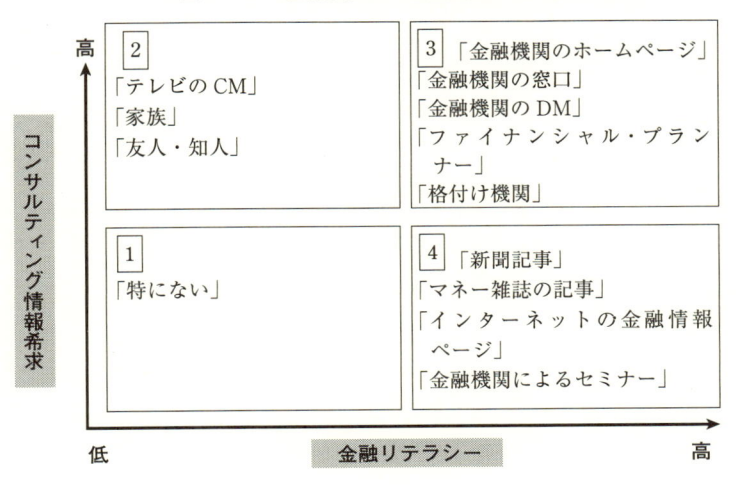

縦軸：コンサルティング情報希求（低～高）
横軸：金融リテラシー（低～高）

- 2（低リテラシー／高コンサル希求）
  - 「テレビのCM」
  - 「家族」
  - 「友人・知人」
- 3（高リテラシー／高コンサル希求）
  - 「金融機関のホームページ」
  - 「金融機関の窓口」
  - 「金融機関のDM」
  - 「ファイナンシャル・プランナー」
  - 「格付け機関」
- 1（低リテラシー／低コンサル希求）
  - 「特にない」
- 4（高リテラシー／低コンサル希求）
  - 「新聞記事」
  - 「マネー雑誌の記事」
  - 「インターネットの金融情報ページ」
  - 「金融機関によるセミナー」

半数近く存在しており，情報収集に対して消極的な態度が見られる。第2クラスタ（低リテラシー／高コンサル希求）は，テレビCMや家族や知人のクチコミを重視する割合が多く，情報収集しようとする姿勢はあるが，その情報の内容は比較的わかりやすく，入手しやすいものを求めていることがわかる。第3クラスタ（高リテラシー／高コンサル希求）と第4クラスタ（高リテラシー／低コンサル希求）は，情報収集に対して積極的で，インターネットでの検索やセミナーへの参加する割合も大きい。しかし，第4クラスタは「金融機関の窓口」の利用や，家族や知人のクチコミの利用は少ない。逆に第3クラスタは窓口やダイレクトメールも重視している。

消費者は，貯蓄や資産運用の重要性について理解はしていても，重要性に関する認識それ自体がかえって心理的な重荷になってしまい，適切な意思決定を阻害したり，情報探索をあきらめてしまったりする（福原，2010）。こうした意思決定の先送りを「心理バイアス」と呼んでいる。「Choice paralysis（選択放棄）」，「Living for today（今日一日のために生きる）」といった行動をとりやすくなる。貯蓄・投資など金融取引に関する意思決定には心理バイアスが作用し

やすいが，これは，金融取引が心理バイアスが発生しやすい条件（①複雑な情報判断を伴う場合，②判断結果にリスクや不確実性が伴う場合，③意思決定により，何らかの見返りが期待できる場合，④現在と将来との間で利益のトレードオフ関係が生ずる場合）に合致しやすいためである（Pronin, 2007）。

　金融リテラシーの低い第1・第2クラスタは情報探索能力が低く，金融取引において上記のような心理的バイアスや主観的な情報過多による選択回避が発生していると考えられる。福原（*ibid.*）は，こうした心理バイアスの影響を回避する方策の1つとして，カナダにおいて行動経済学的な見地から消費者に対するフェイス・ツゥ・フェイスのアドバイスの提供を提案していることを紹介している。消費者が心理バイアスの存在自体に気がつかないことが多く，アドバイスの提供などを通じて第三者がこうしたバイアスの存在を指摘する必要があるためである。

　英国では，2012年から企業年金に加入していない中低所得勤労者を対象とした新しい退職準備貯蓄制度が導入されるが，金融リテラシーが低く資金運用方法の選択に自信がない消費者でも，安心して新型年金が利用できるような工夫もされている。消費者が運用方式について特段の意思表示を行わない場合には，リスク・リターンの関係や加入者のライフステージに応じて，制度提供者によってあらかじめ定められた運用方法が自動的に適用され（「デフォルト・オプション方式」），大半の加入者がこれを利用することが想定されている（杉田，2010）。消費者の金融リテラシー向上が経済全体の安定性にもつながるとするならば[12]，日本においても第1・第2クラスタの能力向上が急務であるといえる。

　次に「金融リテラシー」，「コンサルティング希求」の水準と情報収集行動の線形関係の有無をより明確に分析するため，それぞれの下位尺度を目的変数とする回帰分析を行った。「金融リテラシー」の水準と情報源の関係を見ると（表5-17），金融機関からのダイレクトメールやパンフレット，新聞の記事や広告，マネー雑誌の記事や書籍，インターネットの金融情報ページ，セミナーなど専門的な情報を求める傾向にあることがわかる。逆に，家族や友人・知人

表 5-17 「金融リテラシー」と金融商品・金融機関選択時の情報源

従属変数:「金融リテラシー」下位尺度	金融商品		金融機関	
	β	t値	β	t値
金融機関の窓口	−.017	−.829	−.029	−1.345
金融機関の外交員	.023	1.189	.031	1.522
金融機関からのダイレクトメール	.046	2.338**	.031	1.486
金融機関作成の印刷物（パンフレット，カタログなど）	−.042	−2.099**	−.030	−1.457
新聞の記事	.095	4.315***	.093	3.799***
新聞の広告	.079	3.626***	.028	1.202
マネー雑誌の記事	.146	6.682***	.123	5.384***
マネー雑誌の広告	.026	1.233	.028	1.243
一般雑誌の記事	.031	1.410	−.019	−.814
一般雑誌の広告	−.029	−1.395	.013	.568
書籍	.079	4.037***	.100	4.863***
テレビ番組	−.030	−1.468	−.046	−2.119**
テレビCM	−.053	−2.592**	−.047	−2.143**
金融機関のホームページ	.039	1.879	.011	.498
インターネットの金融情報ページ（金融機関以外）	.121	5.728***	.089	3.962***
金融機関が主催するセミナー・講座	.106	5.337***	.078	3.846***
マスコミ・公的機関などが開催するセミナー・講座	.005	.237	.053	2.631**
メールマガジン	.018	.951	.022	1.134
ファイナンシャル・プランナー	.012	.609	.004	.213
家族	−.089	−4.339***	−.089	−4.067***
友人・知人	−.057	−2.757**	−.047	−2.125**
特にない	−.220	−8.993***	−.210	−8.063***
格付け機関			.032	1.592
n		2253		2253
自由度調整済み決定係数		0.245		0.180

*p<0.05, **p<0.01, ***p<0.001

表5-18 「コンサルティング希求」と金融商品・金融機関選択時の情報源

従属変数:「コンサルティング希求」下位尺度	金融商品		金融機関	
	β	t値	β	t値
金融機関の窓口	.059	2.766**	.037	1.720
金融機関の外交員	.026	1.295	.032	1.536
金融機関からのダイレクトメール	.009	.410	.022	1.061
金融機関作成の印刷物（パンフレット，カタログなど）	.011	.522	−.021	−1.000
新聞の記事	−.070	−2.994**	−.006	−.237
新聞の広告	.024	1.042	−.013	−.550
マネー雑誌の記事	.111	4.828***	.119	5.054***
マネー雑誌の広告	.016	.718	.016	.688
一般雑誌の記事	.051	2.238**	.023	.988
一般雑誌の広告	−.033	−1.508	.014	.608
書籍	.034	1.639	.043	2.028**
テレビ番組	.033	1.559	−.017	−.780
テレビCM	.018	.819	.015	.682
金融機関のホームページ	.098	4.493***	.069	3.113**
インターネットの金融情報ページ（金融機関以外）	.048	2.180**	.056	2.447**
金融機関が主催するセミナー・講座	.028	1.346	.033	1.611
マスコミ・公的機関などが開催するセミナー・講座	.060	2.876**	.032	1.547
メールマガジン	.006	.318	−.034	−1.693
ファイナンシャル・プランナー	.110	5.460***	.110	5.389***
家族	−.005	−.247	−.018	−.799
友人・知人	.053	2.419**	.047	2.045**
特にない	−.171	−6.630***	−.167	−6.232***
格付け機関			.019	.931
n		2253		2253
自由度調整済み決定係数		0.163		0.136

*p<0.05，**p<0.01，***p<0.001)

のクチコミは重視しなくなる。「コンサルティング希求」の水準と情報源の関係を見ると（表5-18），インターネットやマネー雑誌を重視する傾向もあるが，それらに加えて，金融機関の窓口，セミナー，フィナンシャル・プランナー，友人・知人のクチコミなど，対人的な情報源を重視していることが示された。

4-6 金融商品選択プロセス

本節では，消費者がどのような方略を用いて金融商品を選択しているのか，そのプロセスについての分析を行った。

「貯蓄や投資をするとき，あなたがまず最初に決めることは次のうちどれか」という質問で，最初に決めること，次に決めることをたずねた。栗林（2003）は同じ設問を使って金融商品の購入プロセスを図5-13のように分類しており，本節でもこの分類を利用して選択割合を再分析した。

全体の結果を見ると，最初に決めるのは「銀行，信託，証券など，どのタイプの金融業態を使うか」の選択割合が35.5％，「××銀行，○○証券など，どの金融機関を使うか」は27.8％，「定期預金，ビッグ，株式など，どの貯蓄・

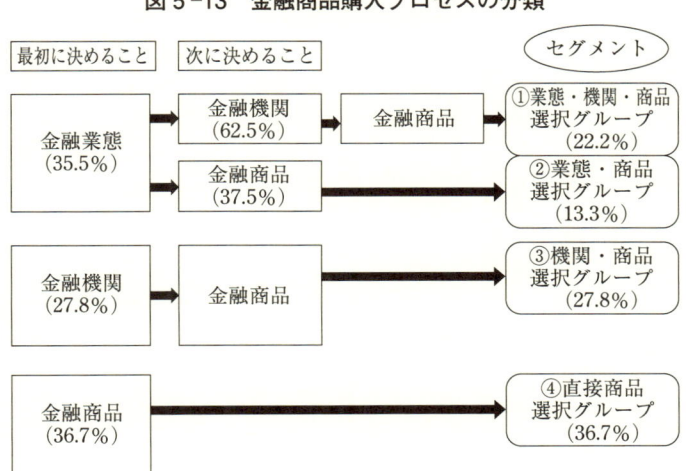

図5-13 金融商品購入プロセスの分類

```
最初に決めること    次に決めること              セグメント

                   金融機関 ─→ 金融商品 ─→ ①業態・機関・商品
金融業態  ──┬──→ (62.5%)                    選択グループ
(35.5%)    │                                 (22.2%)
           └──→ 金融商品 ──────────────→ ②業態・商品
                (37.5%)                       選択グループ
                                              (13.3%)

金融機関  ────→ 金融商品 ──────────────→ ③機関・商品
(27.8%)                                       選択グループ
                                              (27.8%)

金融商品  ─────────────────────────────→ ④直接商品
(36.7%)                                       選択グループ
                                              (36.7%)
```

出所：栗林（2003）の分類を基準に再計算。

投資商品にするか」が36.7%であった。次に,最初に「銀行,信託,証券などの金融業態」を選択した回答者がその次に決めることを見ると,「どの特定の金融機関を使うか」が62.5%,「どの貯蓄・投資商品にするか」は37.5%となっている。

①クラスタ別金融商品購入プロセス

金融商品選択プロセスで得られたセグメントの特徴を調べるためクラスタ別に回答割合を比較したところ,有意差が見られた($\chi^2=111.68$, $df=9$, $p<0.001$)(表5-19)。

まず第1クラスタ(低リテラシー/低コンサル希求)は,選択順が①「業態→機関→商品」および③「機関→商品」の割合がそれぞれ30.7%,33.9%と高い。他のクラスタに比べ金融機関の選択順位が高く,「××銀行,○○証券」とい

表5-19 クラスタ別金融商品購入プロセス

		〈CL1〉低リテラシー/低コンサル希求	〈CL2〉低リテラシー/高コンサル希求	〈CL3〉高リテラシー/高コンサル希求	〈CL4〉高リテラシー/低コンサル希求	合計
①業態・機関・商品選択グループ	n	137	143	147	36	463
	(全体)(%)	6.6	6.8	7.0	1.7	22.2
	(クラスタ内)(%)	30.7	23.1	19.4	13.5	
	調整済み残差	4.9	0.7	-2.3	-3.7	
②業態・商品選択グループ	n	50	68	121	39	278
	(全体)(%)	2.4	3.3	5.8	1.9	13.3
	(クラスタ内)(%)	11.2	11.0	16.0	14.6	
	調整済み残差	-1.5	-2.0	2.7	0.7	
③機関・商品選択グループ	n	151	205	178	46	580
	(全体)(%)	7.2	9.8	8.5	2.2	27.8
	(クラスタ内)(%)	33.9	33.1	23.5	17.2	
	調整済み残差	3.2	3.5	-3.3	-4.1	
④直接商品選択グループ	n	108	203	310	146	767
	(全体)(%)	5.2	9.7	14.8	7.0	36.7
	(クラスタ内)(%)	24.2	32.8	41.0	54.7	
	調整済み残差	-6.2	-2.4	3.1	6.5	

った機関名を手がかりに商品を選択している。

　第4クラスタ（高リテラシー／低コンサル希求）では，④「直接商品を選択する」が過半数（54.7%）を占めた。販売元の金融業態や機関は重視されず，商品を直接選択している割合が大きい。第3クラスタ（高リテラシー／高コンサル希求）でも，④「直接商品を選択する」の割合が41%を占めたが，次いで③「機関→商品」の割合も23.5%あった。第3クラスタはコンサルティングへの欲求があるクラスタであるため，商品より先に販売元である金融機関を決めている人も一定割合いることになる。同様に第2クラスタ（低リテラシー／高コンサル希求）でも③「機関→商品」の割合が33.1%であり，コンサルティングへの欲求の高い第3クラスタと同様の傾向が見られた。

　これらクラスタと商品選択プロセスの2つの変数について多重コレスポンデンス分析を実施し図5-14のような布置図を得た。第1クラスタは選択順が①「業態→機関→商品」，第2クラスタは③「機関→商品」，第3クラスタは②「業態→商品」，第4クラスタは④「直接商品を選択する」のそれぞれに近いポジションとなった。金融リテラシーが低いほど金融商品の販売業態や機関などを手がかりとした情報探索を行う一方，リテラシーが高くコンサル希求が低いほど，商品に直接アクセスしていることが示された。

②金融商品選択プロセスと機会主義的行動

　次に，金融意識に関する因子分析結果から，クラスタ分類に利用しなかった第3因子の下位尺度の得点と商品購入プロセスとの関係を調べた。第3因子は「よい商品・サービスがあれば外資系金融機関でも取引を考えたい」，「よい商品・サービスがあれば新規参入した金融機関でも取引を考えたい」，「資産運用で利用する金融機関は，電話やインターネットなどで取引ができれば，支店が近くになくてもかまわない」といった質問から構成され「機会主義的行動因子」と名づけている。この因子の下位尺度を従属変数に，4つの金融商品選択プロセスを独立変数にして分散分析を行ったところ，有意差が見られ（$F(2162,3)=36.96$, $p<0.001$），多重比較を行うと表5-20のように2つの等質サブ

図5-14 クラスタと金融商品選択プロセスの布置図

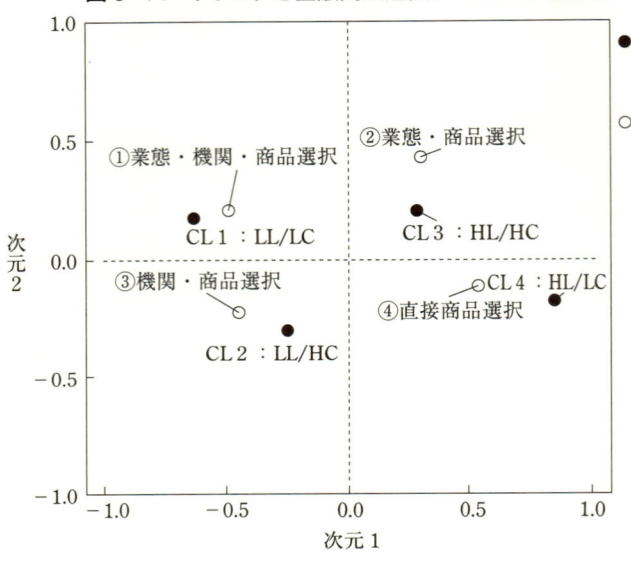

● 金融リテラシーとコンサル情報希求を用いたクラスタ分析（4つ）
○ 金融商品選択プロセス

①業態・機関・商品選択　CL1：LL/LC
②業態・商品選択　CL3：HL/HC
③機関・商品選択　CL4：HL/LC
④直接商品選択　CL2：LL/HC

（注）「○＝金融商品選択プロセス」：①業態・機関・商品選択グループ，②業態・商品選択グループ，③機関・商品選択グループ，④直接商品選択グループ
「●＝クラスタ分類」：CL1：LL/LC（低リテラシー／低コンサル希求），CL2：LL/HC（低リテラシー／高コンサル希求），CL3：HL/HC（高リテラシー／高コンサル希求），CL4：HL/LC（高リテラシー／低コンサル希求）

グループが得られた。

　機会主義的行動の平均スコアを見ると，金融商品選択プロセスに販売機関選択を含める①「業態・機関・商品選択」と③「機関・商品選択」の平均スコアが低く，商品選択の順位が高い④「直接商品選択」と②「業態・商品選択」の平均スコアが高い。②や④のセグメントは××銀行，○○証券などの特定の金融機関にこだわらず，よりよい商品やサービスを求めて金融商品を選択する傾向が見られた。

　次に4つのクラスタを独立変数にして分散分析を行ったところ，ここにも有意差が見られ（$F(2348,3)=159.58, p<0.001$），多重比較を行うと表5-21のよう

表5-20 金融商品選択プロセスのセグメント別
　　　 機会主義的行動因子の下位尺度の平均値

	n	α=0.05のサブグループ	
		1	2
①業態・機関・商品選択	481	2.44	
②業態・商品選択	293		3.02
③機関・商品選択	599	2.53	
④直接商品選択	793		3.00

表5-21 金融商品選択プロセスのクラスタ別機会主義的行動因子の
　　　 下位尺度の平均値

	n	α=0.05のサブグループ		
		1	2	3
〈CL1〉低リテラシー／低コンサル希求	542	1.98		
〈CL2〉低リテラシー／高コンサル希求	693		2.65	
〈CL3〉高リテラシー／高コンサル希求	821			3.05
〈CL4〉高リテラシー／低コンサル希求	296			3.20

に3つの等質サブグループが得られた。第3クラスタ・第4クラスタ（金融商品に対するリテラシーが高いクラスタ）は，「よい商品・サービス」があれば販売する金融機関にはこだわらない，という傾向が見られた。リテラシーが高いほど，機会主義的行動をとることが示された。

5　小　結

　本章では，金融商品のチャネルの多様化による製販分離が進む中，リーマン・ショックのようなネガティブ・イベントが起こった状況下で，消費者はどのように金融商品を選択しようとしているのかという点について明らかにした。家計の金融資産選択行動についてサイコグラフィックな変数を用いた消費者セ

グメント作成の有効性に立脚し，貯蓄・投資商品に対する態度に関する尺度を用いて消費者のセグメントを作成した。そして，各セグメントのデモグラフィック構造を比較し，金融商品選択行動について考察を行った。本章で得られた知見をまとめると以下のようになる。

第1に，消費者の金融商品選択行動を「金融リテラシー」と「コンサルティング情報希求」の水準を用いた4象限で分類することで，それぞれの投資態度やデモグラフィックの特徴を明らかにすることができた。

「コンサル希求」の高いクラスタは平均年齢が若く，「コンサル希求」が高くかつ「金融リテラシー」低いクラスタでは，ライフステージで見ると第一子が誕生～就学までの家計の割合が多いことから，金融知識の少ない消費者は子供の誕生をきっかけにコンサルティングへの要望が高まると考えられる。

「金融リテラシー」の高いクラスタは平均収入が高く，リーマン・ショックのようなイベントのあったあとでもリスク性資産の組み入れ意向が強いことからも，リスク耐性も高い。積極的に資産を増やすことを目標としていることも，リスク性資産への投資行動を促進していると考えられる。逆に，「金融リテラシー」の低いクラスタはリスク性資産の組み入れ意向が萎縮していることが示された。このクラスタは，リーマン・ショックによる損失リスクを大きく評価するようなフレーミングを行っていた可能性がある。貯蓄の目標も「減らさないことが大事」（第1クラスタ（「低リテラシー／低コンサル希求」：42.9％)，「こつこつためることが大事」（第2クラスタ（「低リテラシー／高コンサル希求」：70.7％)，と，リテラシーの低いクラスタでは資産運用に消極的である。

第2に，どのような情報源を重視しているかという点について，「金融リテラシー」の水準と情報源の関係を見ると，「金融リテラシー」の水準が高まると金融機関からのダイレクトメールやパンフレット，新聞の記事や広告，マネー雑誌の記事や書籍，インターネットの金融情報ページ，セミナーなどより専門的な情報を求める傾向にあり，逆に，家族や友人・知人のクチコミは重視しなくなる。「コンサルティング希求」の水準と情報源の関係では，「コンサルティング希求」の水準が高まるとインターネットやマネー雑誌を重視する傾向が

あるが，それらに加えて，金融機関の窓口，セミナー，フィナンシャル・プランナー，友人・知人のクチコミなど，対人的な情報源も重視していることが示された。

第3に，金融商品の選択プロセスについて分析を行った結果，「金融リテラシー」も「コンサル希求」も低いクラスタでは，選択順が「業態→機関→商品」と金融機関の選択順位が高く，「××銀行，○○証券」といった機関名を手がかりに商品を選択していることが示された。このセグメントを吸引するためには，広告などで提供する金融機関名を強調するなど，まずブランドをシグナルとする信頼性を確保しなければならない。「コンサル希求」の高いクラスタでは，「機関→商品」と選択する割合が高く，商品より先に販売元である機関を参照し決めている。リテラシーが高く，コンサル希求が低いクラスタでは，販売元の金融業態や機関は重視されず，商品を直接選択している割合が大きい。「機会主義的行動」因子の下位尺度との関係を見ても，金融商品選択プロセスに販売機関選択を含めるセグメントの機会主義的行動の平均スコアが低く，商品選択の順位が高いセグメントの平均スコアが高い。「機会主義的行動」をとる消費者は，金融機関にこだわらず金融商品の条件を見て選択する傾向が見られる。

本研究では，金融マーケティングにおいて消費者を「金融リテラシー」と「コンサルティング希求」の2軸によって細分化することの有効性を確認できた。金融イノベーションの急速な進化によって複雑化・多様化した金融商品の中から，消費者は従来に増して高度かつ多大な商品知識を要求されるようになっている。また，公的年金制度への不信も高まり，確定拠出型年金を導入する企業も着実に増え続ける中，退職後の支出をカバーするために必要な年金資産形成を行うために必要な金融リテラシーの重要性は増してくる。金融市場がグローバル化するにつれ，リーマン・ショックのような世界的インパクトが起こる可能性はこれからも高まってくる。新興国の石油や食料の需要の高まりや天候不順，政治情勢によっても金融市場は大きく動き，家計を直撃することは確実である。こうした事象に遭遇した場合でも消費者のクラスタ特性によって金

融行動は大きく異なる。消費者のリテラシー向上と，それぞれのクラスタの特性にあった金融商品やサービスを提供するためのマーケティング戦略の重要性がますます強調されてゆくであろう。

※　本論文は「2006年度　㈶全国銀行学術研究振興財団　学術研究助成」,「平成20年度科学研究費補助金　基盤研究 C（課題番号：19530396）」及び,「平成21年度科学研究費補助金　基盤研究 C（課題番号：21530452）」の補助を得て作成し，山下貴子（2011）「リーマン・ショック後の金融資産選択行動」『ファイナンシャル・プランニング研究』Vol. 10を元に再構成したものである。また，第11回日本 FP 学会（2010）の研究発表において，名古屋大学大学院経済学研究科教授の家森信善先生，統計数理研究所教授の中村 隆先生から貴重なコメントをいただいた。日本 FP 学会からは学会賞（奨励賞）をいただいたことも記して，心から感謝を申し上げたい。

(1) 「第 6 回日経金融機関ランキング」（2009年10月22日～11月 6 日にかけて首都圏，近畿圏，中京圏の男女6210人を対象に郵送法で実施）。
(2) 米大手金融ゴールドマン・サックスは2009年の年次報告書の「リスク」の項目に「批判記事や議会による調査は当社の評判を下げ，業務にも影響する」という文章を盛り込み，メディア報道を「リスク要因」として位置づけた（「ブログで利用者と対話，記者を広報責任者に，米金融界情報発信を強化」日本経済新聞，2010年 3 月22日）。
(3) 「Q17　資産運用についていろいろ知識を身につけるのはおっくうだ」という尺度は逆尺度に変換して計算を行った。
(4) 年収2,000万円以上のクラスタ構成比は，CL 1 : 1.3％, CL 2 : 1.3％, CL 3 : 1.2％, CL 4 : 2.7％であった。
(5) 総務省「労働力調査」。
(6) 男女共同参画局「平成21年　男女共同参画白書」(http://www.gender.go.jp/whitepaper/h21/gaiyou/html/honpen/index.html)。
(7) 住友信託銀行（2008）「女性の金融資産保有力をさぐる」『調査月報』2008年 8 月号(http://www.sumitomotrust.co.jp/RES/research/PDF2/688_2.pdf)。
(8) 調整済み残差は標準正規分布に従うので，5％水準で絶対値が1.96，1％水準で2.58を越える場合に「有意差がある」と判断している。
(9) Tukey の HSD 法（5％水準）による多重比較を行うと,「医療保険・がん保険の入院給付金（世帯主）」は「クラスタ 1 ～ 3 」と「クラスタ 4 」の 2 つの等質サブグループに,「老後に必要な資金額」は「クラスタ 1 ～ 2 」,「クラスタ 2 ～ 3 」,「クラスタ 4 」の 3 つの等質サブグループに分かれた。
(10) このほかに「定年退職金の受取額」,「退職・引退後に準備しておきたい目標額」などにも有意差が見られた。
(11) クラスタごとに調整済み残差の絶対値が 2 以上の項目をピックアップし，図 5 - 9 ～図 5 -11を作成した。
(12) 米国の "President's Advisory Council on Financial Literacy" では，2009年 1 月の

年次報告書において，金融危機と金融教育の関係について「金融危機の発生には複数の要因が関連しているが，米国消費者の金融リテラシーの不足が根本的な原因の一つであることは否定できない」との見解を示している（福原，2010）。

【第5章 補遺】 図表

表a　クラスタ別「日常利用する金融機関」へのニーズ

	〈CL1〉低リテラシー／低コンサル希求	〈CL2〉低リテラシー／高コンサル希求	〈CL3〉高リテラシー／高コンサル希求	〈CL4〉高リテラシー／低コンサル希求	全体(%)	χ^2値
金利，配当利回り	45.5 / 1.7	44.3 / 1.4	40.2 / -1.2	35.6 / -2.3	41.9	9.22 *
手数料の値下げ	66.1 / .5	68.5 / 2.2	62.7 / -1.6	61.5 / -1.3	65.0	6.88
商品・サービスの品揃え	7.9 / -.4	5.6 / -3.1	9.5 / 1.4	12.6 / 2.7	8.4	14.27 ***
支店の立地	34.8 / .0	35.4 / .3	34.8 / -.1	33.8 / -.4	34.9	0.22
支店の数	25.1 / .9	25.5 / 1.4	22.1 / -1.1	20.1 / -1.4	23.5	4.55
営業時間(平日の夜間)	38.7 / -2.1	50.9 / 4.8	40.1 / -2.1	40.6 / -.9	43.1	23.16 ***
営業時間(休日)	53.2 / -.6	60.9 / 3.9	53.4 / -.8	45.0 / -3.4	54.5	21.45 ***
対応の親切さ	41.0 / 1.7	33.7 / -2.4	38.5 / .7	38.5 / .4	37.5	6.64
業務処理の迅速さ	30.5 / -.3	28.6 / -1.7	31.6 / .4	36.7 / 2.1	31.1	6.13
職員の商品・業務知識	3.6 / -1.8	3.7 / -2.2	5.8 / .7	10.8 / 4.3	5.4	22.44 ***
説明のわかりやすさ	14.0 / .8	13.7 / .6	13.2 / .2	9.0 / -2.1	13.0	4.64
相談能力	5.7 / -.3	6.1 / .1	6.1 / .1	6.1 / .1	6.0	0.11
情報提供サービス	4.3 / -3.2	7.1 / -1.0	10.5 / 3.2	9.0 / .6	8.0	15.88 ***
電話による取引サービス	1.4 / -1.8	2.0 / -1.1	3.0 / 1.0	4.7 / 2.3	2.6	8.87 *
パソコンによる取引サービス	8.8 / -4.0	13.4 / -1.3	18.2 / 3.2	18.7 / 1.9	14.8	23.78 ***
携帯電話のネット機能による取引サービス	3.2 / -1.2	5.9 / 2.7	3.7 / -.3	2.9 / -1.1	4.1	7.58
一定の取引をしていると金利・手数料などが優遇されるサービス	12.9 / -4.3	16.8 / -2.6	24.4 / 3.6	28.4 / 3.7	20.2	39.17 ***
景品・懸賞品	10.0 / .8	9.2 / .2	8.2 / -.9	9.0 / .0	8.9	1.15
通帳やカードのデザイン	8.4 / 1.9	7.5 / 1.3	5.5 / -1.2	3.2 / -2.3	6.4	9.64 *
個室などの相談スペース	1.1 / 1.0	1.4 / 1.1	0.9 / -.5	0.7 / -.6	1.1	1.13
セキュリティ対策	17.0 / -1.1	19.3 / .4	20.8 / 1.8	15.1 / -1.7	18.8	5.56
経営情報の公開姿勢	2.3 / -.5	1.4 / -2.3	3.4 / 1.8	3.6 / 1.1	2.6	7.03
その金融機関のイメージ	7.0 / 3.7	2.2 / -2.8	3.4 / -.9	4.7 / .7	4.0	17.20 **

*p＜0.05, **p＜0.01, ***p＜0.001
上段：％（クラスタ内での回答割合），下段：調整済み残差

表b　クラスタ別「貯蓄で利用する金融機関」へのニーズ

	〈CL1〉低リテラシー/低コンサル希求	〈CL2〉低リテラシー/高コンサル希求	〈CL3〉高リテラシー/高コンサル希求	〈CL4〉高リテラシー/低コンサル希求	全体(%)	χ^2値
金利，配当利回り	76.3 / -2.2	84.1 / 3.0	80.5 / .3	76.0 / -1.9	80.2	12.95**
手数料の値下げ	33.9 / .9	31.1 / -.6	30.1 / -1.4	36.7 / 1.8	32.1	4.91
商品・サービスの品揃え	20.2 / -3.5	28.2 / .7	29.1 / 1.5	29.5 / .9	27.1	12.25**
支店の立地	22.9 / 1.9	17.3 / -1.7	19.8 / .2	19.3 / -.1	19.6	4.93
支店の数	12.2 / 1.9	11.2 / 1.5	8.6 / -1.3	5.8 / -2.3	9.7	10.13**
営業時間(平日の夜間)	17.5 / 1.5	15.2 / .1	14.5 / -.5	12.7 / -1.2	15.1	3.14
営業時間(休日)	21.7 / 1.2	21.4 / 1.3	18.7 / -.8	14.9 / -2.1	19.6	6.55
対応の親切さ	39.9 / 2.3	36.4 / .9	33.4 / -1.1	28.4 / -2.4	34.9	10.96*
業務処理の迅速さ	23.2 / 1.9	19.3 / -.5	17.1 / -2.4	24.0 / 1.8	19.9	9.47
職員の商品・業務知識	13.5 / -1.3	12.8 / -2.2	17.2 / 1.6	20.0 / 2.2	15.5	10.69*
説明のわかりやすさ	27.4 / -.3	32.0 / 2.7	27.7 / -.2	20.4 / -3.0	28.0	13.05*
相談能力	14.2 / -.7	16.0 / .5	16.7 / 1.3	12.0 / -1.7	15.4	4.01
情報提供サービス	19.7 / -.8	19.1 / -1.5	24.1 / 2.5	19.6 / -.4	21.1	6.31
電話による取引サービス	3.2 / -.7	3.9 / .1	2.8 / -1.8	7.3 / 3.2	3.8	11.26**
パソコンによる取引サービス	9.5 / -4.1	14.9 / -1.0	18.6 / 2.3	22.2 / 2.9	16.2	24.53***
携帯電話のネット機能による取引サービス	2.7 / -1.1	4.5 / 1.3	3.2 / -.8	4.4 / .6	3.7	3.04
一定の取引をしていると金利・手数料などが優遇されるサービス	23.2 / -4.2	32.0 / .1	33.4 / 1.1	40.4 / 3.2	31.9	23.81***
景品・懸賞品	13.2 / -.6	15.2 / .9	14.5 / .3	12.4 / -.9	14.2	1.67
通帳やカードのデザイン	2.0 / -.7	3.2 / 1.5	2.2 / -.7	2.2 / -.3	2.5	2.30
個室などの相談スペース	1.7 / -.9	1.3 / -2.1	4.0 / 3.8	1.1 / -1.5	2.4	14.72**
セキュリティ対策	20.7 / -.4	22.7 / .8	21.9 / .4	18.9 / -1.1	21.5	1.82
経営情報の公開姿勢	5.2 / -1.6	6.3 / -.9	8.2 / 1.5	8.4 / .9	7.1	4.76
その金融機関のイメージ	5.5 / .8	4.2 / -.7	4.4 / -.4	5.5 / .6	4.7	1.34

*$p<0.05$, **$p<0.01$, ***$p<0.001$
上段：％（クラスタ内での回答割合），下段：調整済み残差

表c　クラスタ別「資産運用で利用する金融機関」へのニーズ

	〈CL1〉低リテラシー/低コンサル希求	〈CL2〉低リテラシー/高コンサル希求	〈CL3〉高リテラシー/高コンサル希求	〈CL4〉高リテラシー/低コンサル希求	全体(%)	χ^2値
金利，配当利回り	62.9 / .6	67.7 / 3.6	59.6 / -1.4	52.4 / -3.3	61.6	20.00***
手数料の値下げ	35.0 / .9	24.5 / -5.0	32.5 / -.2	48.3 / 5.9	32.9	47.96***
商品・サービスの品揃え	23.8 / -2.8	28.6 / -.9	34.5 / 3.3	29.2 / -.4	30.1	13.70**
支店の立地	19.1 / 4.4	10.1 / -1.7	10.8 / -1.3	10.7 / -.8	12.1	19.48***
支店の数	8.2 / 2.4	5.5 / .0	5.1 / -.6	3.3 / -1.7	5.5	7.51
営業時間(平日の夜間)	10.0 / -.2	11.7 / 1.3	9.1 / -1.3	10.7 / -.2	10.3	2.37
営業時間(休日)	16.8 / 1.0	15.8 / .7	13.9 / -1.1	14.0 / -.5	15.0	2.07
対応の親切さ	37.4 / .9	40.1 / 2.9	33.1 / -1.5	27.7 / -2.8	35.2	14.84**
業務処理の迅速さ	20.3 / 1.5	16.7 / -.6	15.2 / -2.1	22.1 / 2.1	17.6	8.67*
職員の商品・業務知識	25.9 / -1.0	27.2 / -.6	28.4 / .2	32.1 / 1.6	28.1	3.25
説明のわかりやすさ	44.7 / -.6	55.6 / 5.4	46.1 / .0	28.0 / -6.4	46.1	56.25***
相談能力	30.0 / -2.0	39.8 / 3.0	34.6 / -.1	30.3 / -1.7	34.7	12.10**
情報提供サービス	24.7 / -2.5	27.7 / -1.6	33.9 / 2.7	33.2 / 1.1	30.3	12.42**
電話による取引サービス	4.4 / .2	3.6 / -.9	3.6 / -1.1	7.0 / 2.5	4.2	6.56
パソコンによる取引サービス	11.5 / -3.5	14.9 / -2.3	21.1 / 2.6	25.1 / 3.2	18.1	27.12***
携帯電話のネット機能による取引サービス	3.8 / -.6	4.4 / -.1	4.2 / -.5	6.3 / 1.5	4.5	2.56
一定の取引をしていると金利・手数料などが優遇されるサービス	20.6 / -1.0	22.2 / -.3	22.3 / -.2	26.6 / 1.7	22.6	3.32
景品・懸賞品	6.5 / .8	5.5 / -.1	5.3 / -.5	5.5 / .0	5.6	0.65
通帳やカードのデザイン	1.8 / 2.9	0.4 / -1.0	0.4 / -.9	0.4 / -.6	0.6	8.46*
個室などの相談スペース	6.2 / -.5	7.6 / .9	7.6 / 1.0	4.1 / -2.0	6.9	4.76
セキュリティ対策	18.2 / -.5	19.2 / .0	19.4 / .2	19.6 / .2	19.1	0.24
経営情報の公開姿勢	8.5 / -1.5	10.7 / -.1	11.5 / .8	12.2 / .8	10.8	2.72
その金融機関のイメージ	6.2 / 1.3	4.4 / -.5	5.1 / .5	3.0 / -1.5	4.8	3.76

*p<0.05, **p<0.01, ***p<0.001
上段：%（クラスタ内での回答割合），下段：調整済み残差

表d　クラスタ別「金融商品を検討するときに重視する情報源」

	〈CL1〉低リテラシー／低コンサル希求	〈CL2〉低リテラシー／高コンサル希求	〈CL3〉高リテラシー／高コンサル希求	〈CL4〉高リテラシー／低コンサル希求	全体(%)	χ^2値
金融機関の窓口	19.0 −4.5	29.8 2.1	31.0 3.4	21.4 −2.1	26.7	30.63 ***
金融機関の外交員	4.8 −3.3	8.8 .4	9.9 1.9	9.8 .9	8.4	11.65 **
金融機関からのダイレクトメール	6.8 −4.9	13.7 .5	15.7 2.5	16.8 1.9	13.2	26.39 ***
金融機関作成の印刷物（パンフレット，カタログなど）	11.2 −5.0	20.7 1.5	22.2 3.1	18.2 −.2	18.7	26.97 ***
新聞の記事	18.0 −7.0	23.7 −4.5	36.3 4.5	52.3 8.6	30.4	129.15 ***
新聞の広告	8.3 −3.9	10.0 −3.2	17.3 3.9	20.4 3.6	13.5	40.43 ***
マネー雑誌の記事	3.7 −9.3	13.4 −3.1	23.4 5.7	33.3 7.7	17.2	146.40 ***
マネー雑誌の広告	0.4 −3.7	1.7 −2.0	3.5 1.7	7.4 5.1	2.8	38.31 ***
一般雑誌の記事	5.6 −6.1	13.4 −.3	16.7 3.0	21.1 3.8	13.8	47.58 ***
一般雑誌の広告	2.1 −2.5	4.1 .1	4.8 1.4	5.3 1.1	4.0	7.19
書籍	3.3 −5.4	7.6 −1.9	11.6 2.7	18.2 5.5	9.4	56.40 ***
テレビ番組	7.0 −4.2	14.0 1.7	13.5 1.4	14.0 1.0	12.2	17.52 ***
テレビCM	7.2 −2.1	12.4 3.0	9.4 −.2	7.7 −1.1	9.5	10.74 **
金融機関のホームページ	6.2 −8.6	19.6 .2	25.4 5.3	26.0 3.0	19.4	84.07 ***
インターネットの金融情報ページ（金融機関以外）	9.1 −7.5	18.1 −2.0	24.8 3.5	36.8 7.2	20.8	98.26 ***
金融機関が主催するセミナー・講座	1.9 −5.3	5.3 −2.3	8.7 2.1	16.8 6.8	7.2	67.63 ***
マスコミ・公的機関などが開催するセミナー・講座	1.9 −5.1	7.3 .3	8.7 2.4	10.5 2.5	7.0	29.67 ***
メールマガジン	0.6 −3.0	2.1 −.5	3.0 1.6	4.2 2.2	2.4	13.14 **
ファイナンシャル・プランナー	1.4 −5.5	8.2 1.8	9.4 3.7	5.6 −.8	6.7	35.42 ***
家族	8.5 −2.3	15.6 4.1	12.4 1.2	3.9 −4.3	11.4	32.54 ***
友人・知人	11.2 −3.7	22.4 4.8	17.6 1.0	9.8 −3.3	16.5	36.76 ***
特にない	47.8 14.7	23.4 −.2	13.2 −8.6	9.5 −6.0	23.6	246.52 ***

*p＜0.05，**p＜0.01，***p＜0.001
上段：%（クラスタ内での回答割合），下段：調整済み残差

【第5章 補遺】 図表

表e　クラスタ別「金融機関を検討するときに重視する情報源」

	〈CL1〉 低リテラシー／低コンサル希求	〈CL2〉 低リテラシー／高コンサル希求	〈CL3〉 高リテラシー／高コンサル希求	〈CL4〉 高リテラシー／低コンサル希求	全体(%)	χ^2値
金融機関の窓口	16.9 / -3.8	25.8 / 1.9	26.0 / 2.4	20.4 / -1.2	23.1	18.89***
金融機関の外交員	5.2 / -2.1	7.2 / -.3	8.6 / 1.6	8.4 / .7	7.4	5.71
金融機関からのダイレクトメール	5.0 / -3.8	9.9 / .7	11.4 / 2.6	9.5 / .1	9.3	15.60***
金融機関作成の印刷物（パンフレット，カタログなど）	7.4 / -3.8	12.8 / .7	14.3 / 2.4	13.0 / .5	12.1	15.02**
新聞の記事	16.9 / -7.2	26.0 / -2.4	35.7 / 4.6	44.6 / 5.9	29.7	88.38***
新聞の広告	8.3 / -2.5	9.6 / -1.7	13.7 / 2.5	15.1 / 2.1	11.5	14.67**
マネー雑誌の記事	2.9 / -9.1	14.5 / -1.0	20.6 / 4.6	28.4 / 6.3	15.7	112.94***
マネー雑誌の広告	0.0 / -4.3	2.3 / -.8	3.7 / 2.1	6.0 / 3.6	2.7	28.93***
一般雑誌の記事	4.7 / -6.4	13.1 / .2	16.4 / 3.5	18.2 / 2.8	13.0	46.59***
一般雑誌の広告	1.4 / -3.2	3.8 / .3	5.1 / 2.6	3.5 / -.1	3.7	12.29**
書籍	1.7 / -5.2	5.5 / -1.6	8.4 / 3.4	12.3 / 3.9	6.8	43.39***
テレビ番組	8.0 / -2.8	12.5 / 1.1	12.6 / 1.3	11.6 / .1	11.4	7.95*
テレビCM	6.2 / -2.1	11.2 / 3.0	8.6 / .3	5.6 / -1.8	8.4	12.57**
金融機関のホームページ	7.6 / -7.0	19.6 / 1.3	22.0 / 3.7	21.8 / 1.8	17.9	50.25***
インターネットの金融情報ページ（金融機関以外）	9.5 / -6.8	18.2 / -1.4	25.0 / 4.3	29.8 / 4.4	20.1	66.04***
金融機関が主催するセミナー・講座	1.9 / -3.5	3.7 / -1.7	6.2 / 2.1	9.5 / 3.8	4.9	27.49***
マスコミ・公的機関などが開催するセミナー・講座	1.7 / -3.6	4.3 / -.5	5.5 / 1.4	8.4 / 3.2	4.6	20.33***
メールマガジン	0.6 / -2.0	2.0 / 1.2	0.8 / -2.2	4.2 / 4.0	1.5	20.84***
格付け機関	2.5 / -4.3	5.5 / -1.5	9.3 / 3.5	10.2 / 2.5	6.7	29.51**
ファイナンシャル・プランナー	0.4 / -5.8	7.5 / 2.5	8.0 / 3.7	3.9 / -1.4	5.6	41.24***
家族	8.9 / -1.5	15.3 / 4.5	10.7 / -.1	3.9 / -4.0	10.7	29.94***
友人・知人	9.5 / -4.4	21.4 / 4.7	16.8 / 1.0	11.2 / -2.2	15.7	35.86***
特にない	49.7 / 13.7	25.2 / -.8	16.1 / -8.1	15.1 / -4.6	26.4	206.31***

*$p<0.05$, **$p<0.01$, ***$p<0.001$
上段：%（クラスタ内での回答割合），下段：調整済み残差

終章　総括と今後の課題

本書を閉じるにあたり，最後に全体のまとめと今後の課題を提示したい。

1　全体のまとめ

　第1章では，日本人の金融資産選択行動の変化をもたらすものとして，第1に金融制度改革に伴う金融マーケティングの解禁やグローバル化，第2に少子高齢化による人口構成の変化を指摘し，これら2つの要因からなる個人金融資産市場の転換について概観した。スーパー・マーケット創成期のような金融市場の「流通革命」は，大きなパラダイム・シフトを引き起こしている。新興の金融機関は，既存の金融機関の優位性を凌駕する新しい競争基軸（価格，利便性等）を打ち出し，創立後間もないにもかかわらず多くの顧客を吸引することに成功しつつある。それに伴って，消費者も金融商品選択の革新的行動をとるようになってきていることを示した。

　第2章では，金融マーケティングの定義について考察した。金融商品やサービスは広義のサービス・マーケティングの研究領域の中に含まれており，IHIP（無形性（Intangibility），異質性（Heterogeneity），生産と消費の同時性（Inseparability），消滅性（Perishability））という4つの特徴に加え，受託者責任（Fiduciary responsibility），消費の持続性（Duration of consumption），危険準備消費（Contingent consumption）の3要素が付加された7つの次元から定義される。

　消費者行動論では購買行動をいくつかの段階を経る問題解決意思決定過程としてとらえて分析してきており，金融商品選択についても，①問題の認識，②情報探索，③代替案の評価，④購買決定，⑤購買後評価という一連の消費者情報処理パラダイムに依拠して説明を試みた。その結果，金融商品選択は実物財

を選択する場合よりも購買意思決定が複雑かつ困難であることが確認された。

　第3章では，金融商品選択への態度・品質評価について，知覚リスクと関与・情報収集態度との関係を検討し，金融資産選択の際の「動機」概念と選択行動，金融機関の品質評価，金融広告の評価行動について実証した。リスク性資産への投資経験の有無を基準に比較すると，両群に知覚リスク水準そのものに差が見られず，むしろ関与や情報処理能力の高さがリスク性資産への投資行動を促進していることが示された。どのような金融資産を選択するかということについては「動機」概念が重要であり，年齢（ライフステージ）ごとに資産選択動機が異なるため，金融機関や商品に求める品質が異なる。若年層は安全資産へのニーズが高いため満足度も高いが，シニア層は安全資産への満足度は低くなっている。金融商品選択の際の「投資目的」，「投資態度」と「年齢」の3つの変数について多重コレスポンデンス分析を実施した。60歳以上のシニア層は他の年代と比べ，リスク許容度の高い投資態度に近いことが示され，高齢になるにつれ貯蓄目的が「資産運用」に変化することが示された。余裕資産の運用にリターンの獲得を目指すようになり，安全資産の収益性に満足できず金融商品選択におけるリスク許容範囲が拡大することが読み取れる。さらに，金融資産選択態度がリスク性資産の購入に影響を与えるのかを調べるため，「金融商品選択への態度・意思決定ルール」を従属変数，「リスク性資産の購入経験」と「年齢」を独立変数として分析を行った二項ロジスティック回帰を行った。

　消費者が金融商品取引を行う際のサービスの品質を評価する要因についても，分析を行った。その結果，安全資産の品質に関して最も高い評価次元は「店舗利便性」であり，最も低い評価次元は「収益性／投機性」であった。リスク性資産の品質に関して最も高い評価次元は「誠実性／健全性」であり，最も低い評価次元は「保証性／安全性」であった。金融商品販売業態別評価スコアは「利便性／流動性」，「経営健全性」の2つを除いた品質評価次元のすべてにおいて異なる金融業態間に差が認められた。

　情報源の利用パターンと知覚リスクについて検討するため，2つの架空の新

1 全体のまとめ

聞広告を用意した。安全資産の広告コンテンツのうち,「利回りの予定利率」,「受取利息の予想金額」,「安全性（元本が保証される商品か）」,「リスクの大きさはどれくらいか」といった内容がリスク性資産の広告より重視度が高いという結果となった。リスク性資産では,「商品の発売元」というコンテンツを一番見る消費者が多く,商品の信頼性をまず確認している。また,「投資経験の有無（関与の度合い）」によっても, コンテンツの重視度が異なることが示された。

第4章では, 日米の家計の金融資産選択行動を比較した。金融商品選択行動に違いをもたらす要因をベイズ型コウホート分析法, および, ロジット型コウホート分析法（各資産の所有率の分析）を用いて分析した。世帯主年齢を元にしたライフステージ要因の影響（年齢効果）, 時代的な金融環境要因の影響（時代効果）, 世帯主の属する世代固有の特性要因の差（世代効果）を分離し, 家計の金融商品選択行動に対する考察を行った結果, 日本においては, 株式・株式投資信託, 債券・公社債投資信託等のリスク性金融商品は時代効果・年齢効果および世代効果の3効果が大きく, 定期性預金（銀行・郵便局）, 生命保険, 金融機関外貯蓄（社内預金等）等の安全性重視の商品は年齢効果が大きいことが実証された。さらに通貨性預金（銀行・郵便局）は時代効果が大きく, 金融商品の選択基準に関してはどの項目についても時代効果の影響が見られ, 経済状況に呼応して重視する選択基準が異なることが示された。1970年生以降の世代のマインドとしては運用に消極的で利便性を重視した選択が行われていた。また, 米国ではリスク性金融商品の種類によってコウホート別の所持パターンも異なっていることが示された。

第5章では, リーマン・ショックのようなグローバルな経済的インパクトが起こった状況下で, 消費者はどのように金融商品を選択しているのかという点について検討した。消費者を「金融リテラシー」と「コンサルティング希求」のスコアによって4つのクラスタを作成し, 各クラスタの金融意識やニーズ, 金融商品選択プロセスの違いについて実証分析を行った。金融リテラシーの高いクラスタは, リーマン・ショックをチャンスととらえ, 積極的に機会を活用

しようとしていたが，逆に金融リテラシーの低いクラスタは，リーマン・ショックによる損失リスクを大きく評価するようなフレーミングを行っていた可能性が示された。

　金融商品の選択プロセスについては，「金融リテラシー」も「コンサル希求」も低いクラスタでは，選択順が「業態→機関→商品」と金融機関の選択順位が高く，「××銀行，○○証券」といった機関名を手がかりに商品を選択していることが示されたことから，このセグメントを吸引するためには，広告などで提供する金融機関名を強調するなど，まずブランドをシグナルとする信頼性を確保しなければならない。「コンサル希求」の高いクラスタでは，「機関→商品」と選択する割合が高く，商品より先に販売元である機関を参照し決めている。リテラシーが高く，コンサル希求が低いクラスタでは，販売元の金融業態や機関は重視されず，商品を直接選択している割合が大きいことも実証された。

　本書の目的は，①金融サービス・マーケティングの定義，②金融機関のマーケティング行動の変化が消費者にもたらす影響，③年齢構成・世代構成の変化が金融資産選択に及ぼす影響，④日本と米国の金融資産選択行動の比較，⑤リーマン・ショックのような事象が消費者に与えるインパクトの分析，の5つの観点を明らかにすることにあったが，これらの個別の課題に対しては，それぞれの章において一定の成果を提出することができたと考えている。

　最後に，本書の限界について述べる。第1に，本書は金融資産の選択行動を分析対象にしており，土地や家屋などの実物資産については議論の枠から外している。実物資産を含めた家計の資産需要を推計した先行研究の多くは金融資産需要と実物資産需要は同時決定されると仮定しており，資産間の代替性の検定を行った結果，同時決定性を支持する結論を得ているものが多い（松浦・白石，2003など）。一方，上山・下野（2008）は，家計にとって金融資産と実物資産は代替的ないし補完的な関係にあるのか否かを『家計調査年報』の時系列データを用いて資産需要関数を推計した。その結果，家計は住宅・土地の購入を金融資産の購入とは別の基準で決定しており，金融資産と実物資産は同時決定されていないことを実証している。上山・下野が指摘するように，多くの家計

は住宅や土地の実物資産需要を先に決定し,それを実現するような金融資産のポートフォリオを決めていくと考える方が自然である。本書においても金融資産と実物資産の代替性については考慮しておらず,金融資産選択を実物資産選択から独立して取り扱っている。

第2に,第4章で使用した『貯蓄動向調査』,『家計調査年報(貯蓄・負債編)』のデータは2人以上の世帯に関する貯蓄・負債の保有状況の実態を明らかにしたものであり,単身世帯が含まれていない。単身世帯の世帯総数に占める割合の推移を見ると[1],85年の20.8%から2005年には29.5%まで大幅に上昇し,全世帯数の3分の1となった。標準モデル世帯が減少し,ライフサイクルが多様化しているにもかかわらず,これら単身世帯の金融資産選択行動を分析するための時系列データが十分に蓄積されていない。晩婚化・非婚化・高齢化により今後も急速に単身世帯の割合は増加することが予測され,その影響は大きくなっているにもかかわらず,本書ではデータの不足を理由に取り扱っていない。

2　今後の課題

金融マーケティング領域の研究は市場の動きに合わせたスピードが要求されるため,常に問題意識を持って市場をマクロとミクロの両面から見極める必要がある。ここ数年を見ても,市場の変化があまりに早く「金融マーケティング」という学問領域に普遍的な理論を構築することは容易ではない。たとえば本書の第3章で行った実証分析は2006年に実施したものであるが,第1章で示した「金融機関ランキング」で満足度の上位に入っている住信SBIネット銀行やイオン銀行など2007年以降に設立された金融機関は,当時の分析対象に含めることができなかった。当時,信頼感や利便性で預金を集めていたゆうちょ銀行の定期預金やかんぽ生命から資金の流出が続いている状況を見ても,消費者の金融機関の品質評価基準が急速に変化してきており,マーケティング戦略の巧拙が業績に大きく影響してくることは十分予測できる。小売業の「範囲の

経済」を利用した金融業への多角化や，ネット銀行のコスト優位性と利便性を武器にした市場参入など，新たな競争軸をもとにした金融マーケティングの重要性はますます高まってくる。こうした変化にスピーディにキャッチ・アップして研究を継続的に蓄積していく必要がある。

　また，金融市場のボーダーレス化によって，リーマン・ショックのようなイベントがダイレクトに国内市場に影響を与えるようになっている。新興国の食料や石油消費の急激な増大による原料価格への影響，地球規模の天候不順や国際的な政治紛争など，金融市場に影響を与える不安定要素は多い。金融機関側が周到に用意したマーケティング戦略であっても，突然，統制不能な事象が起こってうまく機能しない場合もある。ただ，第5章で示したように，こうしたインパクトのとらえ方は消費者によって異なる。市況に合わせて個別の顧客のニーズを図ることを目的に，デモグラフィックとサイコグラフィックの両面から捕捉した消費者データベースの充実が必要となるであろう。本書では取り扱うことができなかったが，金融商品の「消費の持続性」という性質を活かすためにも，カスタマー・リレーションシップ・マネジメントを強化して顧客との関係を継続的に深化させていくことも有効だ。

　さらに少子高齢化社会の影響は決定的であり，新しい世代ほど実質貯蓄額が減り，高齢無職世帯が貯蓄を取り崩している状況では，国内の金融市場は今後も縮んでいくのは明らかである。公的年金制度への不信も高まり，確定拠出型年金を導入する企業も着実に増え続け，消費者の多くは老後資金を自ら運用しなければならなくなってくる。確定拠出型年金の導入企業には，導入時および継続的に投資教育を実施する義務（努力義務）があるが，継続教育の実施率は2010年で44.7％と半数以下である[2]。複数回実施済み企業の割合は前回22.8％で増加しつつあるが，金融リテラシーを高め，自らの運用状況を意識させるためにも継続教育は重要である。リスク選好の程度にかかわらず，個々の消費者には元本をいかに増やすかという課題が課せられている。安定した老後生活を送るためには，現役時代から生活設計やそれに伴う計画的な貯蓄の実施が必要ではあるが，若い頃から老後という遠い未来について考えることは実際には面

倒で,「先送り」してしまいがちである。しかし,年功序列や終身雇用といった日本型雇用慣行も失われつつある中,人生の早期段階からの継続的な金融教育の重要性も高まってくるだろう。

福原 (2008) によると, 米国では国民全般の金融リテラシーの向上を目的として, 2003年に金融教育法 (Financial Literacy and Education Improvement Act of 2003) が制定された。この背景には,金融イノベーションの急速な進化によって複雑化・多様化した金融商品の中から,消費者は従来に増して高度かつ多大な商品知識を要求されるようになったことや,金融商品のリスク・プロファイルを十分理解しないまま安易に金融商品を購入してしまい,大幅な価格変動等に見舞われた後に自分の保有している商品のリスクに気づく事例が増えたことにある。サブプライム問題が表面化した後の2008年には,金融教育に関する大統領諮問委員会が設立され,「金融教育を連邦政府の政策として推進する」と明言された。英国でも同様に,①金融商品の複雑化など金融経済環境の変化,②消費者の金融リテラシー向上が経済全体の安定性にもつながるとの認識の広がり,③高齢化・unbanked など社会的な問題への対応の必要性増大といった認識の下,2000年からナショナル・カリキュラム(学習指導要領)にそって義務教育課程の公立学校に金融教育の義務化が行われている。このように国家戦略として金融リテラシー教育を採用している国は,英国 (2003), 米国 (2006年実施, 2010年改定), オーストラリア (2005), ニュージーランド, スペイン, ブラジル (2008), アルバニア (2009), また, 策定中の国としてカナダ, イタリア, ベルギー, セルビア, メキシコなど世界的に増加しつつある (福原, 2010)。第5章で実証したように,金融リテラシーのレベルによって金融商品選択行動に差が見られたことからも,わが国でも将来的に金融教育が若年層に義務づけられることになるならば,消費者行動にも様々な変化があらわれるであろう。

また,消費者のリテラシーだけでなく,販売する側のリテラシーの向上も必須である。金融商品取引法によって投資性の強い金融商品には販売・勧誘のルールが課せられてはいるが,販売者側のリテラシーの低さによって消費者を傷

つけてしまう場合もあるだろう。たとえば，株式投資信託も銀行で窓販されるようになるなどリスク性金融商品のチャネルが拡がっているが，マネジメントしながら長期保有を前提とする金融商品では，いったん顧客に販売した後にも継続して運用相談に応えることができる能力が必要である。販売側の能力不足によって適切な対応ができず顧客に不満足を与えてしまうと，本業である銀行業で長年培ってきた信用力やブランド力も損なわれてしまう。

3　おわりに

　少子高齢化や経済社会の構造変化による不確実性の高まりにより，金融資産選択は将来設計のあり方や生活防衛手段としてもその重要性が増してきている。消費者個人個人がリテラシーを高め，積極的な金融資産管理・運用を行う必要性が今後も強調されていくことであろう。金融機関側も，限られた市場をめぐり業界の垣根を越えて競争が激化していくことは自明である。絶えず自社のマーケティングを改革し，顧客満足を向上させる商品やサービスの提供が迫られる。競争優位性を持つ金融サービス業者を目指すためには，常に消費者に新しい価値を提供できる競争基軸を導入する他ない。

　ところで，2011年3月11日（金）午後2時46分に三陸沖を震源とする「東日本大震災」が起こり，津波による甚大な被害が明らかになった。また福島原子力発電所の損壊による深刻な影響が，原子力行政を進めている世界各国の不安をあおる結果を招いている。国内観測史上最大の震災と「絶対安全」といわれた原子力発電所の損壊は，予測が不可能で非常に強いインパクトを持つ事象となった。3月14日（月）の日経平均株価は633円94銭（6.18%）下落し，3ヶ月半ぶりに1万円台を割り込んだ。福島第一原子力発電所の深刻なダメージが報道されているが，こうした事象が金融市場におよぼす影響に対しても，「停電問題が企業の生産活動に与える打撃は大きく，下値の模索が続く」という予測や「電力問題が一段落すれば，復興需要と世界的な景気回復で緩やかに上昇する」という悲観論と楽観論が入り交じっている[3]。金融不安を増幅させないた

めに個々の消費者ができることは，復旧・復興の活力となるよう，幸いにして被害に遭わなかった地域が活発な経済活動を行いつつ，今後の政府と日銀の財政・金融政策を注意深く観察していくことであろう。

　東日本大震災によって亡くなられた方々に追悼の意を表し，被災地域の一日も早い復興を祈念しつつ本稿を閉じることとする。

（１）　総務省『国勢調査　第１次基本集計　全国結果』(2005)。
（２）　企業年金連合会（2010）「第3回　確定拠出年金制度に関する実態調査調査結果」
　　　(http://www.pfa.or.jp/jigyo/tokei/files/dc_chosa-3.pdf)。
（３）　「日経平均１万円割れ」日本経済新聞2011年３月15日，第４面。

参 考 文 献

【日本語文献】

NHK「あすの日本」プロジェクト,三菱総合研究所 (2009),『"35歳"を救え―なぜ10年前の35歳より年収が200万円も低いのか―』,阪急コミュニケーションズ。

荒巻浩明 (2000),「事業会社の銀行業参入をめぐる動き」,『金融市場』,11 (5),p. 9-13。

池尾恭一 (1997),「日本型マーケティングの背景と特質」,『マーケティングジャーナル』,63。

石川達哉,矢嶋康次 (2002),「家計の資産選択におけるリスクテイク―現金・預貯金に対する選好と持家および負債との関係―」,『ニッセイ基礎研究所経済調査部門経済調査レポート』,2002-02。

井上智紀 (2006),「消費者の金融商品選択行動に対する新たな視座―金融商品・金融機関選択のヒューリスティクス―」,『ニッセイ基礎研 REPORT』,2,p. 18-25。

――― (2009),「サイコグラフィック変数を用いた新たな顧客セグメントの検討―生保への関与・知識に基づく顧客セグメント試案―」,『ニッセイ基礎研所報』,56,p. 71-99。

井上智紀,栗林敦子,村松容子 (2009),「金融マーケティングにおけるセグメンテーション―生保加入時の能動的行動に注目して―」,『ニッセイ基礎研所報』,53,p. 25-50。

井原哲夫 (1976),『個人貯蓄の決定理論』,東洋経済新報社。

岩井克人 (1999),『貨幣論』,ちくま学芸文庫。

大竹文雄 (2005),『日本の不平等』,日本経済新聞社。

――― (2010),『競争と公平感』,中公新書。

岡本政人 (2003),「ライフステージ・コウホートモデルによる家計消費の分析」,『統計』,60,p. 20-24。

岡山正雄 (2010),「電子マネーの動向と今後の展開」,『調査と情報』,20,p. 10-11。

小川孔輔 (1996),「コウホート分析入門:われわれの意識と行動を支配しているものは何か? (1)」,『Chain Store Age』,4月5日号,p. 65-68。

――― (1996),「コウホート分析入門:われわれの意識と行動を支配しているものは何か? (2)」,『Chain Store Age』,5月1日号,p. 52-53。

小川一夫,北坂真一 (1998),『資産市場と景気変動』,日本経済新聞社。

奥井めぐみ (2000),「家計の総合口座選択と金融機関の利便性に関する実証分析」,『郵政研究所月報』,2000.11,p. 4-12。

――― (2000),「金融機関の相対的利便性と家計の金融機関選択:「金融機関利用に関する意識調査 (平成11年度)」より」,『郵政研究所ディスカッションペーパー・シリーズ』,2000-06。

奥村洋彦 (1999),『現代日本経済論―バブル経済の発生と崩壊―』,東洋経済新報社。

小野讓司 (2010),「JCSIによる顧客満足モデルの構築」,『マーケティングジャーナル』,30 (1),p. 20-34。

小野善康 (2007),『不況のメカニズム―ケインズ「一般理論」から新たな「不況動学」へ』,中公新書。

蟹江健一 (1998),「日米両国の家計の貯蓄行動と遺産・相続の実態」,ホリオカ・チャール

ズ・ユウジ，浜田浩児 (Eds)『日米家計の貯蓄行動』，郵政研究叢書，日本評論社．
神田秀樹 (2001)，「いわゆる受託者責任について：金融サービス法への構想」，『フィナンシャル・レビュー』，March，p. 98-110．
岸本義之 (2005)，『金融マーケティング』，ダイヤモンド社．
北村行伸，大森真人，西田健太 (2009)，「電子マネーが貨幣需要に与える影響について：時系列分析」，『フィナンシャル・レビュー』，5，p. 129-152．
ギャート・ケン，小野晃典 (2007)，「銀行業における消費者サービス・エンカウンターの進化：構造方程式アプローチ」，『三田商学研究』，50（2），p. 117-130．
楠見 孝 (2007)，「リスク認知の心理学」，子安増生，西村和雄編『経済心理学のすすめ』，有斐閣，p. 69-89．
栗林敦子 (2001)，「消費者の成熟化と金融行動」，『ニッセイ基礎研所報』，17，p. 42-59．
─── (2002)，「変額年金のマーケティング─消費者の金融意識からみた考察─」，『ニッセイ基礎研REPORT』，3，p. 10-17．
─── (2002)，「イメージとしての金融機関への「信頼」」，『ニッセイ基礎研REPORT』，8，p. 24-25．
─── (2003)，「製販分離時代の金融商品購入プロセス」，『ニッセイ基礎研REPORT』，1，p. 26-33．
─── (2006)，「生命保険広告の消費者意識・行動へのインパクト」，『ニッセイ基礎研REPORT』，1，p. 1-8．
─── (2008)，「家計リスク認知とその対応」，『ニッセイ基礎研REPORT』，6，p. 26-27．
─── (2008)，「生命保険マーケティングにおける『クチコミ』の可能性」，『ニッセイ基礎研REPORT』，4，p. 12-19．
─── (2009)，「生活価値観から見た家計貯蓄の課題」，『ニッセイ基礎研REPORT』，11，p. 4-9．
栗林敦子，井上智紀 (2008)，「金融リテラシー計測に関する試論と考察─生命保険知識の分析から─」，『ニッセイ基礎研所報』，52，p. 23-54．
小池拓自 (2009)，「家計の保有するリスク資産─「貯蓄から投資へ」再考─」，『レファレンス』，9月号，p. 59-77．
古藤久也 (2000)，「わが国家計の資産選択行動について」，『日本銀行金融市場局ワーキングペーパー』，2000-J-9．(http://www.boj.or.jp/research/wps_rev/wps_2000/data/kwp00j09.pdf)．
斉藤俊一 (1998)，「ビッグバンは個人金融商品変容の前提条件にすぎない」，『金融財政事情』，11月16日号．
佐伯啓思 (2000)，『貨幣・欲望・資本主義』，新書館．
酒井麻衣子 (2010)，「顧客維持戦略におけるスイッチング・バリアの役割～JCSI（日本版顧客満足度指数）を用いた業界横断的検討～」，『マーケティングジャーナル』，30（1），p. 35-55．
里村卓也，江原 淳，佐藤栄作，佐藤忠彦，寺田英治 (2002)，「金融チャネル利用実態からの顧客セグメンテーション」，『オペレーションズ・リサーチ』，2月号，p. 15-20．
重頭ユカリ (2000)，「欧州における異業種の銀行業参入と銀行の総合金融戦略─新規参入による競合激化と伝統的な銀行の対抗策─」，『農林金融』，5月号，p. 16-35．

―――（2005），「リテール金融市場における総合金融サービス機関化」，『農林金融』，5月号，p. 245-261。

下野恵子，上山仁恵（2008），「家計の資産選択における実物資産の位置づけ」，『金融経済研究』，26，p. 41-62．(http://wwwsoc.nii.ac.jp/jsme/kinyu/pdf/04f/04f214-ueyama.pdf)。

白石　渉（2005），『金融のワンストップショッピング　銀行，証券，保険の垣根がなくなる』，清文社。

神藤浩明（1998），「人口・世帯構造変化が消費・貯蓄に与える影響」，『調査』，248。

杉田浩治（2010），「「自動加入方式」を採用する英国の新個人年金制度―行動経済学を取り入れた改革―」，『証券レビュー』，50（1），p. 105-134。

鈴木利徳（2005），「メガバンクの個人リテール戦略と店舗戦略」，『農林金融』，8月号，p. 14-26。

鈴木万希枝（1993），「消費者の情報探索に及ぼす知覚されたリスクの影響」，『社会心理学研究』，9（3），p. 195-205。

総務省郵政研究所（1996），『貯蓄に関する日米比較調査』。

高田昭彦（1994），「サブカルチュアとネットワーキング」，庄司興吉，矢澤修次郎編『知とモダニティの社会学』，東京大学出版会。

田口さつき（2007），「高齢化と家計の貯蓄率の動向」，『農林金融』，11月号，p. 592-601。

―――（2010），「金融機関に見るポイント制の活用の工夫」，『調査と情報』，18，p. 10-11。

竹田さよ子，小守林克哉，木島正明（2004），「アンケートデータを用いた金融・保険商品選好モデルの構築」，『日本オペレーションズ・リサーチ学会秋期研究発表会プロシーディングス』，p. 118-119。

竹村和久（2009），『行動意思決定論』，日本評論社。

田村正紀（2002），「増える消費者の葛藤とその解消」，田村正紀編『金融リテール改革―サービス・マーケティング・アプローチ―』，千倉書房，p. 25-64。

―――（2006），『バリュー消費』，日本経済新聞社。

塚原一郎（2009），『家計データを用いた資産選択決定要因の計量分析』，財団法人三菱経済研究所。

電通総研（2006），「第6回価値観国際比較調査」。

富永健一，間々田孝夫（1995），『日本人の貯蓄』，日本評論社。

戸谷圭子（2001），「日本の金融サービスの現状と課題―サービス品質とロイヤルティ」，『オペレーションズ・リサーチ』，46，p. 135-138。

―――（2006），『リテール金融マーケティング』，東洋経済新報社。

戸谷圭子，西尾チヅル（2004），「リテール金融サービスにおける顧客維持構造の分析」，『マーケティング・サイエンス』，12，p. 62-78。

土肥原　洋，増淵勝彦，丸山雅祥，長谷川秀司（2006），「国民経済計算から見た日本経済の新動向」，『ESRI Discussion Paper Series』，No. 167 (http://www.esri.go.jp/jp/archive/e_dis/e_dis170/e_dis167.html)。

中川　忍，須合智広（2000），「日本の高齢者の貯蓄行動（ライフサイクル仮説の再検証）」，『日本銀行調査統計局 Working Paper』，00-13 (http://www.boj.or.jp/research/wps_rev/wps_2000/data/cwp00j13.pdf)。

参考文献

中川　忍，片桐智子 (1999)，「日本の家計の金融商品選択行動―日本の家計はなぜリスク資産投資に消極的であるのか？」，『日銀調査月報』，11月号。

中村　隆 (1982)，「ベイズ型コウホート・モデル―標準コウホート表への適用―」，『統数研究報』，29, p. 77-97。

――― (1989)，「継続調査によって社会の変化を捉えるコウホート分析の方法」，『理論と方法』，4 (2), p. 5-23。

――― (2000)，「質問項目のコウホート分析―多項ロジット・コウホートモデル―」，『統計数理』，48 (1), p. 93-119。

――― (2005)，「コウホート分析における交互作用効果モデル再考」，『統計数理』，53, 1, p. 103-132。

長井　毅 (2000)，「金融商品購入時に消費者が抱く不安と情報収集」，『JILI FORUM』，9, p. 105-111。

新関三希代 (2006)，「リスクとリターンの実証分析：行動ファイナンスによるアプローチ」，『經濟學論叢』，58 (3), p. 373-401。

新美一正 (2006)，「家計における投資信託保有の実態について―マイクロデータによる政策シミュレーション分析―」，『Business and Economic Review』，7月号。

西浦裕二 (1998)，『金融マーケティング』，東洋経済新報社。

西久保浩二 (1998)，「手段目的連鎖分析にみる金融商品ベネフィットの構造（試論）」，『金融ジャーナル』，5月号，p. 75-80。

――― (1999)，「金融商品における顧客満足の形成要因とその経営的成果」，『生命保険経営』，66 (5), pp. 90-110。

――― (2002)，「金融商品選択における「情報」という存在―インターネット環境の出現がもたらすインパクト―」，『JILI FORUM』，11 (http://www.financial-m.com/modules/tinyd0/pdf/nisikubo2002.pdf)。

日本銀行 (2010)，『最近の電子マネーの動向について』(http://www.boj.or.jp/type/ronbun/ron/research07/data/ron1010a.pdf)。

野口悠紀雄，ワイズ・デービッド編 (1995)，『高齢化の日米比較』，日本経済新聞社。

博報堂生活総合研究所 (2003)，『巨大市場「エルダー」の誕生―消費構造を激変させる"新しい大人たち"の新潮流』，プレジデント社。

橋本　浩 (2009)，「最近のクレジットカード業界」，『フコク経済情報』，11。

福田公正，中村　隆 (1995)，「ベイズ型コウホートモデルによる家計貯蓄率の分析―経済理論の援用―」『統計数理』，43 (2), p. 313-327。

福原敏恭 (2008)，「金融イノベーションの進展と米国における金融教育の動向―サブプライム問題発生後の状況―」，『金融広報中央委員会』(http://www.shiruporuto.jp/teach/consumer/report2/pdf/ron081017.pdf)。

――― (2010)，「グローバルに拡大する金融教育ニーズと英国における金融教育の動向―ポスト・クライシスの金融教育に向けて―」，『金融広報中央委員会』(http://www.shiruporuto.jp/teach/consumer/report3/pdf/ron100816.pdf)。

藤井雅仁 (1997)，「生保商品選択における消費者の関与構造の変化」，『生命保険経営』，65 (6), p. 19-40。

星　岳雄，カシャップ・アニル著，鯉渕　賢訳 (2006)，『日本金融システム進化論』，日本

経済新聞社。
ホリオカ・チャールズ・ユウジ（2004），「団塊世代の退職と日本の家計貯蓄率」(http://www2.e.u-tokyo.ac.jp/~seido/output/Horioka/horioka044.pdf)。
─── (2008)「家計の資金の流れ」，『フィナンシャル・レビュー』，第88号。
ホリオカ・チャールズ・ユウジ，横田直人，宮地俊行，春日教測（1996），「日本人の貯蓄目的」，高山憲之，ホリオカ・チャールズ・ユウジ，太田　清（eds）『高齢化社会の貯蓄と遺産・相続』，日本評論社。
ホリオカ・チャールズ・ユウジ，山下耕治，西川雅史，岩本志保（2002），「日本人の遺産動機の重要度・性質・影響について」(http://www2.e.u-tokyo.ac.jp/~seido/output/Horioka/horioka091.pdf)。
ホリオカ・チャールズ・ユウジ，㈶家計経済研究所（2008），『世帯内分配と世代間移転の経済分析』，ミネルヴァ書房。
前田由美子（2004），「民間生命保険会社の実態」，『日医総研リサーチエッセイ』，No. 48 (http://www.jmari.med.or.jp/research/dl.php?no=266)。
牧　厚志（2007），『消費者行動の実証分析』，日本評論社。
松浦克己（2005），「リスクと家計」，『季刊家計経済研究』，68, p. 10-17。
─── (2006)，「遺産，年金，出産・子育てが生む格差─純金融資産を例に」，白波瀬佐和子編『変化する社会の不平等』，東京大学出版会。
松浦克己，白石小百合（2004），『資産選択と日本経済』，東洋経済新報社。
松田友義，中村　隆（1993），「世帯主年齢別米消費量変化の分析」，『農業経済研究』，64（4），p. 213-220。
松田久一（2009），『「嫌消費」世代の研究』，東洋経済新報社。
松原隆一郎（2004），『長期不況論』，日本放送出版協会。
─── (2009)，『金融危機はなぜ起きたか？─経済思想史からの眺望』，新書館。
間々田孝夫（1992），「日本の貯蓄と文化・社会的要因」，『フィナンシャル・レビュー』，25, p. 1-23。
三浦智康・南本　肇（2004），「本格的な金融業態間競争時代の幕開け」，『知的資産創造』，8月号，p. 4-15。
南　武志，田口さつき（2009），「家計金融資産の動向と展望」，『農林金融』，9月号，p. 448-459。
南　知惠子，小川孔輔（2010），「日本版顧客満足度指数（JCSI）のモデル開発とその理論的な基礎」，『マーケティングジャーナル』，30（1），p. 4-19。
村本　孜（1998），『日本人の金融資産選択』，東洋経済新報社。
茂垣昌宏（2005），「外資系生命保険会社のマーケティング戦略」，『郵政総合研究所研究レポート』(http://www.yu-cho-f.jp/research/old/research/repo/17-h-gaishihoken.pdf)。
藻谷浩介（2010），『デフレの正体─経済は「人口の波」で動く』，角川書店。
安岡　彰，村上　武，山崎大輔（1999），「21世紀のリテール金融ビジネスの展望」，『知的資産創造』，6月号，p. 58-69。
安岡　彰，平塚知幸（2005），「変革期に入る生命保険販売チャネル戦略」，『知的資産創造』，8月号，p. 70-85。

山下貴子 (2011),「リーマン・ショック後の金融資産選択行動」,『ファイナンシャル・プランニング研究』, 10, p. 40-70。
山下貴子, 山下忠康 (2007),「金融商品選択過程におけるマーケティング・コミュニケーション戦略の分析」,『ファイナンシャル・プランニング研究』, 7, p. 4-39。
山下貴子, 中村 隆 (2002),「金融消費市場の長期展望」, 田村正紀編『金融リテール改革—サービス・マーケティング・アプローチ—』, 千倉書房, p. 127-190。
——— (2008),「家計の金融資産選択行動分析—ベイズ型コウホート分析の適用—」,『流通科学大学リサーチレター』, No. 2。
——— (2010),「家計の金融資産選択行動分析Ⅱ—ベイズ型コウホート分析を用いた日米比較—」,『流通科学大学リサーチレター』, No. 10。
山本昭二 (1989),「サービス評価の概念枠組み」,『商学論究』, 37, p. 155-170。
——— (1991),「品質評価における外在的手がかりの役割 (2)」,『商学論究』, 39 (3), p. 61-73。
——— (1999),『サービス・クオリティ』, 千倉書房。
——— (1999),「固有リスクにおける知覚差異の形成」,『商学論究』, 38, 2, p. 173-191。
山本昭二, 山下貴子, 今西珠美 (2002),「リスク製品の広告と消費者のリスク対応—サービス製品購買のリスクへの対応—」,『平成14年吉田秀雄記念事業財団研究助成報告書』。
山本昭二, 山下貴子 (2002),「リテール・バンキングへの提言」, 田村正紀編『金融リテール改革—サービス・マーケティング・アプローチ—』, 千倉書房, p. 227-242。
家森信善 (2009),『大波乱時代の個人投資』, 千倉書房。
米澤康博, 松浦克己, 竹沢康子 (1999),「年功序列賃金制度と株式需要」,『現代ファイナンス』, 6, p. 3-18。
渡邊順理 (2006),「家計の貯蓄・負債に広がる世代間格差」,『みずほリサーチ』, May, p. 3-6。
渡部喜智, 田口さつき, 古江晋也 (2007),「家計の金融資産選択の変化と金融機関の対応」,『農林金融』, 7月号, p. 164-177。
野村総合研究所リテールバンキング研究チーム (2010),『新世代リテールバンキング—生活者視点で創る銀行の姿』, 金融財政事情研究会。
野村総合研究所電子決済プロジェクトチーム (2010),『電子決済ビジネス—銀行を超えるサービスが出現する』, 日経BP社。

【日本語参考資料】

企業年金連合会 (2010),「第3回 確定拠出年金制度に関する実態調査調査結果」(http://www.pfa.or.jp/jigyo/tokei/files/dc_chosa-3.pdf)。
金融広報中央委員会 (2007),「はやわかり金融商品取引法&金融商品販売法」(http://www.shiruporuto.jp/finance/trouble/torihiki/index.html)。
金融庁 (2006),「新しい金融商品取引法について」(http://www.fsa.go.jp/policy/kinyusyohin/index.html)。
㈶金融情報システムセンター編 (2009),『平成22年度版 金融情報システム白書』, 財経詳報社。
厚生労働省 (2002),『平成14年版 厚生労働白書』(http://wwwhakusyo.mhlw.go.jp/wpdocs

/hpax200201/front.html)。

住友信託銀行（2008），「女性の金融資産保有力をさぐる」，『調査月報』，2008年8月号（http://www.sumitomotrust.co.jp/RES/research/PDF2/688_2.pdf）。

生命保険文化センター（2006），『平成18年度 生命保険に関する全国実態調査〈速報版〉』，(http://www.jili.or.jp/press/2006/pdf/06-5.pdf)。

——（2009），『平成21年度 生命保険に関する全国実態調査〈速報版〉』(http://www.jili.or.jp/press/2009/pdf/09-4.pdf)。

総務省（2005），『国勢調査 第1次基本集計 全国結果』(http://www.stat.go.jp/data/kokusei/2005/kihon1/00/mokuji.htm)。

——（2010），「各歳別にみた定年前後の男性の就業率の変化」(http://www.stat.go.jp/data/roudou/tsushin/pdf/no03.pdf)。

中村 仁（2009），「注目の集まるジェネレーション Y 向け金融マーケティング」，『資本市場クオータリー』，Autumn (http://www.nicmr.com/nicmr/report/repo/2009/2009aut07web.pdf)。

日本証券業協会証券教育広報センター（2010），『平成21年度証券投資に関する全国調査（個人調査）』(http://www.skkc.jp/data/research_h21.html)。

日本証券業協会（2010），『平成21年度証券投資に関する全国調査（個人調査）』(http://www.skkc.jp/data/research_h21.html)。

林 真史（2008），「小売業が手がける金融業のストラテジー＆シナジー検証」，『流通革新』，5月号，p. 45-55。

㈱保険研究所（2009），「21年版：生保統計号」，『インシュアランス』。

㈱保険研究所（2009），「21年版：損保統計号」，『インシュアランス』。

内閣府（2005），『平成17年 国民生活白書―子育て世代の意識と生活―』(http://www5.cao.go.jp/seikatsu/whitepaper/index.html)。

——（2008），「社会保障制度に関する特別世論調査（要旨）」(http://www8.cao.go.jp/survey/tokubetu/h20/h20-sss.pdf)。

三井住友フィナンシャルグループ（2010），「データブック（2010年上期）」(http://www.smfg.co.jp/investor/financial/latest_statement/2011_3/pdf/h2209_databook.pdf)。

【英語文献】

AARP and the North American Securities Administrators Association (2010), "A Financial Professional's Guide to Conducting Seminars with Older Investors". (http://assets.aarp.org/www.aarp.org_/articles/money/206877LoRes_Web.pdf).

Abell, D. F. (1980), *Defining the Business : The Starting Point of Strategic Planning*, Englewood Cliffs, NJ.

Akaike, H. (1980), "Likelihood and the Bayes procedure", in Bernardo, J. M., DeGroot, M. H., Lindley, D. V. and Smith F. M. (eds), *Bayesian Statistics*, Valencia : University Press.

Armitage, S. (1997), "The Future of Mutual Life Offices", in Macmillan, H. and Christophers, M. (eds), *Strategic Issues in the Life Assurance Industry*, p. 43-63. Butterworth-Heinemann, Oxford.

Arora, S., Cavusgil, T. S. and Nevin, J. R. (1985), "Evaluation of financial institutions by bank versus savings & loan customers: an analysis of factor congruency", *International Journal of Bank Marketing*, 3 (3), p. 47-55.

Ashman, S. and Clarke, K. (1994), "Optimising Ad Effectiveness : Quantifying the Major Cost Benefits of Painstaking Television Pre-tests", *Admap*, February, p. 43-56.

Atkinson, A., McKay S., Kempson, E. and Collard, S. (2006), "Levels of Financial Literacy in the UK : A Baseline Study", Financial Services Authority (http://www.fsa.gov.uk/ pubs 1 consumer-research 1 crpr47. pdf).

Babakus, E. and Boller, G. (1992), "An Empirical Assessment of the SERVQUAL Scale", *Journal of Business Research*, 24 (3), p. 253-268.

Babakus, E. and Boller, G. W. (1991), "An empirical assessment of the SERVQUAL scale", *Journal of Business Research*, 24, p. 253-268.

Baker, M. J. (1993), "Bank marketing - myth or reality?", *International Journal of Bank Marketing*, 11 (6), p. 5-11.

Baldock, R. (1997), "The Virtual Bank : Four Marketing Scenarios for the Future", *Journal of Financial Services Marketing*, 1 (3), p. 260-268.

Bauer, R. A. (1967), "Consumer Behavior as Risk Taking", in Cox D. F. (Ed.), *Risk Taking and Information Handling in Consumer Behavior*, p. 23-33. Harvard University Press.

Belk, R. (1995), "Studies in the New Consumer Behaviour", in Miller D. (Ed.), *Acknowledging Consumption: A Review of New Studies*, p. 58-95, Routledge.

Belton, E. F. (1989), "The distribution war", *Canadian Insurance*, 94 (11), p. 16-24.

Berry, L. L. (1980), "Services marketing is different". *Business*, 30 (3), p. 24-29.

—— (1981) "The employee as customer", *Journal of Retail Banking*, 3 (1), p. 33-40.

Berry, L. L. and Parasuraman, A. (1991), *Marketing Services, Competing Through Quality*, Free Press.

Berry, L. L., Parasuraman, A. and Zeithaml, V. A. (1988), "The service-quality puzzle", *Business Horizons*, July-August, p. 35-43.

Berry, L. L., Zeithaml, V. A. and Parasuraman, A. (1985), "Quality counts in services too", *Business Horizons*, 28 (3), p. 44-52.

Berry, L. L., Zeitharnl, V. A. and Parasurarnan, A. (1990), "Five imperatives for improving service quality", *Sloan Management Review*, 31 (4), p. 29-38.

Betts, E. (1994), "Understanding the Financial Consumer", in McGoldrick, P. J. and Greenland, S. J. (Eds.), *Retailing of Financial Services*, p. 41-84. McGraw-Hill.

Bitner, M. J., Booms, B.H. and Tetreault, M. S. (1990), "The service encounter: diagnosing favorable and unfavorable incidents", *Journal of Marketing*, 54, p. 71-84.

Black, N., Lockett, A. D. and Ennew, C. T. (2002), "Modelling consumer choice of distribution channels: an illustration from financial services", *International Journal of Bank Marketing*, 19 (4), p. 161-173.

Boyd, W. L., Leonard, M. and White, C. (1994), "Customer preferences for financial services: an analysis", *International Journal of Bank Marketing*, 12 (1), p. 9-15.

Brady, M. K. and Cronin, J. J. (2001), "Some new thoughts on conceptualising perceived service quality : a hierarchical approach", *Journal of Marketing*, 65 (3), p. 34-49.
Brady, M. K., Cronin, J. J. and Brand, R. (2002), "Performance-only measurement of service quality : a replication and extension", *Journal of Business Research*, 55 (1), p. 17-31.
Burton, D. (1994), *Financial Services and the Consumer*, Thomson Business Press.
Buttle, F. (1996), "SERVQUAL : review, critique, research agenda", *European Journal of Marketing*, 30 (1), p. 8-32.
Byrne, K. (2005), "How do consumers evaluate risk in financial products?", *Journal of Financial Services Marketing*, 10, p. 21-36.
Carmen, J. M. (1990), "Consumer perceptions of service quality : an assessment of the SERVQUAL dimensions", *Journal of Retailing*, 66 (1), p. 33-56.
Chan, R. Y. K. (1993), "Banking services for young intellectuals", *International Journal of Bank Marketing*, 11 (5), p. 33-40.
Cheron, E. J., McTavish, R. and Perrien, J. (1989), "Segmentation of bank commercial markets", *International Journal of Bank Marketing*, 7 (6), p. 25-30.
Coulthard, L. J. M. (2004), "Measuring service quality : a review and critique of research using SERVQUAL", *International Journal of Market Research*, (46), p. 479-494.
Cronin, J. J. Jr., Brady, M. K. and Hult, T. M. (2000), "Assessing the effects of quality, value, customer satisfaction on consumer behavioral intentions in service environment", *Journal of Retailing*, 76 (2), p. 193-216.
Cronin, J. J. Jr. and Tatlor, A. S. (1992), "Measuring Services Quality : A Reexamination and Extension", *Journal of Marketing*, 56 (July), p. 55-68.
Cronin, J. J. Jr. and Taylor, A. S. (1994), "SERVPERF Versus SERVQUAL : Reconciling Performance-Based and Perception-Minus-Expectations Measurement of Service Quality", *Journal of Marketing*, 58 (January), p. 125-131.
Crosby, L. and Stephens, N. (1987), "Effects of relationship marketing on satisfaction, retention, and prices in the life insureance industry", *Journal of Marketing Research*, 24 (4), p. 404-411.
Crosby, L. A., Evans, K. R. and Cowles, D. (1990), "Relationship Quality in Service Selling : An Interpersonal Influence Perspective", *Journal of Marketing*, 54, p. 68-81.
Devaney, S. A., Anong, S. T. and Whir, S. E. (2007), "Household Savings Motives", *Journal of Consumer Affairs*, 41 (1), p. 174-186.
Devlin, F. J. and Azhar, S. (2004), "Life would be a lot easier if we were a Kit Kat : practitioners' views on the challenges of branding financial services successfully", *Journal of Brand Management*, 12 (1), p. 12-30.
Devlin, J. and Ennew, C. T. (1997), "Understanding competitive advantage in retail financial services", *International Journal of Bank* Marketing, 15 (3), p. 77-82.
Devlin, J., Ennew, C. T. and Mirza, M. (1995), "Organisational positioning in financial services retailing", *Journal of Marketing Management*, 11 (1-3), p. 119-132.
Devlin, J. F. (2003), "Brand architecture in services : the example of retail financial

services", *Journal of Marketing Management*, 19, p. 1043-1065.

Diacon, S. (2007), "Framing effects and risk perceptions: the effect of prior performance presentation format on investment fund choice", *Journal of Economic Psychology*, Vol. 28 (1), p. 31-52.

Diacon, S. and Ennew, C. T. (1996), "Ethical issues in insurance marketing in the UK", *European Journal of Marketing*, 30 (5), p. 67-80.

Dick, A. S. and Basu, K. (1994), "Customer loyalty: toward an integrated conceptual framework", *Academy of Marketing Science Journal*, 22 (2), p. 99.

Doyle, P. (2000), "Value-based marketing", *Journal of Strategic Marketing*, 8 (4), p. 299-311.

Drake, L. and Llewellyn, D. T. (1995), "The price of bank payment services", *International Journal of Bank Marketing*, 13 (5), p. 3-11.

Duesenberry, S. J. (1949), *Incomes, Saving and the Theory of Consumer Behavior*（大熊一郎訳（1955）『所得・貯蓄・消費者行為の理論』厳松堂書店).

Engel, J. F., Blackwell, R. D. and Miniard, P. W. (2005), *Consumer Behavior*, Division of Thomson Learning ; International Ed.

Ennew, C. T. (1992), "Consumer attitudes to independent financial advice", *International Journal of Bank Marketing*, 10 (5), p. 13-18.

Ennew, C. T. and Binks, M. R. (1996), "Good and bad customers: the benefits of participating in the banking relationship", *International Journal of Bank Marketing*, 14 (2), p. 5-13.

―――― (1999), "Impact of participative service relationship on quality, satisfaction and retention: an exploratory study", *Journal of Business Research*, 46 (2), p. 121.

Ennew, T. C. and Waite, N. (2007), *Financial Service Marketing*, Butterworth-heinemann.

Fienberg, S. E. and Mason, W. M. (1979), "Identification and estimation of age-period-cohort models in the analysis of discrete archival data," in Schuessler, K. F. (ed), *Sociological Methodology*, Jossey-Bass, p. 1-67.

Finucane, L., Alhakami, A., Slovic, P. and Johnson, M. (2000), "The affect heuristic in joudgements of risks and benefits", *Journal of Behavioral Decision Making*, 13, p. 1-17.

Freidman, M. (1958), *Theory of Consumption Function*, Princeton Univ（宮川公男・今井賢一訳『消費の経済理論』厳松堂出版, 1961年).

Fujiki, H. and Tanaka, M. (2009), "Demand for Currency, New Technology and the Adoption of Electronic Money: Evidence Using Individual Household Data", *Bank of Japan, IMES Discussion Paper Series*, No. 2009-E-27.

Fukuda, K. (2010), *Household Behavior in The US and Japan Cohort Analysis*, Nova Science Publishers, Inc.

Glenn, N. D. (1977), *Cohort Analysis*, SAGE Publication（藤田英典訳（1984）『コーホート分析法』, 朝倉書店).

Gönroos, C. (1984), "A Service Quality model and its marketing implications", *European*

Journal of Marketing, 18 (4), p. 36-44.

Hammond, H. T. and Knott, J. H. (1988), "The Deregulatory Snowball: Explaining Deregulation in the Financial Industry", *The Journal of Politics*, 50.

Hannan, T. H. (2008), "Consumer switching costs and firm pricing : evidence from bank pricing of deposit accounts", *Board of Governors of the Federal Reserve System, Finance and Economics Discussion Series*, 2008-32. (http://www.federalrese).

Harrison, T. (1994), "Mapping Customer Segments for personal Financial Services: Replication and Validation", *Journal of Financial Service Marketing*, 2 (1), p. 39-54.

—— (2000), *Financial Services Marketing*, Prentice-Hall.

Hayashi, F. (1997), *Understanding Saving : Evidence from the United Atates and Japan*, The MIT Press.

Henson, S. W. and Wilson, J. C. (2002), "Case study : Strategic challenges in the financial services industry", *Journal of Business and Industrial Marketing*, 17 (5), p. 407-418.

Heskett, J. L. (1986), *Managing in The Service Economy*. Harvard Collage (山本昭二訳 (1992),『サービス経済下のマネジメント』千倉書房).

Heskett, J. L., Jones, G. W., Loveman, W. E. Jr. and Schlesinger, L. A. (1994), "Putting the service-profit chain to work", *Harvard Business Review*, 72 (2), p. 164-174.

Heskett, J. L., Sasser, W. E. Jr., and Schlesinger, L. A. (2003), *The Value Profit Chain : Treat Employees Like Customers and Customers Like Employees* (山本昭二, 小野讓司訳 (2004),『バリュー・プロフィット・チェーン』日本経済新聞社).

Hooley, G. J. (1995), "The lifecycle concept revisited: aid or albatross?", *Journal of Strategic Marketing*, 3 (1), 23.

Horioka, C. Y. (1990), "Why is Japan's Household Saving Rate So High? A Literature Survey", *Journal of the Japanese and International Economies*, 4 (1), p. 49-92.

Investment Company Institute (2008), *2008 Profile of Mutual Fund Shareholders*, (http://www.ici.org/pdf/rpt_profile01.pdf).

Ishii, J. (2005), "Compatibility, Competition, and Investment in Network Industries: ATM Networks in the Banking Industry", *Industrial Organization Seminar 2006*, (http://www.econ.yale.edu/seminars/apmicro/am06/ishii-060427.pdf).

Iyengar, S. S., Jiang, W. and Huberman, G. (2003), "How Much Choice is Too Much?: Contributions to 401 (k) Retirement Plans", *Pension Research Council Working Paper*, University of Pennsylvania, (http://www.archetype-advisors.com/Images/Archetype/Participation/how%20much%20is%20too%20much.pdf).

Jain, A. K., Pinson, C. and Malhotra, N. K. (1987), "Customer loyalty as a construct in the marketing of bank services", *International Journal of Bank Marketing*, 5 (3), p. 49-72.

Johne, A. and Harborne, P. (2003), "One leader is not enough for major new service development : results for a consumer banking study", *Service Industries Journal*, 23 (3), p. 22-39.

Johnson, E. J., Hershey, J., Meszaros, J. and Kunreuther, H. (1993), "Framing, Probability Distortions, and Insurance Decisions", *Journal of Risk and Uncertainty*, 7, p. 35-51.

Kahneman, D. and Tversky, A. (1979), "Prospect Theory : An Analysis of Discision under Risk", *Econometrica*, 47, p. 263-291.

Kamakura, W. A., Ramaswami, S. N. and Srivastava, R. K. (1991), "Applying latest trait analysis in the evaluation of prospects for cross-selling of financial services", *International Journal of Research in Marketing*, 8, p. 329-349.

Kaspar, H., Helsdingen, P. and de Vries, W. Jr. (1999), *Services Marketing Management : An International Perspective*, John Wiley & Son.

Kim, M., Kliger, D. and Vale, B. (2001), "Estimating Switching Costs and Oligopolistic Behavior", *Center for Financial Institutions Working Papers* (Wharton School Center for Financial Institutions, University of Pennsylvania), 01-13, (http://fic.wharton.upenn.edu/fic/papers/01/0113.pdf).

Knights, D., Sturdy, A. and Morgan, G. (1994), "The consumer rules : an examination of rhetoric and 'reality' of marketing in financial services", *European Journal of Marketing*, 28 (3), p. 42-54.

Kuznets, S. (1937), "National income and capital formation", National Bureau of Economic Research, (http://www.nber.org/books/kuzn37-1).

Kynes, M. J. (1936), *The general theory of employment, interest and money*, Prometheus Books (間宮陽介訳 (2008)『雇用・利子および貨幣の一般理論』岩波書店).

Lam, S. S. K. and Woo, K. S. (1997), "Measuring Service Quality : A Test-Retest Reliability Investigation of SERVQUAL", *Journal of the Market Research Society*, 39 (2), p. 381-396.

Lam, R. and Burton, S. (2005), "Bank selection and share of wallet among SMEs : apparent differences between Hong Kong and Australia", *Journal of Financial Services Marketing*, 9 (3), p. 204-213.

Lapierre, J., Filiatrault, P. and Perrien, J. (1996), "Research on service quality evaluation : evolution and methodological issues", *Journal of Retailing and Consumer Services*, 3 (2), P. 91-98.

Laroche, M., Rosenblatt, J. A. and Manning, T. (1986), "Services used and factors considered important in selecting a bank : an investigation across diverse demographic segments", *International Journal of Bank Marketing*, 4 (1), p 35-55.

Lascelles, D. (1999), "Europe's new banks -The "non-bank" phenomenon", *Center for the Study of Financial Innvation*, 11.

LeBlanc, G. and Nguyen, N. (1988), "Customers' perceptions of service quality in financial institutions", *International Journal of Bank Marketing*, 6 (4), p. 7-18.

Lehtinen, U. and Lehtinen, J. R. (1991), "Two approaches to service quality dimensions", *Service Industries Journal*, 11 (3), p. 287-303.

Leonard, M. and Spencer, A. (1991), "The importance of image as a competitive strategy : an exploratory study in commercial banks", *International Journal of Bank Marketing*, 9 (4), p. 25-29.

Levesque, T. and McDougall, G. (1996), "Determinants of customer satisfaction in retail banking", *International Journal of Bank Marketing*, 14 (7), p. 12-20.

Levitt, T. (1981), "Marketing Intangible Products and Product Intangibles", *Harvard Business Review*, 59 (May-June), p. 94-102.

Lewis, B. R., Orledge, J. and Mitchell, V. (1994), "Service quality : students' assessments of banks and building societies", *International Journal of Bank Marketing*, 12 (4), p. 3-12.

Lewis B. R. and Spyrakopoulos, S. (2001), "Service Failures and Recovery in Retail Banking -the Cusomers' Perspective", *International Journal of Bank Marketing*, 19, p. 37-47.

Li, S., Sun, B. and Wilcox, R. (2005), "Cross-Selling Sequentially Ordered Products : An Application to Consumer Banking Services", *Journal of Marketing Research*, 42 (2), p. 233-239.

Lovelock, C. (2001), "A Retrospective Commentary on the Article 'New Tools for Achieving Service Quality'", *Cornell Hotel And Restaurant Administration Quarterly*, 42 (4), p. 39-46.

Lovelock, C. and Wirtz, J. (2007), *Service Marleting : People, Technoloy, Strategy* (6th ed.) (白井義男・武田玲子訳 (2008) 『ラブロック＆ウィルツのサービス・マーケティング』ピアソンエデュケーション).

Lovelock, C. H. and Gummesson, E. (2004), "Whither services marketing? In search of a new paradigm and fresh perspectives", *Journal of Service Research*, 7 (1), p. 20-41.

Loveman, G. W. (1998), "Employee satisfaction, customer loylaltyand financial performance", *Journal of Service Research*, 1 (1), p. 18-31.

Mason, W. M. (1979), "Identification and estimation of age-period-cohort models in the analysis of discrete archival data", in Schuessler, K. F. (Ed.), *Sociological Methodology*, Jossey-Bass, San Francisco.

Mason, W. M., Winsborough, H. H. and Poole, W. K. (1973), "Some methodological issues in cohort analysis of archival data", *American Sociological Review*, 38, p. 242-248.

Matthews, C., Moore, C. and Wright, M. (2008), "Why Not Switch? Switching Costs and Switching Likelihood", 13th Finsia- Melbourne Centre for Financial Studies Banking and Finance Conference, (http://www.melbournecentre.com.au/Finsisa-MCFSConference08_MatthewsMooreWright.pdf)

Modigliani, F. and Ando, A. (1963), "The "Life Cycle" Hypothesis of Saving : Aggregate Implications and Tests", *American Economic Review*, 53 (1), p. 55-84.

Muradoglu, G. (2002), "Portfolio Managers' and Novices' Forecasts of Risk and Return : Are there Predictable Forecast Errors?". *Journal of Forecasting*, 21 (6), p. 395-416.

Murphy, J. A. (1996), "Retail banking", in Buttle F. (Ed.), *Relationship Marketing Theory and Practice*, p. 74-90. Paul Chapman Publishing.

Murray, K. B. (1991), "A test of services marketing theory : consumer information

acquisition activities", *Journal of Marketing*, 55, p. 10-25.
Nakamura, T. (1986), "Bayesian cohort models for general cohort table analysis". *Annals of the Institute of Statistical Mathematics*, 38 (2, B), p. 353-370.
────── (2002), "Cohort analysis of data obtained using a multiple choice question", In Nishisato, S., Baba, Y., Bozdogan, H. and Kanefuji, K. (Eds.), *Measurement and Multivariate Analysis*, Springer-Verlag.
O'Lauglin, D., Szymigin, I. and Turnbull, P. (2004), "From relationships to experiences in retail financial services", *International Journal of Bank Marketing*, 22 (7), p. 522-539.
Odean, T. (1998), "Are Investors reluctant to realize their losses?", *Journal of Finance*, 53, p. 1775-1798.
OECD (2009), "The Financial Crisis; Reform and Exit Strategies". (http://www.oecd.org/dataoecd/55/47/43091457.pdf).
Oliver R. L. (1997), *Satisfaction : a behavioural perspective on the consumer*, McGraw-Hill.
Olorunniwo, F. and Hsu, M. K. (2006), "A typology analysis of service quality, customer satisfaction and behavioral intentions in mass services", *Managing Service Quality*, 16 (2), p. 106-123.
Olorunniwo, F., Hsu, M. K. and Udo, G. J. (2006), "Service quality, customer satisfaction, and behavioral intentions in the service factory", *Journal of Services Marketing*, 20 (1), p. 59-572.
Parasuraman, A., Berry, L. L. and Zeithaml, V. A. (1991), "Refinement and reassessment of the SERVQUAL scale", *Journal of Retailing*, 67 (4), p. 420-450.
Parasuraman, A., Zeithaml, V. A. and Berry, L. L. (1985), "A conceptual model of service quality and its implications for future research", *Journal of Marketing*, 49, p. 41-50.
────── (1988), "SERVQUAL : a multiple item scale for measuring consumer perceptions of service quality", *Journal of Retailing*, 64 (1), p. 14-40.
────── (1994), "Alternative Scales for Measuring Service Qiality : A Comparative Assessment Based on Psychometric and Diagnostic Criteria", *Journal of Retailing*, 70 (3), p. 201-230.
Paulin, M., Perrien J. and Ferguson, R. (1997), "Relational contract norms and the effectiveness of commercial banking relationships", *International Journal of Service Industry Management*, 8 (5), p. 435-452.
Peter, J. P. and Ryan, M. J. (1976), "An Investigation of Percived Risk at the Brand Level", *Journal of Marketing Research*, 13 (2), p. 184-188.
Petty, R. E. and Cacioppo, J. T. (1986), "The elaboration likelihood model of persuasion", *Advances in Experimental Social Psychology*, 19, p. 123-205.
Petty, R. E., Schumann, D. W., Richman, S. A. and Strathman, A. J. (1993), "Positive mood and persuasion : different roles for affect under high-and low elaboration conditions", *Journal of Personality and Social Psychology*, 64, p. 5-20.

Pilbeam, K. (2005), *Finance and Financial Markets*, 2nd ed., Palgrave Macmillan.
Pont, M. and McQuilken, L. (2005), "An empirical investigation of customer satisfaction and loyalty across two divergent bank segments", *Journal of Financial Services Marketing*, 9 (4), p. 344-359.
Pronin, E. (2007), "Overcoming Biases to Promote Wise Investment", *Princeton University and FINRA Investor Education Foundation*, (http://www.finrafoundation.org/web/groups/foundation/@foundation/documents/foundation/p118416.pdf).
Reich, B. R. (2007), *Supercapitalism* (雨宮 寛・今井章子訳 (2008)『暴走する資本主義』東洋経済新報社).
Reichheld, F. F. (1993), "Loyalty-based management", *Harvard Business Review*, 71 (2), p. 64-73.
Reichheld, F. F. and Sasser, W. E. (1990), "Zero defections: quality comes to services", *Harvard Business Review*, 67, p. 105-111.
Reinartz, W. and Kumar, V. (2002), "The mismanagement of customer loyalty", *Harvard Business Review*, 80 (7), p. 86-94.
Rust, R. T. and Oliver, R. W. (1994), "Video Dial Tone: The New World of Services Marketing", *Journal of Service Marketing*, 8 (3), p. 5-16.
Schmenner, R. W. (1986), "How can service businesses survive and prosper", *Sloan Management Review*, 27 (3), p. 21-32.
―――― (2004), "Service Businesses and Productivity", *Decision Sciences*, 35 (3), p. 333-347.
Sharma, N. and Patterson, P. G. (2001), "Switching costs, alternative attractiveness and experience as moderators of relationship commitment in professional, consumer services", *International Journal of Service Industry Management*, 11 (5), p. 470-490.
Shostack, G. L. (1977), "Breaking Free from Product Marketing", *Journal of Marketing*, 44 (April), p. 73-80.
Silvestro, R. and Cross, S. (2000), "Applying the service profit chain in a retail environment: challenging the 'satisfaction mirror'", *International Journal of Service Industry Management*, 11 (3), p. 244-268.
Simon, A. F., Fagley, N. S. and Halleran, J. G. (2004), "Decision framing: Moderating effects of individual differences and cognitive processing", *Journal of Behavioral Decision Making*, 17, p. 77-93.
Slovic, P. (1987), "Perception of Risk". *Science*, (27), p. 280-285.
Smith, A. M. (1995), "Measuring service quality: is SERVQUAL now redundant", *Journal of Marketing Management*, 11 (1-3), p. 257-276.
Speed, R. and Smith, G. (1991), "Retail Financial Services Segmentation", *Services Industries Journal*, 12 (3), p. 368-383.
Sproles, G. B. and Kendall, E.L. (1986), "A Methodology for Profiling Cousumer's Decision-Making Styles", *Journal of Consumer Affairs*, 20 (2), p. 267-279.
Stanley, T. O., Ford, J. K. and Richards, S. K. (1985), "Segmentation of Bank Customers by Age", *International Journal of Bank Marketing*, 3 (3), p. 56-63.

Stewart, D. W. (1998), "An exploration of customer exit in retail banking", *International Journal of Bank Marketing*, 16 (1), p. 6-14.
Storbacka, K., Strandvik, T. and Grönroos, C. (1994), "Managing Customer Relationships for Profit : the dynamics of relationship quality", *International Journal of Service Industry Management*, 5 (5), p. 21-38.
Tax, S. S., Brown, S. W. and Chandrashekaran, M. (1998), "Customer evaluations of service complaint experiences", *Journal of Marketing*, 62, p. 60-76.
Teas, R. K., Dorsch, M. J. and McAlexander, J. H. (1988), "Measuring commercial bank customers' attitudes towards the quality of the bank services marketing relationship", *Journal of Professional Services Marketing*, 4 (1), p. 75-95.
The Standard (2009), "History of the S & P 500". (http://www.standard.com/annuities/eforms/13038.pdf).
Tversky, A. and Kahneman, D. (1974), "Judgment under Uncertainty : Heuristics and Biases", *Science*, 185 (4157), p. 1124-1131.
────── (1981), "The framing of decisions and the psychology of choice", *Science*, 211 (4481), p. 453-458.
U. S. Treasury (2009), "President's Advisory Council on Financial Literacy", *2008 Annual Report to the President*. (http://www.jumpstart.org/assets/files/PACFL_ANNUAL_REPORT_1-16-09.pdf).
────── (2009), "Financial Regulatory Reform: A New Foundation". (http://www.treasury.gov/initiatives/wsr/Documents/FinalReport_web.pdf).
Urbany, J. E., Dickson, P. R. and Wilkie, W. L. (1989), "Buyer Uncertainty and Information Search", *Journal of Consumer Research*, 16 (2), p. 208-215.
Vargo, S. L. and Lusch, R. F. (2004), "The four service marketing myths : remnants of a goods-based, manufacturing model", *Journal of Service Research*, 6 (4), p. 324-335.
Vargo, S. L. and Lusch, R. F. (2008), "Service-Dominant Logic : Continuing the Evolution", *Journal of the Academy of Marketing Science*, 36 (1), pp. 1-10.
Veloutsou, C., Daskou, S. and Daskou, A. (2004), "Are the determinants of bank loyalty, brand specific?", *Journal of Financial Services Marketing*, 9 (2), p. 113-125.
Verma, R., Zafar, I. and Plaschka, G. (2004), "Understanding customer choices in e-financial services", *California Management Review*, 46 (4), p. 43-67.
Webster, C. (1991), "Influence upon consumer expectations of service", *Journal of Service Marketing*, 5 (1), p. 5-17.
Wills, G. (1985), "Dividing and Conquering : Strategies for Segmentation", *International Journal of Bank Marketing*, 3 (4), p. 36-46.
Yamashita, T. and Nakamura, T. (2005), "Comparison of Financial Portfolio Selection in Aging and Low-birth-rate Societies of Japan and U. S", *Proceedings of Royal Bank Research Seminar*, Academy of Marketing Science.
────── (2008), "Macro-structural bases of consumption in an aging low birth-rate society", in Koholbacher, F. and Herstatt, C. (Eds.), *The Silver Market Phenomenon*, p. 201-224. Springer-Verlag.

Yeung, M. C. H. and Ennew, C. T. (2001), "Measuring the impact of customer satisfaction on profitability: a sectoral analysis", *Journal of Targeting, Analysis and Measurement for Marketing*, 10 (2), p. 106-116.
Zeithaml V. A. (1981), "How Consumer Evaluation Processes Differ between Goods and Services", in Donnelly, J. H. and William, R. G. (Eds.), *Marketing of Services*, American Marketing Association.
────── (1988), "Customer perceptions of price quality and value: a means-end model and synthesis evidence", *Journal of Marketing*, 52, p. 2-22.
Zeithaml, V. A., Berry, L. L. and Parasuraman, A. (1988), "Commlmication and control processes in the delivery of service quality", *Journal of Marketing*, 52, p. 35-48.
────── (1996), "The behavioral consequences of service quality", *Journal of Marketing*, 60 (2), p. 31-46.
Zeithaml, V. A. and Bitner, M. J. (2003), *Services Marketing: integrating customer focus across the firm*, McGraw-Hill/Irwin.
Zeithaml, V. A., Parasuraman, A. and Berry, L. L. (1985), "Problems and strategies in services marketing", *Journal of Marketing*, 49, p. 33-46.

【英語参考資料】
Bureau of Labor Statistics (2010), "CPI Detailed Report". (http://www.bls.gov/data/).
Federal Reserve (2010), "CD rates (secondary market)". (http://www.federalreserve.gov/releases/h15/data/Annual/H15_CD_M6.txt).
────── (2010), "Interest Rates: Treasury constant maturities 10-year (Nominal)". (http://www.federalreserve.gov/Releases/H15/data.htm).
Greenspan, A. (2002), "Financial literacy", Testimony of Chairman Alan Greenspan before the Committee on Banking, Housing, and Urban Affairs, the U. S. Senate, February 5, 2002. (http://www.federalreserve.gov/boarddocs/testimony/2002/20020205/default.htm)
Sherter, A. (2010), "Banking on Twitter and Facebook: Wells Fargo's Smart Social Networking Strategy", *The CBS Interactive Business Network*, April, 1. (http://www.bnet.com/blog/financial-business/banking-on-twitter-and-facebook-wells-fargo-8217s-smart-social-networking-strategy/4555).
Surowiecki, J. (2009), "The Big Banks Get Bigger", *The New Yorker*, October 26. (http://www.newyorker.com/online/blogs/jamessurowiecki/2009/10/notes-on-this-weeks-column-big-banks.html).
────── (2009) "Why Banks Stay Big". *The New Yorker*, November 2. (http://www.newyorker.com/talk/financial/2009/11/02/091102ta_talk_surowiecki).
United Nations (2009), "World Population Ageing 2009". (http://www.un.org/esa/population/publications/WPA2009/WPA2009-report.pdf).

索　引

【アルファベット】

ACSI（米国版顧客満足度指数）………53
Amazon……………………………………37
ATM特化銀行………………………………9
Baby Boomers………………………103, 123
Bank of America……………………………5
Citibank……………………………………28
E＊TRADE…………………………………37
Edy…………………………………………12
Facebook…………………………………26
FDIC（連邦預金保険公社）………………9
Generation X……………………………123
Generation Y……………………………123
ICOCA………………………………………12
IHIP…………………………………………25
ILC（産業金融会社）………………………9
JCSI（日本版顧客満足度指数）…………53
J. P. Morgan Chase…………………26, 31
Kmart…………………………………………9
Lehman Brothers……………………20, 141
nanaco……………………………………12
PASMO……………………………………12
SERVQUAL…………………………………52
Suica………………………………………12
Survey Survey of Consumer Finance
　………………………………………95, 106
Tesco…………………………………………8
Twitter……………………………………26
Wal-Mart……………………………………9
WAON………………………………………12
Wells Fargo………………………………41

【あ】

イオン銀行……………………………10, 11
意思決定の参照点（Reference point）
　……………………………………………42
異質性（Heterogeneity）…………………27
一次選択行動の非完結性…………32, 58
医療保険……………………………………14
インストアブランチ………………………10
王朝モデル…………………………………98

【か】

介護保険……………………………………14
価格変動リスク……………………………39
確定給付型年金……………………………2
確定拠出型年金（401k）…………2, 19, 127
確率加重関数（Probability weighted
　function）………………………………41
家計調査年報（貯蓄・負債編）…………105
家計貯蓄率………………………………102
掛け捨て保険………………………………30
価値関数（Value function）………………41
価値変動性…………………………………33
株式投資収益率……………………110, 129
為替リスク…………………………………39
簡易保険……………………………………15
感情ヒューリスティクス・モデル…143
関与……………………………………50, 146
機会主義的行動……………………150, 177
危険準備消費（Contingent consumption）
　……………………………………………30
期待―不一致モデル………………………42
金融広報中央委員会……………………106
金融商品購入プロセス…………………175

金融商品取引法……………27, 37, 40
金融ビッグバン ……………………1
金融リテラシー（Financial literacy）
　………………………………39, 150
クチコミ ……………………42, 43
クラスタ分析………………50, 150
クレジットカード …………………6
グローバル化 ………………………1
クロスセリング（Cross selling）……38
経験属性……………………………36
経済リテラシー（Economic literacy）
　………………………………………39
交換動機（Exchange motive）………98
恒常所得仮説………………………96
購買後評価…………………………42
高齢化 ……………3, 102, 104, 114
顧客適合性…………………………37
個人年金……………………………18
護送船団方式 ………………………1
コレスポンデンス分析………68, 178
コンサルティング情報希求 …………150
コンプライアンス…………………28

【さ】

サービス・エンカウンター（Service encounter）……………………26, 40
自己責任……………………………38
時代効果（Period effect）………22, 105
修正とアンカリング（Adjustment and anchoring）………………………144
重大性………………………………142
熟練者（Experts）…………………69
受託者責任（Fiduciary responsibility）
　………………………………………29
生涯予算制約………………………96
少子化 ………………………………3
消費者情報処理パラダイム…………21

消費の持続性（Duration of consumption）………………………………31
情報探索……………………………35
消減性（Pperishability）…………27
初心者（Novices）…………………69
書面交付義務………………………40
信用リスク…………………………39
信頼…………………………………30
心理的無形性（Mental intangibility）
　………………………………………25
スイッチング・コスト …………31, 60
住信SBIネット銀行 …………………6
制御可能性…………………………142
生産と消費の同時性（Inseparability）
　………………………………………26
成熟（Financial maturity）………145
生命保険……………………………14
世代効果（Cohort effect）…22, 105, 114
絶対所得仮説………………………96
セブン銀行 …………………………9
選好の反転（Reversals of preference）
　………………………………………41
選択行動セット……………………32
相対所得仮説………………………96
ソニー銀行 …………………………6
損失局面（Negative prospect）……41

【た】

第三分野……………………………14
代替案の評価………………………38
ダウ平均株価………………………20
知覚知識（Perceived knowledge）…146
知覚リスク（Perceived risk）……21, 47
注意義務（Duty of care）…………29
忠実義務（Duty of loyalty）………29
貯蓄種類の選択基準………………119
貯蓄動向調査………………………105

適合性の原則 ……………27, 40
デモンストレーション効果…………96
電子マネー……………………11
動機……………………………33

【な】

ニーズ ……………………166
二項ロジスティック回帰………………70
日経金融ランキング……………7
日経 NEEDS-RADAR 金融行動調査
　……………………………149
認知的不協和………………43
年功序列型賃金……………20
年齢効果（Age effect）………22, 105

【は】

比較情報規制 ……………4, 34, 74
プルーデント・マン・ルール（prudent man rule）……………………29
フレーミング効果（Framing effect）
　……………………………42
プロスペクト理論…………41
分子モデル（Molecular model）……52
ペイオフ………………………39

ベイズ型コウホート分析……21, 91, 105, 106, 135-140

【ま】

窓販 ……………………5, 17
未知性 ……………………142
三井住友銀行 ……………9, 10
無形性（Intangibility）……………25
問題の認識………………33

【や】

ゆうちょ銀行 ……………116
予備的動機………………97

【ら】

ライフサイクル仮説………96
リーマン・ショック ……………2, 141
リスクプロファイル……………28
利他主義モデル……………98
利得局面（Positive prospect）………41
リバース・モーゲッジ（Reverse mortgage）……………………98
利用可能性（Availability）………144

執筆者紹介

山下貴子（やましたたかこ）

〈略　　歴〉

1998年　神戸大学大学院経営学研究科博士後期課程修了　博士（商学）
　　　　流通科学大学商学部専任講師，准教授を経て
2009年　流通科学大学商学部教授　現在に至る
2004～2005年　University of Virginia, Darden Graduate School of
　　　　Business Administration　客員研究員

〈主要業績〉

「金融消費市場の長期展望」『金融リテール改革』（共著）千倉書房，
2002年

"Macro-structural bases of consumption in an aging low birth-rate society". in Koholbacher, F. and Herstatt, C.（Eds）, *The Silver Market Phenomenon*, Springer-Verlag, 2008

JCOPY〈(社)出版者著作権管理機構　委託出版物〉

本書の無断複写は著作権法上での例外を除き禁じられています。複写される場合は，そのつど事前に，(社)出版者著作権管理機構（電話 03-3513-6969，FAX 03-3513-6979，e-mail: info@jcopy.or.jp）の許諾を得てください。また，本書を代行業者などの第三者に依頼してスキャンやデジタル化することは，たとえ個人や家庭内での利用であっても一切認められておりません。

『金融行動のダイナミクス』
―少子高齢化と流通革命―

2011年9月10日　初版第1刷発行

著　者　山　下　貴　子
発行者　千　倉　成　示

発行所　㈱千倉書房　〒104-0031東京都中央区京橋2-4-12
　　　　　　　　　　電　話・03（3273）3931㈹
　　　　　　　　　　http://www.chikura.co.jp/

©2011 山下貴子，Printed in Japan
印刷・シナノ／製本・井上製本所
ISBN978-4-8051-0971-7